कालिदास के
मेघदूत की
छंद मीमांसा

प्रो. रत्नाकर नराले

Pustak Bharati, Toronto, Canada

Author :
Dr. Ratnakar Narale
Ph.D(IIT), Ph.D(Kalidas Sanskrit Univ.);
Prof. Hindi, Ryerson University, Toronto, Canada
web : www.pustak-bharati-canada.com
email : pustak.bharati.canada@gmail.com

Book Title : कालिदास के मेघदूत की छंद मीमांसा
संस्कृत महाकवि कालिदास के **मेघदूत** महाकाव्य की छंद मीमांसा.

Published by :
PUSTAK BHARATI (Books India)
Toronto, Ontario, Canada, M2R 3E4
email : pustak.bharati.canada@gmail.com

Copyright ©2022
ISBN 978-1-989416-59-4

ISBN 978-1-989416-59-4

9 781989 416594

मेघदूत
परिचय

1. **अवंति देश :** मालवा प्रदेश
2. **अलकापुरी नगरी :** कुबेर की हिमालयीन नगरी
3. **आम्रकूट :** नर्मदा और सोन नदियों के उद्गम वाला अमरकण्टक पर्वत
4. **इंद्र :** देव-देवताओं के राजा
5. **उज्जयिनी :** भारतवर्ष की अयोध्या, मथुरा, माया, काशी, कांची, अवंतिका, द्वारवती आदि सात पवित्र नगरियों में से एक नगरी. उज्जैन का पौराणिक नाम अवंतीका था
6. **उदयन राजा :** वत्स देश के वीणा पटु चंद्रवंशी नरेश. अवंती नरेश चंडप्रद्योत की कन्या वासवदत्ता के संगीत शिक्षक जिन्हों ने फिर उससे विवाह कर लिया था. इनकी राजधानी कौशांबी थी
7. **ऐरावत :** इंद्र का हाथी
8. **कनखल :** एक हिमालयीन नगरी
9. **कल्पद्रुम :** देवलोक का पाँच में से एक इच्छापूरक वृक्ष. उनके पाँच नाम थे : हरिचंदन, मंदार, पारिजात, संतान और कल्पवृक्ष
10. **कार्तिकेय :** शिवपुत्र स्कन्द
11. **कुबेर :** असुर रावण के धार्मिक और धनपति बंधु
12. **कुरुक्षेत्र :** सरस्वती के दक्षिण में और दृष्टवती नदी के उत्तर में बसा स्वर्गतुल्य महाभारतीय धर्मक्षेत्र (गीता 1.1)
13. **कैलास :** शिवजी का निवस स्थान
14. **क्रौंचरंध्र :** क्रौंच पर्वत पर क्रौंच दैत्य का निवासस्थान. परशुराम जी के बाण से बना हुआ विशाल रंध्र

15. **गंगा :** जाह्नवी. भागीरथी. त्रिपथगा. शिव के जटा से निकली हुई पवित्र नदी
16. **गंभीरा नदी :** चंबल नदी की एक पूर्वोत्तरगामी शाखा.
17. **चंड प्रद्योत :** उज्जैन के प्रद्योत राजवंश (546-413 B.C) के संस्थापक. अधिक जानकारी के लिए देखिए हमारी हिंदू राजतरंगिणी (ISBN 978-1-989416-09-9)
18. **चंडीश्वर :** शिवजी
19. **चर्मण्वती नदी :** यमुना से मिलने वाली चंपा अर्थात् चंबल नदी.
20. **त्रिपुर :** तारसकुर राक्षस जिसे शिवपुत्र कार्तिकेय ने मार डाला..
21. **दशपुर नगरी :** मंदसौर नगरी
22. **दशार्ण देश :** धसान नदी वाला विंध्य पहाड़ी का दक्षिण-पूर्वी भाग
23. **देवगिरि :** एक पर्वत
24. **नलगिरि :** एक हाथी
25. **नीच पर्वत :** विंध्य पर्वत समूह की एक शाखा
26. **निर्विंध्या नदी :** विंध्य पर्वत से चलने वाली पार्वती नदी
27. **पार्वती देवी :** महादेव पत्नी
28. **प्रयागराज :** गंगा-यमुना के संगम की पवित्र नगरी. पांवों की पुरानी राजधानी
29. **बलराम :** रोहिणी पुत्र. श्रीकृष्ण के बड़े बंधु
30. **ब्रह्मावर्त्त देश :** सरस्वती और दृष्टवती (घग्गर) नदी के बीच का कुरुक्षेत्र, मत्स्य, पांचाल और शूरसेन राज्यों का प्रदेश (मनु. 2.17)
31. **मालदेश :** नर्मदा नदी के उद्गम से विंध्य पर्वत तक का प्रदेश
32. **यक्ष :** दस में से एक उपदेवता समूह. दस उपदेवताओं के नाम हैं : विद्याधर, अप्सरा, असुर, गंधर्व, किन्नर, पिशाच, गुह्यक, सिद्ध, भूत और यक्ष
33. **यमुना :** गंगा की उपनदी. कालिंदी नदी
34. **रंतिदेव :** भरत वंशी शाकाहारी, दानशील और कृपानिधान राजा.

35. **रामगिरि :** रामायण ख्यात चित्रकूट पर्वत अथवा सह्याद्री पर्वत की पूर्व-पश्चिम शाखा का रामटेक गिरि
36. **रामचंद्र :** रामचंद्र भगवान
37. **रावण :** लंकापति. कुबेर बंधु असुर.
38. **रेवा नदी :** नर्मदा नदी
39. **वत्स देश :** वत्स देश के महाराजा उदयन की राजधानी
40. **वासवदत्ता :** अवंती नरेश चंडप्रद्योत की कन्या. महाराजा उदयन की पत्नी
41. **विदिशा :** बेटवा नदी पर बसी हुई भिलसा नगरी. विदिशा देश की राजधानी
42. **विंध्याचल :** भारतवर्ष के हिमालय, काराकोरम, विंध्य, सातपुड़ा, अरवली, पश्चिमघाटी और पूर्वघाटी आदि सात महान पर्वत शृंखलाओं में से एक पर्वत समूह
43. **विशाला नगरी :** उज्जयिनी, उज्जैन. शिप्रा नदी पर बसी नगरी.
44. **वेत्रवती नदी :** उत्तर प्रवाही बेटवा नदी जो यमुना से मिलती है. पुराणों और महाभारत में बहुश्रुत (महा. भीष्म. 9.16)
45. **शिप्रा :** शिप्र झील से निकली हुई नदी जिसके तट पर बसी है उज्जयिनी नगरी
46. **सगर महाराज :** अयोध्या के सूर्यवंशी महाराजा बाहुक के पुत्र प्रतापी राजा
47. **सरस्वती नदी :** गंगा नदी के सात उपनदियों में एक महापवित्र नदी (महा. शल्य. 35-54).
48. **सीता देवी :** रामचंद्र पत्नी
49. **हिमालय :** हिमगिरी, पर्वतराज

छंद:शास्त्र परिचय

<u>आरंभ करने से पहले यह दस बिंदु जान लिजिए</u>

1. **मात्रा** को **मत्त, मत्ता, कल** अथवा **कला** भी कहा जाता हैं. लघु मात्रा का चिह्न " । " और गुरु मात्रा का चिह्न " ऽ " होता है.

2. दो कल का **द्विकल** (।।, ऽ जैसे: रघु, श्री) होता है, तीन कल का **त्रिकल** (।।।, ।ऽ, ऽ। जैसे: भरत, उमा, राम), और चार कल का **चौकल** अथवा **चतुर्मात्रा** (।।।।, ।।ऽ, ।ऽ।, ऽ।।, ऽ ऽ जैसे: दशरथ, गिरिजा, गणेश, लक्ष्मण, सीता.

3. जो स्वर **अधो-रेखांकित** लिखा गया है वह कोमल स्वर होता है (जैसे, कोमल ग = <u>ग</u>), जो स्वर **उर्ध्व-रेखांकित** लिखा है वह तीव्र स्वर होता है (जैसे, तिव्र म = मं), जिस स्वर के **नीचे बिंदु** है वह मन्द्र सप्तक का स्वर है (जैसे मन्द ग = ग़), और जिस स्वर के **ऊपर बिंदु** लगाया है वह तीव्र सप्तक का स्वर है (जैसे, तीव्र ग = गं).

4. छन्द रचना की पद्य पंक्ति में जहाँ वैकल्पिक विश्राम समय होता है उसे **यति** (*cadence*) कहते हैं. राग में यति लेना या नहीं लेना यह **लय के अनुसार** निर्भर होता है. जहाँ यति निर्देशित नहीं होता है वहाँ विश्राम स्थान चरण के अंत में होता है, और राग के लय के अनुसार यति के व्यतिरिक्त पंक्ति के बीच में भी विराम आयोजित हो सकता है. चरण की अंतिम लघु मात्रा भी गुरु मानी गयी है.

5. जो रचना छंद बद्ध हो वह **पद्य** होती है, जो छंद के विना है वह **गद्य** है. जहाँ गद्य पद्य दोनों हैं वह **चंपू** कहलाती है. जिस पद्य के चरणों में मात्रा, गति, यति, अंत समता का विचार किया जाता है वह **छंद** होता है और जहाँ लय को प्राधान्य होता है वह **राग** होता है.

6. स्वर विरहित व्यंजन **अर्ध–अक्षर अथवा शून्य मात्रा** का होता है (जैसे, क्), लघु स्वर वाला व्यंजन **लघु अथवा एक मात्रा** का है (जैसे, क, कि, कु, कृ), दीर्घ स्वर वाला व्यंजन **दीर्घ अथवा दो मात्रा** का है (जैसे, का, की, कू, के, कै, को, कौ, कः), और आघात युक्त संयुक्ताक्षर के पूर्व वाला अक्षर दीर्घ अथवा दो मात्रा का माना जाता है (जैसे, कश्मल का क), परंतु आघात विरहित संयुक्ताक्षर के पूर्व वाला लघु अक्षर लघु अथवा एक मात्रा का ही माना जाता है (जैसे, कन्हैया का क)

7. विसर्ग (:) वाले वर्ण दीर्घ होते है (जैसे, कः), अनुस्वार वाले अक्षर दीर्घ होते हैं (जैसे, अंबर का अं), मगर चन्द्रबिंदु अनुस्वार वाले लघु वर्ण लघु ही रहते हैं (जैरो – अँसुअन का अँ).

8. तीन वर्ण के समूह को **गण** कहते हैं, बायनरी ऑक्टल के वैज्ञानिक आधार पर **शून्य को प्रथम अंक मान कर** : $0 = 000 =$ ।।। (सर्वलघु) $=$ **न गण**, $1 = 001 =$ ।। ऽ (अंतगुरु) $=$ **स गण**; $2 = 002 =$ । ऽ । (मध्यगुरु) $=$ **ज गण**, $3 = 011 =$ । ऽ ऽ (आदिलघु) $=$ **य गण**; $4 = 100 =$ ऽ।। (आदिगुरु) $=$ **भ गण**; $5 = 101 =$ ऽ। ऽ (मध्यलघु) $=$ **र गण**; $6 = 110 =$ ऽ ऽ। (अंतलघु) $=$ **त गण**; और $7 = 111 =$ ऽ ऽ ऽ (सर्वगुरु) $=$ **म गण** आदि आठ गण हैं । लघु मात्रा $=$ । $=$ **ल**, और गुरु मात्रा $=$ ऽ $=$ **ग** आदि दशाक्षर माने हैं.

9. छंद के मुख्य दो प्रकार हैं : 1. **मात्रिक छंद**, जो पद्य लघु-गुरु मात्रा गिन कर रचे जाते हैं, और 2. **वार्णिक वृत्त**, जो अक्षर गिन कर रचे जाते हैं. जिस छंद के सभी चरण समान मात्रा या वर्ण के होते वे **सम छंद** होते हैं, जिस छंद के केवल सम चरण आपस में समान मात्रा या वर्ण के होते हैं और विषम चरण आपस में समान मात्रा अथवा वर्ण के होते है वे **अर्ध-सम छंद** होते हैं. जिस छंद के सभी चरण असमान मात्रा या वर्ण के होते वे **विषम छंद** होते हैं. जिस छंद के चरण में 32

से अधिक मात्रा अथवा 26 से अधिक वर्ण होते हैं उसको **<u>दंडक</u>** कहते हैं.

10. **<u>मात्रिक छंदों के</u>** मात्रा संख्या के अनुसार जो 32 वर्ग माने गए हैं वे, इस प्रकार हैं :

एक मात्रा का चान्द्र छंद वर्ग, दो मात्रा का पाक्षिक वर्ग, 3 मात्रा का राम, 4 का वैदिक, 5 का याज्ञिक, 6 का रागी, 7 का लौकिक, 8 का वासव, 9 का आंक, 10 का दैशिक, 11 का रौद्र, 12 का आदित्य, 13 का भागवत, 14 का मानव, 15 का तैथिक, 16 का संस्कारी, 17 का महासंस्कारी, 18 का पैराणिक, 19 का महापैराणिक, 20 का महादैशिक, 21 का त्रैलोक, 22 का महारौद्र, 23 का रौद्रर्क, 24 का अवतारी, 25 का महाअवतारी, 26 का महाभागवत, 27 का नाक्षत्रिक, 28 का यौगिक, 29 का महायौगिक, 30 का महातैथिक, 31 का अश्वावतारी और 32 मात्रा का लाक्षणिक छंद वर्ग होता है.

उसी तरह से **<u>वार्णिक वृत्तों के</u>** अक्षर संख्या के अनुसार जो 26 प्रकार हैं, वे इस प्रकार हैं :

केवल 1 वर्ण का उक्था वृत्त वर्ग, 2 वर्ण का अत्युक्था वर्ग, 3 का मध्या, 4 का प्रतिष्ठा, 5 का सुप्रतिष्ठा, 6 का गायत्री, 7 का उष्णिक, 8 का अनुष्टुभ्, 9 का बृहती, 10 का पंक्ति, 11 का त्रिष्टुप्, 12 का जगती, 13 का अतिजगती, 14 का शर्करी, 15 का अतिशर्करी, 16 का अष्टि, 17 का अत्यष्टि, 18 का धृति, 19 का अतिधृति, 20 का कृति, 21 का प्रकृति, 22 का आकृति, 23 का विकृति, 24 का संस्कृति, 25 का अतिकृति और 26 वर्ण का उत्कृति वृत्त वर्ग होता है. 8-वर्णीय अनुष्टुप् छंद वर्ग से 26-वर्णीय उत्कृति तक छंद-वर्गों के लक्षण और सूत्र अगले पाठ में दिए गए हैं.

छन्द

जिस लक्षण सूत्र से पद्य के अक्षरों या मात्राओं का विशिष्ट **परिमाण** निश्चित् किया जाता है उसे <u>**छन्द**</u> कहते हैं (**अक्षरपरिमाणं छन्दः**), और पद्य की विशिष्ट **शब्द रचना** को <u>**वृत्त**</u> कहा जाता है (**काव्यरचना वृत्तम्**).

वर्ण की गिनती से **वार्णिक वृत्त** होते हैं, और मात्रा की गिनती से **मात्रिक छन्द** होते हैं.

राग रचना में लय-बद्धता जितनी अपरिहार्य होती है उतनी ही सूत्र-बद्धता छन्द रचना में अनिवार्य होती है.

मात्रा को मत्त, कल अथवा कला भी कहा जाता है.

✍ **दोहा॰** **तीन वर्ण का गण बने, लघु गुरु कल का ठाठ ।**
पिंगलमुनि ने गण कहे, न स ज य भ र त म आठ ।।

यथा सर्व ब्रह्माण्ड है, पंच भूत से व्याप्त ।
छंद शास्त्र भी है तथा, दश अक्षर से व्याप्त ।।

कल गति यति प्रति पाद में, और चरण का अंत ।
नियुक्त हों जिस पद्य में, वह कहलाता "छन्द" ।।

छन्द बद्ध वह "पद्य" है, बिना छंद है "गद्य" ।
गद्य पद्य मिल कर रचा, "चंपू" है वह हृद्य ।।

छन्द रचना की पद्य पंक्ति में जहाँ <u>वैकल्पिक</u> विश्राम समय होता है उसे **यति** कहते हैं । यति लेना या नहीं लेना यह पाठक पर अपनी **सुर सुविधा व लय** के अनुसार निर्भर होता है. जहाँ यति निर्देशित नहीं होता है वहाँ विश्राम स्थान चरण के अंत में होता है और गायक अपनी सुर सुविधा व लय के अनुसार यति के व्यतिरिक्त पंक्ति के बीच में भी विराम आयोजित कर सकता है.

सूत्र युक्त कृत पद्य को, कवि कहते हैं "छन्द" ।
अलंकार रस वर्ण का, मन को दे आनंद ।।

सुंदर लघु गुरु वर्ण का, चार चरण न समान ।
मात्रा संख्या सम जहाँ, "मात्रिक छन्द" प्रमाण ।।

7

लघु गुरु अक्षर क्रम जहाँ, चारों चरण समान ।
संख्या भी सम वर्ण की, "वर्णवृत्त" है नाम ।।

लक्षण, संख्या सम जहाँ, रहे चरण में चार ।
कहा उसे "सम वृत्त" है, करके छंद विचार ।।

प्रथम तीसरा सम जहाँ, दो अरु चार समान ।
उसे "अर्ध सम" है कहा, दोहा छंद प्रमाण ।।

चारों पद जिस पद्य के, लक्षण में असमान ।
"विषम वृत्त" उसको कहें, जिन्हें छंद का ज्ञान ।।

छंद:सूत्र

पिंगलाचार्य के छंद:सूत्र ग्रंथ को छंड:शास्त्र अथवा छंदोविचिती कहा जाता है. छंद:शास्त्र के आर्ष–काव्य के इतिहास में सबसे प्रारंभिक छंद अवतार था वाल्मीकि मुनि प्रणीत अष्टवर्ण का अनुष्टुप् छंद, जिसमें छठा वर्ण गुरु और पाँचवाँ वर्ण लघु होना अनिवार्य होता है. आगे चल कर :

1. अष्टाक्षरावृत्ति के अनुष्टुप् छंद वर्ग में विद्युन्माला छंद (म म ग ग), लक्ष्मी (र र ग ल), प्रमाणिका (ज र ल ग), विपुला छंद (भ र ल ल), गजगती छंद (न भ ल ग), तंग (न न ग ग), आदि 256–छंद समूह की उत्पत्ति हुई. विद्युन्माला छंद के उदाहरण के लिए संगीत श्रीकृष्णायन मोती 91 देखिए :

विद्युन्माला छंद
म म ग ग
ऽ ऽ ऽ ऽ ऽ ऽ ऽ ऽ
कंसारिपूजनम्

कंसध्वंसं दुष्टारिं तं, गोपीनाथं कृष्णं वन्दे ।

ऋत्वा पुष्पं तोयं धूपं, गन्धं क्षौद्रं नारीकेलम् ।। 1[1]
वन्दे सर्वज्ञं धातारं, देवेशं योगेशं श्रीशम् ।
गोपालं गोविन्दं विष्णुं, राधानन्दं गोपीनाथम् ।। 2
वन्दे सानन्दं श्रीकृष्णं, लक्ष्मीकान्तं भक्ताधीनम् ।
सर्वाधारं सर्वात्मानं, राधाप्राणं सर्वानन्दम् ।। 3
ऊरू जानू पादौ बाहू, कोष्ठं स्कन्धौ ग्रीवां कण्ठम् ।
वक्त्रं कर्णौ नेत्रे शीर्षं, जिह्वां चित्तं मे रक्षेत्सः ।। 4

2. नवाक्षरावृत्ति के बृहती छंद वर्ग में हलमुखी (र न स), महालक्ष्मी (र र र), शुभोदर (भ भ भ) आदि 512–छंद समूह निर्माण हुआ. हलमुखी छंद के उदाहरण के लिए संगीत श्रीकृष्णायन मोती 328 देखिए :

हलमुखी छंद

र न स

ऽ । ऽ । । । । । ऽ

श्रीराम का गुरुकुल समापन

बैठके गुरुचरण में, ध्याइके सब स्मरण में ।
राम ज्ञान समझ लिया, क्षात्र–धर्म ग्रहण किया ।। 1
आज राम गुरुकुल से, आगये अवध पुर में ।
देख राम, दशरथ जी, मातु तीन मुदित भयी ।। 2

3. दशाक्षरवृत्ति के पंक्ति छंद वर्ग में मत्ता छंद (म भ स ग), मयूरी (र ज र ग), कामदा (र य ज ग), बाला (र र र ग), कीर्ति (स स स ग), चंपकमाला (भ म स ग), सारवती (भ भ भ ग), बिंदु (भ भ म ग), आदि 1024–छंद समूह निर्माण हुआ. मत्ता छंद के उदाहरण के लिए संगीत श्रीकृष्णायन मोती 32 देखिए :

---

[1] **क्षौद्रं** = मधु, शहद । **नारीकेलम्** = नारियल ।

मत्ता छंद

म भ स ग

ऽ ऽ ऽ ऽ । । । । ऽ ऽ

(लक्ष्मीनारायण स्तवन)

लक्ष्मीनाथा! परम पियारे! ।
दाता धाता जगत नियारे! ।। 1
तारो मोहे भवजल पारे ।
आया हूँ मैं चरण तिहारे ।। 2

4. <u>एकादशाक्षरावृत्ति</u> के त्रिष्टुप् छंद वर्ग में उपेंद्रवज्रा (ज त ज ग ग), शालिनी (म त त ग ग), वातोर्मि (म भ त ग ग), रथोद्धता (र न र ल ग), स्वागता (र न भ ग ग), द्रुता (र ज स ल ग), विध्यंकमाला (त त त ग ग), इंद्रवज्रा (त त ज ग ग), आदि 2048–छंद समूह निर्माण हुआ. उपेंद्रवज्रा छंद का सुंदर संस्कृत उदाहरण है पांडवगीता श्लोक 28 है :

उपेंद्रवज्रा छंद

ज त ज ग ग

। ऽ । ऽ ऽ । । ऽ । ऽ ऽ

त्वमेव माता च पिता त्वमेव ।
त्वमेव बंधुश्च सखा त्वमेव ।
त्वमेव विद्या द्रविह्मां त्वमेव ।
त्वमेव सर्वं मम देवदेव ।।
सुखस्य दुःखस्य न कोऽपि दाता ।
परो ददातीति कुबुद्धिरेषा ।
अहं करोमीति वृथाभिमानः ।
स्वकर्मसूत्रे गैत्तितो हि लोकः ।।

शालिनी छंद के हिंदी उदाहरण के लिए संगीत श्रीकृष्णायन का मोती

77 देखिए :

शालिनी छंद

म त त ग ग

ऽ ऽ ऽ ऽ ऽ । ऽ ऽ । ऽ ऽ

पनघट पर राधा गापी

कैसे लाए नीर ग्वालीन गोरी ।
कान्हा रोड़ी मार कामोर फोरी ।। 1
भीगी राधा की चुनैया गुलाबी ।
राधा गालों पे सजायी गुलाली ।। 2

5. द्वादशाक्षरावृत्ति के जगती छंद वर्ग में भुजंगप्रयात (य य य य), स्त्रग्विणी (र र र र), तोटक (स स स स), सारंग (त त त त), इंद्रवंशा (त त ज र), मणिमाला (त य त य), जलोद्धगति (ज स ज स), तामरस (न ज ज य), कुमुदविचित्रा (न य न य), तरलनयन (न न न न), आदि 4096-छंद समूह निर्माण हुआ.

भुजंगप्रयात छंद के उदाहरण के लिए संगीत श्रीकृष्णायन का मोती 141 देखिए :

भुजंगप्रयात छंद

य य य य

। ऽ ऽ । ऽ ऽ । ऽ ऽ । ऽ ऽ

सा रे-ग- म प-म-ग रे-म- गरे- सा-

हिंदी

आत्मा

न जन्मा, न आरंभ, तेरा कहीं से ।
सदा साथ होते न, जाना किसी ने ।। 1
न आया कहीं से, न जाता कहीं है ।
निराधार आत्मा, जहाँ था वहीं है ।। 2

कटे ना, जले ना, गले ना, झुरे ना ।
वही आतमा है निराकार जाना ।। 3
सभी के दिलों में बसा एक देही ।
अनेकों घटों का कहा एक गेही ।। 4

संस्कृत

निष्काम

सारे- ग-मप- म-ग रे-म- ग रे-सा-
बिना-वासनां यस्य सर्वं हि कार्यम् ।
अनिन्दा च निन्दा च सर्वं समं यम् ।
न बध्नाति तं कर्म कृत्वाऽपि सर्वम् ।
स जानाति त्यागं च निष्कामयोगम् ।।

6. त्रयोदशाक्षरावृत्ति के अतिजगती छंद वर्ग में प्रहर्षिणी (म न ज र ग), कन्दुक (य य य य ग), कन्द (य य य य ल), तारक (स स स स ग), आदि 8192-छंद समूह निर्माण हुआ.
प्रहर्षिणी छंद के उदाहरण के लिए संगीत श्रीरामायण का मोती 378 देखिए :

प्रहर्षिणी छंद

म न ज र ग

ऽ ऽ ऽ । । । । ऽ । ऽ । ऽ ऽ

दशरथ प्रयाण

सीता को रघुपति ने कहा, विदेही! ।
देहों के सम मरता कभी न देही ।। 1
चोला है दशरथ ने तजा पुराना ।
लेने को अपर शरीर में ठिकाना ।।

7. चतुर्दशाक्षरावृत्ति के शर्करी छंद वर्ग में वसंततिलका (त भ ज ज ग ग), असंबाधा (म त न स ग ग), कुटिल (स भ य ग ग), आदि 16384-छंद

समूह निर्माण हुआ.
वसंततिलका छंद के सुंदर उदाहरण के लिए संगीत श्रीकृष्णायन का मोती 129 देखिए :

वसंततिलका छंद
त भ ज ज ग ग
ऽ ऽ । ऽ । । । ऽ । । ऽ । ऽ ऽ
सा–नि़–सा रे– रेसा रेग–, मग रे–ग रे–सा–
(अर्जुन का विषाद)

कौन्तेय ने जब लखे, प्रिय बंधु आगे ।
खोये हवास उसके, अरु होश भागे ।।
बोला, विषाद-युत वो, "शर ना धरूँगा ।
चाहे, जनार्दन! यहाँ, रण में मरूँगा" ।।

अनुप्रास उदाहरण
ऽ ऽ । ऽ । । । ऽ । । ऽ । ऽ ऽ
सा–नि़–सा रे–रेसारे ग–, मग रे–ग रे–सा–
दैवी संपदा

सद्धर्म से सजित जो, शुचि सत्य श्रद्धा ।
सद्भाव सुकृत सही, सहसाधना से ।।
स्वाध्याय के सहित जो, सब सर्वदा ही ।
दैवी कही सकल वो, सत्-संपदा है ।।

संस्कृत उदाहरण
ऽ ऽ । ऽ । । । ऽ । । ऽ । ऽ ऽ
सा–नि़– सारे–रे सारेग– म गरे–ग रे–सा–
जटायुविलापः

रामं जटायुविहगः स उवाच दुःखी ।
यानेन भोः अपहृता दनुजेन देवी ।।
खड्गेन राम समितौ मम पक्ष्म छित्वा ।

13

मार्गेण दक्षिणदिशा च पलायितः सः ।।

8. पंचदशाक्षरावृत्ति के अतिशर्करी छंद वर्ग में चामर (र ज र ज र), चंद्रकांता (र र म स य), नलिनी (स स स स स), मालिनी (न न म य य), शशिकला (न न न न स), आदि 32798-छंद समूह निर्माण हुआ.
चामर छंद के उदाहरण के लिए संगीत श्रीकृष्णायन का मोती 190 देखिए:

चामर छंद
र ज र ज र
ऽ । ऽ । ऽ । ऽ । ऽ । ऽ । ऽ । ऽ
द्वंद्व-भाव

राग क्रोध दुःख मोद, लाभ-हानि द्वंद्व हैं ।
श्वेत कृष्ण शीत उष्ण, द्वंद्व राग रम्य है ।। 1
जन्म-मृत्यु पाप पुण्य, शत्रु मित्र अन्य हैं ।
जो न द्वंद्व-भाव मुग्ध, सो महान धन्य है ।। 2

9. षोडषाक्षरावृत्ति के अष्टि छंद वर्ग में पंचचामर (ज र ज र ज ग), नील (भ भ भ भ भ ग), अचलधृति (न न न न न ल), आदि 65536-छंद समूह निर्माण हुआ.
पंचचामर छंद के उदाहरण के लिए संगीत श्रीरामायण का मोती 445 देखिए:

पंचचामर छंद
ज र ज र ज ग
। ऽ । ऽ । ऽ । ऽ । ऽ । ऽ । ऽ । ऽ
सेतु बंधन

लिखे चलो, लिखे चलो, पवित्र नाम राम का ।
अटूट यत्न से बने समुद्र सेतु अश्म का ।। 1
बढ़े चलो, बढ़े चलो, बड़ा महान काम है ।

सिया अशोक बाग में जपे अखंड नाम है ।। 2

10. सप्तदशक्षरावृत्ति के अत्यष्टि छंद वर्ग में पृथ्वी (ज स ज स य ल ग), शिखरिणी (य म न स भ), मंदाक्रांता (म भ न त त ग ग), हरिणी (न स म र स ल ग), आदि 131072–छंद समूह निर्माण हुआ.
पृथ्वी छंद के उदाहरण के लिए संगीत श्रीकृष्णायन का मोती 25 देखिए:

पृथ्वी छंद

ज स ज स य ल ग

। ऽ । । । ऽ । ऽ । । । ऽ । ऽ ऽ । ऽ

मप– धपमग– गम–पमगरे– सारे– मगरे सा–

व्यासवन्दनम्

महाकविवरो रविर्मतिमयो मुने व्यास त्वम् ।
त्वया विरचितं गुरो सुललितं बृहद्वाङ्मयम् ।। 1
तथा च लिखितं सनातनकृतं महाभारतम् ।
करोमि नमनं प्रभुं परमव्यासद्वैपायनम् ।। 2

हिंदी पद्य

कैकई का हर्ष

चले विपिन में, सिया लखन को, लिये राम जी ।
दुखी जनन हैं, सभी अवध के, हँसे कैकई ।। 1
कहे, भरत को, करूँ नृपति मैं, जभी आयगा ।
बिना हरि–सिया, सुखी अवध ये, मुझे भायगा ।। 2

शिखरिणी छंद

। ऽ ऽ ऽ ऽ ऽ । । । । । ऽ ऽ । । । ऽ

साग–नि़–सा– रेगरे– सारेगपमगरे ग–रेगरे सा–

संस्कृत

सीता उपलब्धि

कपिर्ब्रूते रामं नलिनिनयनं मङ्गलवचः ।

प्रभो! श्रीवैदेही दशमुखवने शोकव्यथिता ।। 1
तदा श्रीरामस्तं मधुरवचनैराह प्लवगम् ।
कपे! त्वं मे भ्राता प्रियतरसखा दासपरमः ।। 2

हिंदी

सीता मिल गयी

सा<u>ग</u>- नि़-सा-रे<u>ग</u> रे-, सारे<u>ग</u>पम <u>ग</u>रे <u>ग</u>-रे<u>ग</u> रेसा-
कहा वज्रांगी ने, अवधपति को वन्दन किये ।
रघो! श्री सीता हैं, असुर-वन में व्यग्र दुखिता ।। 1
सिया-भर्ता बोले, पवन-सुत को आशिष दिये ।
सखा तू है मेरा, प्रिय अनुज भी लक्ष्मण यथा ।। 2

11. <u>अष्टादशक्षरावृत्ति</u> के धृति छंद वर्ग में हरिणीलुप्ता (म स ज ज भ र), चित्रलेखा (म भ न य य य), शार्दूल (म स ज स र म), आदि 262144-छंद समूह निर्माण हुआ.
हरिणीलुप्ता छंद का छंद प्रभाकर पृ. 185 का उदाहरण देखिए:

हरिणीलुप्ता छंद

म स ज ज भ र

ऽ ऽ ऽ । । ऽ । ऽ । । ऽ । ऽ । । ऽ । ऽ

मैं साजो जु भरो घड़ा, तट में लख्यो हरिण-लुप्ता ।
क्रीड़ावन्त हरो भरो, विलसै तहाँ, हरिणो युता ।।
कस्तूरी त्यहि नाभि जो, तिहि सों सजैं, निज आननै ।
हे आली तिहि क्यों बधैं, हठ धारिकै, नृप काननै ।।

12. <u>ऊनविंशत्यक्षरावृत्ति</u> के अतिधृति छंद वर्ग में शादूलविक्रीड़ित (म स ज स त त ग), मेधविस्फूर्जिता (य म न स र र ग), छाया (य म न स त त ग), मकरंदिका (य म न स ज ज ग), आदि 524288-छंद समूह निर्माण हुआ.

16

शादूलविक्रीड़ित छंद के उदाहरण के लिए संगीत श्रीरामायण का मोती 302 देखिए :

शादूलविक्रीड़ित छंद

म स ज स त त ग

ऽ ऽ ऽ । । ऽ । ऽ । । । ऽ ऽ ऽ । ऽ ऽ । ऽ

सा- रे-ग-मग रे-, गम-पम गरे- ग- प- मग- म-ग रे-

वाल्मीकि रामायण

जो रत्नाकर[2] को, महाकवि किया, वो है कृपा नाम की ।
श्रीवाल्मीक रची अनुष्टुप् कथा, वो है दया राम की ।। 1
श्रीरामायण में सती बड़ कही, वो है सिया, राम की ।
जो सर्वोत्तम है प्रभा, भँवर में, वो है हनूमान की ।। 2

13. विंशत्यक्षरावृत्ति के कृति छंद वर्ग में सुवदना (म र भ न य भ ल ग), गीतिका (स ज ज भ र स ल ग), मत्तेभविक्रीड़ित (स भ र न म य ल ग), आदि 10448576-छंद समूह निर्माण हुआ.

सुवदना छंद के उदाहरण के लिए संगीत श्रीरामायण का मोती 343 देखिए:

सुवदना छंद

म र भ न य भ ल ग

ऽ ऽ ऽ ऽ । ऽ ऽ । । । । । । ऽ ऽ ऽ । । । ऽ

राम का राजतिलक

बोले मंत्रीसभा में दशरथ, युवराजा आज चुनिये ।
बूढ़ा मैं हो चुका हूँ, अब जनमत में देरी न करिये ।। 1
कौशल्या मातु बोली, सद् गुण सब हैं मेरे तनय में ।
कैकेयी ने कहा, अग्रज हरिहर है, वो ही कुँवर है ।। 2
बोली रानी सुमित्रा, हरि मुनिमन है राजा वह बने ।

---

[2] रत्नाकर = रत्नाकर डाकू ।

मंत्री बोले, हमारा तन-मन प्रिय जो है राम, चुनिये ।। 3
बोला सौमित्र, मेरा हरि सुख बल सोता प्राण तरु है ।
स्वामी आदेश से, चंदन तिलक लगाया राजगुरु ने ।। 4

14. एकविंशत्यक्षरावृत्ति के प्रकृति छंद वर्ग में स्त्रग्धरा (म र भ न य य य), सरसी (न ज भ ज ज ज र), आदि 2097152-छंद समूह निर्माण हुआ.

स्त्रग्धरा छंद के उदाहरण के लिए संगीत श्रीरामायण का मोती 406 और श्रीकृष्णातन का मोती 173 देखिए:

स्त्रग्धरा छंद

म र भ न य य य

ऽ ऽ ऽ ऽ । ऽ ऽ । । । । । । ऽ ऽ । ऽ ऽ । ऽ ऽ

राम विलाप

सीते सीते! पुकारे, उस घन वन में, राम आँसू बहायो ।
वैदेही! तू कहीं है, छुप कर चुप या, दैत्य तोहे भगायो ।। 1
पंछी! पेड़ों! बताओ, गगन पवन भोः! दार मेरी कहाँ है ।
बोला पक्षी जटायू, असुर जित उड़ा, नार तोरी वहाँ है ।। 2

गीता के छह योग

स्त्रग्धरा छंद

म र भ न य य य

ऽ ऽ ऽ ऽ । ऽ ऽ । । । । । । ऽ ऽ । ऽ ऽ । ऽ ऽ

कीन्हा जो कार्य इच्छा तज कर फल की, कर्म का योग जाना ।
कर्ता दूजा नहीं है अतुल गुण सिवा, ज्ञान का योग माना ।। 1
आत्मा का ज्ञान देही अजर अमर का, सांख्य है योग जाना ।
मित्रारी[3] द्वंद्व में जो नित सम मति वो, बुद्धि का योग माना ।। 2

[3] **मित्रारी** = न॰ मित्र + पु॰ अरि = द्वंद्व समास द्वितीया द्विवचन = मित्रारी ।

आस्था से कार्य सारा अविचल करना, भक्ति का योग जाना ।
ध्येयोक्ता कार्य माला अविरत करना, योग अभ्यास माना ।। 3

15. द्वाविंशत्यक्षरावृत्ति के आकृति छंद वर्ग में मंदारमाला (त त त त त त त ग), महास्त्रग्धरा (स ज त न स र र ग), मदिरा सवैया (भ भ भ भ भ भ भ ऽ), आदि 4194304–छंद समूह निर्माण हुआ. 22 से 26 वर्ण वाले छंद प्रकार को सवैया कहा जाता है. सवैया छंद के अन्य प्रकार हैं : अरविंद, अरसात, किरीट, गंगोदक, दुर्मिल, मत्तगयंद, महाभुजंगप्रयात, मानिनी, मुक्तहरा, वाम, सुंदरी, सुमुखी और सुखी.
मंदारमाला छंद के उदाहरण के लिए हमारे संगीत श्रीरामायण का मोती 8 देखिए:

मंदारमाला छंद

त त त त त त त ग

ऽ ऽ । ऽ ऽ । ऽ ऽ । ऽ ऽ । ऽ ऽ । ऽ ऽ । ऽ ऽ । ऽ

सा–रे– गरे– प–मग–रे–म–ग– ध–पम–प– मग– म–गरे– ग–रेसा–

मंगलाचरणम्

वन्दे शिवं पार्वतीवल्लभं नीलकण्ठं हरं मङ्गलं शङ्करम् ।। 1
लम्बोदरं पीतपीताम्बरं चण्डिकानन्दनं श्रीगणेशं शुभम् ।। 2

कादम्बरीं ज्ञानदेवीं भजे भारतीं वैखरीं शारदामातरम् ।। 3
राधावरं कृष्णगोवर्धनं माधवं केशवं श्यामलं सुन्दरम् ।। 4

सीतापतिं रामभद्रं हरिं रामचन्द्रं रघुं जानकीवल्लभम् ।। 5
वातात्मजं मारुतिं व्यङ्कटं रुद्ररूपं कपिं रामदूतं वरम् ।। 6

16. त्रयोविंशत्यक्षरावृत्ति के विकृति छंद वर्ग में मत्तगयंद अथवा मालति सवैया (भ भ भ भ भ भ भ ऽ ऽ), चकोर सवैया (भ भ भ भ भ भ भ ऽ ।), सुमुखी सवैया (ज ज ज ज ज ज ज । ऽ), आदि 8388608–छंद समूह निर्माण होता है. मत्तगयंद के दो लोकप्रिय उदाहण देखिए :

मत्तगयंद सवैया छंद

ऽ । । ऽ । । ऽ । । ऽ । । ऽ । ऽ । । ऽ । । ऽ ऽ

हे शिव शंकर सर्प रहे सिर, अंग हिमालय आलय तेरा ।
शीष झुकाकर बंदन चंदन, है चरणों पर मस्तक मेरा ।।
चाहत है अब गंग धुले सब, पाप करें मन में खग डेरा ।
पावन है शिव धाम सुनें जग, राहत का हल दें वह घेरा ।।

भारत में अब सैनिक चाहत, देश सदा पथ निर्मल छाँव ।
कंटक काट करें अब रक्षण, चाल चले मत दुर्बल पाँव ।
देव भजे जग जाग रखें हम, पावन गंग सदा जल नाँव ।
सुंदर हो परिवेश जहाँ तट, शान करें हम पा हल दाँव ।।

17. चतुर्विंशत्यक्षरावृत्ति के संस्कृति छंद वर्ग में दुर्मिल सवैया छंद (स स स स स स स स), किरीट सवैया (भ भ भ भ भ भ भ भ), अरसात सवैया (भ भ भ भ भ भ भ ऽ । ऽ), लवंगलता (ज ज ज ज ज ज ज ज ।), आदि 16777216–छंद समूह निर्माण होता है. दुर्मिल और किरीट सवैया छंद के लोकप्रिय उदाहण देखिए :

दुर्मिल सवैया छंद

। । ऽ । । ऽ । । ऽ । । ऽ । । ऽ । । ऽ । । ऽ । । ऽ

निरखें नभ से सुख से सुर हैं, प्रभु राम चले गृह से वन को ।
पद चिन्ह गहे सुकुमारि चले, अरु भ्रात निहारत पावन को ।
मुसुकाति चले वनवास सिया, परखे मन मोहक सावन को ।
पगलाय रहे वन के बसिया, अब देख वहाँ मन भावन को ।।

किरीट सवैया

ऽ । । ऽ । । ऽ । । ऽ । । ऽ । । ऽ । । ऽ । । ऽ । ।

दो प्रभु दान दया मुझको अब, सेवक मांगत शीष नवाकर ।

चाहत है बस दान दया निधि , पास रहे नित मंगल आकर ।।

है विनती मम एक सुनो अब, दास कहे दर नाथ सुनाकर ।

दो वरदान सदा रह सेवक , सेव करूँ बस माथ झुकाकर ।।

18. पंचविंशत्यक्षरावृत्ति के अतिकृति छंद वर्ग में सुंदरी सवैया (स स स स स स स स ऽ), आदि 33554432-छंद समूह निर्माण होता है. सुंदरी सवैया छंद का लोकप्रिय उदाहण देखिए :

सुंदरी सवैया

। । ऽ । । ऽ । । ऽ । । ऽ । । ऽ । । ऽ । । ऽ । । ऽ ऽ

पद कोमल स्यामल गौर कलेवर राजन कोटि मनोज लजाए ।

कर वान सरासन सीस जटासरसीरुह लोचन सोन सहाए ।

जिन देखे रखी सतभायहु तै, तुलसी तिन तो मह फेरि न पाए ।

यहि मारग आज किसोर वधू, वैसी समेत सुभाई सिधाए ।।

19. षड्विंशत्यक्षरावृत्ति के उत्कृति छंद वर्ग में कुन्दलता सवैया (स स स स स स स स । ।), महामंजीर सवैया (स स स स स स स स । ऽ), आदि 67108864-छंद समूह निर्माण होता है. कुन्दलता छंद का लोकप्रिय उदाहण देखिए :

कुन्दलता सवैया

। । ऽ । । ऽ । । ऽ । । ऽ । । ऽ । । ऽ । । ऽ । । ऽ । ।

जब साजन ने सजनी निरखी, परखी कहता रस सी लगती कुछ ।

नथनी नग भी चमके झलके, झुमकी झलकी हिलती कहती कुछ ।।

पग पायल घायल है करती, सुर ताल सरासर भी मिलती कुछ ।

परखे निरखे मम प्रीतम ही, सजनी तब ही रजनी सजती कुछ ।।

20. षड्विंशत्याधिकाक्षरावृत्ति (26 से अधिक अक्षरों) वाले छंद को दण्डक वार्णिक छंद कहा जाता है.

मन्दाक्रान्ता सवैया छंद

इस अत्यष्टि छन्द के चरण में 17 वर्ण, 27 मात्रा होती हैं । इसमें म भ न त त गण आते हैं और अन्त में दो गुरु अक्षर होते हैं. इसका लक्षण सूत्र ऽ ऽ ऽ, ऽ।।, ।।।, ऽ ऽ।, ऽ ऽ।, ऽ ऽ इस प्रकार होता है. इसके 4, 6, 7 वे वर्ण पर यति विकल्प से आता है. महाकवि कालिदास का मेघदूत महाकाव्य इसी छंद में ढला है. मन्दाक्रान्ता छंद के उदाहण के लिए देखिए हमारे श्रीकृष्णायन का मोती 96.

लक्षण गीत दोहा

जहाँ म भ न त त आदि में, दो गुरु मात्रा अंत ।
सम वार्णिक यह वृत्त है, "मन्दाक्रान्ता" छन्द ।।

मन्दाक्रान्ता सवैया छंद

ऽ ऽ ऽ ऽ । । । । । ऽ ऽ । ऽ ऽ । ऽ ऽ

श्रीकृष्णवन्दनम्

रे-गरेसा-रे- मगरेसारेग- रे-गम-ग- रेग-रे- ।
ग-ग-ग-ग- मममममम- म-पम- प-मग-रे- ।।
सा-सा-सा-सा- रेरेरेरेरेरे- म-पम- प-मग-म- ।
गरेसा- रे-ग- मममगरेग-, रे-गम-प-मग-रेसा- ।।

गोपीनाथं कमलनयनं नन्दनन्दं मुकुन्दम् ।
लक्ष्मीकान्तं परमशरणं माधवं चक्रपाणिम् ।। 1
श्रीयोगेशं गरुडवहनं केशवं पद्मनाभम् ।
वन्दे कृष्णं कलुषदहनं विघ्नसंहारकारम् ।। 2

(श्रीकृष्णायन मोती 96)

मेघदूत छंदो मीमांसा

कविवर कालिदास जी को
मेघदूत महाकाव्य लिखते समय
वाणी को रसमय और सुंदरतम अलंकृत करने के साथ-साथ
विविध छंद–सूत्रों के अनुसार
लघु-गुरु मात्राओं की सूत्रबद्धता सिद्ध करने के लिए,
क्या-क्या पापड़ बेलने पड़े थे
उनकी सूक्ष्म मीमांसा
सुव्यवस्थित रीति से
अब हम कर रहे हैं.

यही पेचीदा समस्याएँ
कविवर कालिदास ने
ऋतुसंहार और शकुन्तला महाकाव्य
लिखते समय भी झेली थीं
उन दोनों की
संक्षिप्त छंद मीमांसा
आगे वाली दो पुस्तकों में विद्यमान हैं.

पूर्वमेघ

मेघदूत

१

पूर्वमेघ

मन्दाक्रान्ता छंद

1.

कश्चित्कान्ताविरहगुरुणा स्वाधिकारात्प्रमत्त:
शापेनास्तङ्गमितमहिमा वर्षभोग्येण भर्तु: ।
यक्षश्चक्रे जनकतनयास्नानपुण्योदकेषु
स्निग्धच्छायातरुषु वसतिं रामगिर्याश्रमेषु ।।

म भ न त त ग ग मन्दाक्रन्ता छंद

कश्चित्का [1]	न्ताविर	हगुरु	णास्वाधि	कारात्प्र	मत्त: [2]
ऽ ऽ ऽ	ऽ । ।	। । ।	ऽ ऽ ।	ऽ ऽ ।	ऽ ऽ
शापेना	स्तङ्गमि [3]	तमहि	मावर्ष [4]	भोग्येण	भर्तु: [5]
ऽ ऽ ऽ	ऽ । ।	। । ।	ऽ ऽ ।	ऽ ऽ ।	ऽ ऽ
यक्षश्च [6]	क्रेजन	कतन	यास्नान	पुण्योद [7]	केषु *
ऽ ऽ ऽ	ऽ । ।	। । ।	ऽ ऽ ।	ऽ ऽ ।	ऽ ।
स्निग्धच्छा [8]	यातरु	षुवस	तिंराम	गिर्याश्र [9]	मेषु *
ऽ ऽ ऽ	ऽ । ।	। । ।	ऽ ऽ ।	ऽ ऽ ।	ऽ ।

* अंतिम 17 वीं लघु (।) मात्रा भी गुरु (ऽ) मानी गयी है.

पाद टिप्पणियाँ :

1. कश्चित् शब्द में लघु वर्ण क के आगे संयुक्त वर्ण श्च आने से यहाँ श्च वर्ण के आघात के कारण लघु वर्ण क की मात्रा दीर्घ सिद्ध हुई है.

2. मत्त: शब्द में लघु वर्ण म के आगे संयुक्त वर्ण त्त आने के कारण यहाँ आघात युक्त लघु म वर्ण की मात्रा दीर्घ सिद्ध हुई है.

3. स्तङ्गमि वर्ण समूह में संयुक्त लघु वर्ण स्त के आगे संयुक्त वर्ण ङ्ग आने के कारण यहाँ आघात युक्त लघु वर्ण स्त की मात्रा दीर्घ सिद्ध हुई है.

4. वर्ष शब्द में लघु वर्ण व के आगे संयुक्त वर्ण र्ष आने के कारण यहाँ आघात युक्त लघु वर्ण व की मात्रा दीर्घ सिद्ध हुई है.

5. भर्तु: शब्द में लघु वर्ण भ के आगे संयुक्त वर्ण र्त आने के कारण यहाँ आघात युक्त लघु भ वर्ण की मात्रा दीर्घ सिद्ध हुई है.

6. यक्षश्चक्रे शब्द समूह में लघु वर्ण य आगे संयुक्त वर्ण क्ष आने के कारण, लघु संयुक्त वर्ण क्ष के आगे संयुक्त वण श्च आने के कारण और लघु वर्ण श्च के आगे संयुक्त वर्ण क्र आने के कारण यहाँ आघात युक्त लघु वर्ण य, क्ष और श्च की मात्राएँ दीर्घ सिद्ध हुई हैं.

7. पुण्य शब्द में लघु वर्ण पु के आगे संयुक्त वर्ण ण्य आने के कारण यहाँ लघु वर्ण पु की मात्रा दीर्घ सिद्ध हुई है.

8. स्निग्धच्छा शब्द समूह में लघु संयुक्त वर्ण स्नि के आगे संयुक्त वर्ण ग्ध और लघु संयुक्त वर्ण

ग्ध के आगे संयुक्त वर्ण च्छ आने के कारण यहाँ वर्ण स्नि और वर्ण ग्ध की लघु मात्राएँ दीर्घ सिद्ध हुई हैं.

9. गिर्याश्च शब्द समूह में लघु वर्ण गि के आगे संयुक्त वर्ण र्य आने के कारण यहाँ लघु वर्ण गि की मात्रा दीर्घ सिद्ध हुई है.

(कुबेर)

दोहा॰ **उत्तर भारतवर्ष में, पर्वत है हिमवान ।**
जिस पर नगर कुबेर का, अलकापुरी महान ।।

यक्षनरेश कुबेर का, सेवक था इक यक्ष ।
पत्नी में रहता रमा, सदा यक्ष का लक्ष्य ।।

उसका यह लंपटपना, बेसुध मन दिन-रात ।
देखा नित्य कुबेर ने, मगर न बोली बात ।।

स्वाभाविक गुण जान कर, किया नजरअंदाज ।
मगर एक दिन यक्ष से, कुबेर थे नाराज ।।

(परिणामत:)

दोहा॰ **असावधानी में हुई, बड़ी यक्ष से भूल ।**
जिससे कुबेर राज्य का, टूटा स्वर्ग्य उसूल ।।

यक्षराज क्रोधित हुए, और दिया कटु शाप ।
"सहो दार के विरह का, एक वर्ष परिताप ।।

"निष्कासित भी देश से," दिया यक्ष को दंड ।
राग-रंग उसका गिरा, महिमा ढली प्रचंड ।।

पत्नी से वह मिल सके, एक वर्ष के बाद ।
तब तक वह करता रहे, केवल उसको यद ।।

(अत:)

दोहा॰ **दिन बिरहा के काटने, अलकापुर को छोड़ ।**
दक्षिण दिश में आगया, अपने मन को मोड़ ।।

27

आश्रय आश्रम में लिया, रामगिरी था स्थान ।
उस पर्वत पर थे बने, पवित्र कुण्ड महान ।।

पावन सीता स्नान से, बना हुआ वह नीर ।
घन वृक्षों की छाँव थी, जिन कुण्डों के तीर ।।

2.

तस्मिन्नद्रो कतिचिदबलाविप्रयुक्तः स कामी
नीत्वा मासान्कनकवलयभ्रंशरिक्तप्रकोष्ठ: ।
आषाढस्य प्रथमदिवसे मेघमाश्लिष्टसानुं
वप्रक्रीडापरिणतगजप्रेक्षणीयं ददर्श ।।

तस्मिन्न[1]	द्रोकति	चिदब	लाविप्र[2]	युक्तःस[3]	कामी
ऽ ऽ ऽ	ऽ । ।	। । ।	ऽ ऽ ।	ऽ ऽ ।	ऽ ऽ
नीत्वामा	सान्कन	कवल	यभ्रंश[4]	रिक्तप्र[4]	कोष्ठ:
ऽ ऽ ऽ	ऽ । ।	। । ।	ऽ ऽ ।	ऽ ऽ ।	ऽ ऽ
आषाढ[5]	स्यप्रथ[6]	मदिव	सेमेघ	माश्लिष्ट[7]	सानुम्
ऽ ऽ ऽ	ऽ । ।	। । ।	ऽ ऽ ।	ऽ ऽ ।	ऽ ऽ
वप्रक्री[8]	डापरि	णतग	जप्रेक्ष[9]	णीयंद	दर्श *[10]
ऽ ऽ ऽ	ऽ । ।	। । ।	ऽ ऽ ।	ऽ ऽ ।	ऽ ।

* अंतिम 17 वीं लघु (।) मात्रा भी गुरु (ऽ) मानी गयी है.

पाद टिप्पणियाँ :

1. तस्मिन्नद्रो वर्ण समूह में लघु वर्ण त के आगे संयुक्त वर्ण स्मि आने के कारण यहाँ आघात युक्त लघु वर्ण त की मात्रा दीर्घ सिद्ध हुई है, लघु अक्षर स्मि के आगे संयुक्त अक्षर न्न आने के कारण स्मि अक्षर की लघु मात्रा दीर्घ सिद्ध हुई है, और ही लघु वर्ण स्मि के आगे संयुक्त वर्ण द्रो आने से स्मि की लघु मात्रा भी दीर्घ सिद्ध हुई है.
2. विप्र शब्द में लघु वर्ण वि के आगे संयुक्त वर्ण प्र आने के कारण वि की लघु मात्रा दीर्घ सिद्ध हुई है.
3. युक्त शब्द में लघु वर्ण यु के आगे संयुक्त वर्ण क्त आने के कारण यु की लघु मात्रा दीर्घ सिद्ध हुई है.

4. कनकवलयभ्रंशरिक्तप्रकोष्ठ शब्द समूह में लघु वर्ण य के आगे संयुक्त वर्ण भ्र आने से और लघु वर्ण रि के आगे संयुक्त वर्ण क्त आने के से और लघु वर्ण क्त के आगे संयुक्त वर्ण प्र आने के कारण लघु वर्ण य, रि और क्त कीं लघु मात्राएँ दीर्घ सिद्ध हुई हैं.

5. आषाढस्य शब्द के लघु अक्षर ढ के आगे संयुक्त वर्ण स्य आने के कारण ढ वर्ण की लघु मात्रा दीर्घ सिद्ध हुई है.

6. आषाढस्य प्रथम दिवसे शब्द समूह के लघु अक्षर स्य के आगे अगले शब्द का प्रथम संयुक्त वर्ण प्र आने के कारण स्य वर्ण की लघु मात्रा दीर्घ सिद्ध हुई है.

7. शिष्ट शब्द में लघु वर्ण ष्लि के आगे संयुक्त वर्ण ष्ट आने के कारण ष्लि अक्षर की लघु मात्रा दीर्घ सिद्ध हुई है.

8. वप्रक्रीडा शब्द में लघु वर्ण व के आगे संयुक्त वर्ण प्र आने के कारण और स.युक्त वर्ण प्र के आगे संयुक्त वर्ण क्र आने से व और प्र कीं लघु मात्राएँ दीर्घ सिद्ध हुई हैं.

9. गजप्रेक्षणीय शब्द समूह के लघु अक्षर ज के आगे प्रेक्षणीय शब्द का प्रथम संयुक्त वर्ण प्र आने के कारण ज वर्ण की लघु मात्रा दीर्घ सिद्ध हुई है.

10. दर्श शब्द में लघु वर्ण द के आगे संयुक्त वर्ण र्श आने के कारण द की लघु मात्रा दीर्घ सिद्ध हुई है.

(बिछोह)

दोहा० **बिछोह में वह प्रेम के, खाना–पीना छोड़ ।**
अतीव था दुर्बल हुआ, मन से दुख को जोड़ ।।

कलाइयाँ दुबली हुईं, कड़े खिसक गिर जाय ।
सूने अब मणिबंध थे, हालत उसे न भाय ।।

उदास बैठा एक दिन, काम–तृषित वह यक्ष ।
प्रथम दिवस आषाढ़ का, शुभ्र शुक्ल का पक्ष ।।

गिरि की चोटी पर दिखा, मेघ हस्ति आकार ।
सिर से ढूँसे मारता, गिरि पर बारंबार ।।

3.

तस्य स्थित्वा कथमपि पुर: कौतुकाधानहेतो-
रन्तर्बाष्पश्चिरमनुचरो राजराजस्य दध्यौ ।
मेघालोके भवति सुखिनोऽप्यन्यथावृत्ति चेत:
कण्ठाश्लेषप्रणयिनि जने किं पुनर्दूरसंस्थे ।।

तस्यस्थि[1]	त्वाकथ	मपिपु	र:कौतु	काधान	हेतो:
ऽ ऽ ऽ	ऽ । ।	। । ।	ऽ ऽ ।	ऽ ऽ ।	ऽ ऽ
अन्तर्बा[2]	ष्पश्चिर[3]	मनुच	रोराज	राजस्य[4]	दध्यौ[5]
ऽ ऽ ऽ	ऽ । ।	। । ।	ऽ ऽ ।	ऽ ऽ ।	ऽ ऽ
मेघालो	केभव	तिसुखि	नोऽप्यन्य[6]	थावृत्ति[7]	चेत:
ऽ ऽ ऽ	ऽ । ।	। । ।	ऽ ऽ ।	ऽ ऽ ।	ऽ ऽ
कण्ठाश्ले[8]	षप्रण[8]	यिनिज	नेकिंपु	नर्दूर[9]	संस्थे
ऽ ऽ ऽ	ऽ । ।	। । ।	ऽ ऽ ।	ऽ ऽ ।	ऽ ऽ

पाद टिप्पणियाँ :

1. तस्य स्थित्वा शब्द समूह में लघु वर्ण त के आगे संयुक्त वर्ण स्य आने से, संयुक्त वर्ण स्य के आगे संयुक्त वर्ण स्थि आने से और वर्ण स्थि के आगे संयुक्त वर्ण त्वा आने से अक्षर त, स्य और स्थि अक्षरों की लघु मात्राएँ दीर्घ सिद्ध हुई हैं.
2. अन्तर्बाष्प शब्द समूह में लघु वर्ण अ के आगे संयुक्त वर्ण न्त आने के कारण और लघु वर्ण न्त के आगे संयुक्त अक्षर र्बा आने के कारण अ और न्त अक्षरों की लघु मात्राएँ दीर्घ सिद्ध हुई हैं.
3. बाष्पश्चिर शब्द समूह में लघु वर्ण ष्प के आगे संयुक्त वर्ण श्चि आने के कारण वर्ण ष्प की लघु मात्रा दीर्घ सिद्ध हुई है.
4. राजस्य शब्द में लघु वर्ण ज के आगे संयुक्त वर्ण स्य आने के कारण वर्ण ज की लघु मात्रा दीर्घ सिद्ध हुई है.
5. दध्यौ शब्द में लघु वर्ण द के आगे संयुक्त वर्ण ध्य आने के कारण वर्ण द की लघु मात्रा दीर्घ सिद्ध हुई है.
6. सुखिनोऽप्यन्नथा शब्द समूह में लघु वर्ण प्य के आगे संयुक्त वर्ण न्न आने के कारण वर्ण प्य की लघु मात्रा दीर्घ सिद्ध हुई है.
7. वृत्ति शब्द में लघु वर्ण वृ के आगे संयुक्त वर्ण त्त आने के कारण वर्ण वृ की लघु मात्रा दीर्घ सिद्ध हुई है.
8. कण्ठाश्लेषप्रणयिनी शब्द समूह में लघु वर्ण क के आगे संयुक्त वर्ण ण्ठ आने के कारण और लघु वर्ण ष के आगे संयुक्त अक्षर प्र आने के कारण क और ष अक्षरों की लघु मात्राएँ दीर्घ सिद्ध हुई हैं.
9. पुनर्ददूर शब्द समूह में लघु वर्ण न के आगे संयुक्त वर्ण र्द आने के कारण न अक्षर की लघु मात्रा दीर्घ सिद्ध हुई है.

(यक्ष विलाप)

दोहा॰ **कामोत्कण्ठा जाग कर, यक्षराज का दास ।**
खड़ा होगया, मेघ से, करने को अरदास ।।

नैनन में आँसू भरे, सोच रहा कुछ देर ।
आँसू अंदर रोक कर, बोला दस्युकुबेर ।।

निहार बादल, जन–सुखी, होते डाँवाडोल ।
मेरा तो मन है दुखी, उसका क्या है मोल ।।

कण्ठालिंगन के लिए, आतुर मेरे प्राण ।
आकुल होगी उधर भी, मेरी प्रिया अजान ।।

उसे क्या पता मैं कहाँ, फँसा हुआ हूँ आज ।
बेघर होकर हूँ पड़ा, उसे नहीं अंदाज ।।

बीत चला आषाढ़ है, सावन आया पास ।
श्रावण में मेरी प्रिया, होगी बहुत उदास ।।

4.

प्रत्यासन्ने नभसि दयिताजीवितालम्बनार्थी
जीमूतेन स्वकुशलमयीं हारयिष्यन्प्रवृत्तिम् ।
स प्रत्यग्रै: कुटजकुसुमै: कल्पितार्घाय तस्मै
प्रीत: प्रीतिप्रमुखवचनं स्वागतं व्याजहार ।।

प्रत्यास[1]	न्नेनभ	सिदयि	ताजीवि	तालम्ब[2]	नार्थी
ऽ ऽ ऽ	ऽ । ।	। । ।	ऽ ऽ ।	ऽ ऽ ।	ऽ ऽ
जीमूते	नस्वकु[3]	शलम	यींहार	यिष्यन्प्र[4]	वृत्तिम्[4]
ऽ ऽ ऽ	ऽ । ।	। । ।	ऽ ऽ ।	ऽ ऽ ।	ऽ ऽ
सप्रत्य[5]	ग्रै:कुट	जकुसु	मै:कल्पि[6]	तार्घाय	तस्मै[7]
ऽ ऽ ऽ	ऽ । ।	। । ।	ऽ ऽ ।	ऽ ऽ ।	ऽ ऽ
प्रीत:प्री	तिप्रमु[8]	खवच	नंस्वाग	तंव्याज	हार *
ऽ ऽ ऽ	ऽ । ।	। । ।	ऽ ऽ ।	ऽ ऽ ।	ऽ ऽ

* अंतिम 17 वीं लघु (।) मात्रा भी गुरु (ऽ) मानी गयी है.

पाद टिप्पणियाँ :

1. प्रत्यासन्ने शब्द समूह में लघु वर्ण प्र के आगे संयुक्त वर्ण त्या आने के कारण और लघु वर्ण स के आगे संयुक्त अक्षर न्न आने के कारण प्र और स अक्षरों की लघु मात्राएँ दीर्घ सिद्ध हुई हैं.
2. लम्बनार्थी शब्द में लघु वर्ण ल के आगे संयुक्त वर्ण म्ब आने के कारण वर्ण ल की लघु मात्रा दीर्घ सिद्ध हुई है.
3. जीमूतेन स्वकुशलमयीम् शब्द समूह में लघु वर्ण न के आगे संयुक्त वर्ण कारण न अक्षर की लघु मात्रा दीर्घ सिद्ध हुई है.
4. हारयिष्यन्प्रवृत्तिम् शब्द समूह में लघु वर्ण यि के आगे संयुक्त वर्ण ष्य आने के कारण, लघु संयुक्त वर्ण ष्य के आगे संयुक्त अक्षर न्प्र आने के कारण और लघु वर्ण वृ क आगे संयुङ वर्ण त्त आने क कारण यि, ष्य और वृ अक्षरों की लघु मात्राएँ दीर्घ सिद्ध हुई हैं.
5. स प्रत्यग्रै: शब्द समूह में लघु वर्ण स के आगे संयुक्त वर्ण प्र आने के कारण और लघु वर्ण प्र के आगे संयुक्त अक्षर त्य आने के कारण स और प्र अक्षरों की लघु मात्राएँ दीर्घ सिद्ध हुई हैं.
6. कल्पित शब्द में लघु वर्ण क के आगे संयुक्त वर्ण ल्प आने के कारण वर्ण क की लघु मात्रा दीर्घ सिद्ध हुई है.
7. तस्मै शब्द में लघु वर्ण त के आगे संयुक्त वर्ण स्म आने के कारण वर्ण त की लघु मात्रा दीर्घ सिद्ध हुई है.
8. प्रीतिप्रमुखवचनम् शब्द समूह में लघु वर्ण ति के आगे संयुक्त वर्ण प्र ला कर वर्ण ति की लघु मात्रा दीर्घ सिद्ध की गई है.

दोहा॰ **जा न सकूँगा मैं वहाँ, वचन बद्ध हूँ आप ।**
कुबेर स्वामी से मुझे, मिला हुआ है शाप ।।

फिर भी, शुभ संदेश मैं, भेज सकूँ खुशहाल ।
बोलूँ मैं इस मेघ से, जाने को तत्काल ।।

(इस लिए)

दोहा॰ **कुटज पुष्प ताजा खिले, लाकर उसने चंद ।**
पूजा बादल की करी, पहले सह आनंद ।।

फिर की श्लाघा मेघ की, प्यारे बचनन बोल ।
गदगद होकर प्रीत से, बोला अमृत घोल ।।

5.

धूमज्योति: सलिलमरुतां संनिपात: क्व मेघ:
संदेशार्था: क्व पटुकरणै: प्राणिभि: प्रापणीया: ।

इत्यौत्सुक्यादपरिगणयन्गुह्यकस्तं ययाचे
कामार्ता हि प्रकृतिकृपणाश्चेतनाचेतनेषु ।।

धूमज्यो [1]	तिःसलि	लमरु	तांसंनि	पातःक्व	मेघः
ऽ ऽ ऽ	ऽ । ।	। । ।	ऽ ऽ ।	ऽ ऽ ।	ऽ ऽ
संदेशा	र्थाःक्वप	टुकर	णैःप्राणि	भिःप्राप	णीयाः
ऽ ऽ ऽ	ऽ । ।	। । ।	ऽ ऽ ।	ऽ ऽ ।	ऽ ऽ
इत्यौत्सु [2]	क्यादप	रिगण	यन्गुह्य [3]	कस्तंय [3]	याचे
ऽ ऽ ऽ	ऽ । ।	। । ।	ऽ ऽ ।	ऽ ऽ ।	ऽ ऽ
कामार्ता	हिप्रकृ [4]	तिकृप	णाश्चेत	नाचेत	नेषु *
ऽ ऽ ऽ	ऽ । ।	। । ।	ऽ ऽ ।	ऽ ऽ ।	ऽ ऽ

* अंतिम 17 वीं लघु (।) मात्रा भी गुरु (ऽ) मानी गयी है.

पाद टिप्पणियाँ :

1. धूमज्योति शब्द में लघु वर्ण म के आगे संयुक्त वर्ण ज्यो ला कर वर्ण म की लघु मात्रा दीर्घ सिद्ध की गई है.
2. इत्यौत्सुक्यात् शब्द समूह में लघु वर्ण इ के आगे संयुक्त वर्ण त्य ला कर और लघु वर्ण त्सु के आगे संयुक्त वर्ण क्या ला कर वर्ण इ और त्सु की लघु मात्राएँ दीर्घ सिद्ध की गई हैं.
3. परिगणयन्गुह्यकस्तम् शब्द समूह में लघु वर्ण य के आगे संयुक्त वर्ण न्ग ला कर, लघु वर्ण न्गु के आगे संयुक्त वर्ण ह्य ला कर और लघु वर्ण क के आगे संयुक्त वर्ण स्त ला कर वर्ण य, न्गु और क की लघु मात्राएँ दीर्घ सिद्ध की गई हैं.
4. हि प्रकृति शब्द समूह में लघु वर्ण हि के आगे संयुक्त वर्ण प्र ला कर वर्ण हि की लघु मात्रा दीर्घ सिद्ध की गई है.

(यक्ष)

दोहा॰ **देखो अब इसके मजे, कैसा आया वक्त ।**
जो बातें होती सदा, इनसानों से फक्त; ।। 32

प्राणी जो पहुँचा सके, व्यक्ति को समाचार ।
आज यक्ष ये मेघ को, देने को लाचार ।। 33

धुम्र-वायु-जल-अग्नि का, बना हुआ यह अभ्र ।
उत्कण्ठावश यक्ष ये, उसे न ध्यान न सब्र ।।

जो है आपा खो चुका, काम-वासना व्याप्त ।
किए जा रहा याचना, वारिद से, भ्रम प्राप्त ।।

जो प्राणी कामांध है, उसको जीव-अजीव ।
दोनों लगते एक हैं, मतलब जिसकी नींव ।।

6.

जातं वंशे भुवनविदिते पुष्करावर्तकानां
जानामि त्वां प्रकृतिपुरुषं कामरूपं मघोन: ।
तेनार्थित्वं त्वयि विधिवशाद्दूरबन्धुर्गतोऽहं
याञ्चा मोघा वरमधिगुणे नाधमे लब्धकामा ।।

जातंवं	शेभुव	नविदि	तेपुष्क[1]	रावर्त[2]	कानाम्
ऽ ऽ ऽ	ऽ । ।	। । ।	ऽ ऽ ।	ऽ ऽ ।	ऽ ऽ
जानामि[3]	त्वांप्रकृ	तिपुरु	षंकाम	रूपंम	घोन:
ऽ ऽ ऽ	ऽ । ।	। । ।	ऽ ऽ ।	ऽ ऽ ।	ऽ ऽ
तेनार्थि[4]	त्वंत्वयि	विधिव	शाद्दूर	बन्धुर्ग[5]	तोऽहम्
ऽ ऽ ऽ	ऽ । ।	। । ।	ऽ ऽ ।	ऽ ऽ ।	ऽ ऽ
याञ्चामो	घावर	मधिगु	णेनाध	मेलब्ध[6]	कामा
ऽ ऽ ऽ	ऽ । ।	। । ।	ऽ ऽ ।	ऽ ऽ ।	ऽ ऽ

<u>पाद टिप्पणियाँ :</u>

1. पुष्कर शब्द में लघु वर्ण पु के आगे संयुक्त वर्ण ष्क आने से वर्ण पु की लघु मात्रा दीर्घ सिद्ध की गई है.
2. पुष्करावर्तक शब्द में लघु वर्ण व के आगे संयुक्त वर्ण र्त ला कर वर्ण व की लघु मात्रा दीर्घ सिद्ध की गई है.
3. जानामि त्वाम् शब्द समूह में लघु वर्ण मि के आगे संयुक्त वर्ण त्वा ला कर वर्ण मि की लघु मात्रा दीर्घ सिद्ध की गई है.
4. तेनार्थित्वम् शब्द में लघु वर्ण र्थि के आगे संयुक्त वर्ण त्व ला कर वर्ण र्थि की लघु मात्रा दीर्घ सिद्ध की गई है.
5. दूरबन्धुर्वर्गत: शब्द समूह में लघु वर्ण ब के आगे संयुक्त वर्ण न्ध ला कर और वर्ण न्धु के आगे संयुक्त वर्ण र्ग ला कर वर्ण ब और न्धु की लघु मात्राएँ दीर्घ सिद्ध की गई हैं.
6. लब्धकाम शब्द में लघु वर्ण ल के आगे संयुक्त वर्ण ब्ध ला कर वर्ण ल की लघु मात्रा दीर्घ

सिद्ध की गई है.

दोहा॰ इस मतलब से यक्ष ने, कही मेघ से बात ।
मेरा संदेसा वहाँ, ले जाओ तुम, तात! ।।

मुक्त कण्ठ से यक्ष ने, किया मेघ गुण गान ।
रिरिया कर मिन्नत किए, बोला यक्ष सुजान ।।

(हे मेघ!)

दोहा॰ आप इंद्र के दूत हैं, कामदेव के रूप ।
आप प्रकृति-पुरुष हैं, मघवन तुम्हीं स्वरूप ।।

दुनिया में दो ज्ञात हैं, जलधर के कुल ज्येष्ठ ।
जन्म तुम्हारा है हुआ, इन्हीं कुलों में श्रेष्ठ ।।

विधिवश अपनी प्रीत से, बहुत दूर हूँ आज ।
उसे खबर मम दीजिये, रख लो उसकी लाज ।।

जैसा चाहो ले सको, वैसा आप स्वरूप ।
आप महत्तम हो गुणी, सचमुच हो बहुरूप ।।

(कहा गया है कि ...)

दोहा॰ गुणी सहायक हो सदा, चाहे पड़ कर पाँव ।
दूर रखो नर अवगुणी, भले हि दे वह ठाँव ।।

गुणी जनों का संग हो, फैला कर भी हाथ ।
मित्र रहे ना अवगुणी, रहो न उसके साथ ।।

अच्छे बंदे काम के, चाहे बने न काम ।
लो न सहारा नीच का, होकर भी निष्काम ।।

7.

संतप्तानां त्वमसि शरणं तत्पयोद प्रियाया:
संदेशं मे हर धनपतिक्रोधविश्लेषितस्य ।
गन्तव्या ते वसतिरलका नाम यक्षेश्वराणां
बाह्योद्यानस्थितहरशिरश्चन्द्रिकाधौतहर्म्या   ।।

संतप्ता	नांत्वम	सिशर	णंतत्प[1]	योदप्रि[1]	याया:
ऽ ऽ ऽ	ऽ ।।	।।।	ऽ ऽ ।	ऽ ऽ ।	ऽ ऽ
संदेशं	मेहर	धनप	तिक्रोध[2]	विश्लेषि[2]	तस्य *[3]
ऽ ऽ ऽ	ऽ ।।	।।।	ऽ ऽ ।	ऽ ऽ ।	ऽ ऽ
गन्तव्या[4]	तेवस	तिरल	कानाम	यक्षेश्व[5]	राणाम्
ऽ ऽ ऽ	ऽ ।।	।।।	ऽ ऽ ।	ऽ ऽ ।	ऽ ऽ
बाह्योद्या	नस्थित[6]	हरशि	रश्चन्द्रि[7]	काधौत	हर्म्या[8]
ऽ ऽ ऽ	ऽ ।।	।।।	ऽ ऽ ।	ऽ ऽ ।	ऽ ऽ

* अंतिम 17 वीं लघु (।) मात्रा भी गुरु (ऽ) मानी गयी है.

पाद टिप्पणियाँ :

1. तत्पयोद! प्रियाया: शब्द समूह में लघु वर्ण त के आगे संयुक्त वर्ण त्प रख कर और द वर्ण के आगे संयुक्त वर्ण प्र रख कर वर्ण त और द की लघु मात्राएँ दीर्घ सिद्ध की गई हैं.

2. धनपतिक्रोधविश्लेषित शब्द समूह में लघु वर्ण ति के आगे संयुक्त वर्ण क्र रख कर और वि वर्ण के आगे संयुक्त वर्ण श्ल रख कर वर्ण ति और वि की लघु मात्राएँ दीर्घ सिद्ध की गई हैं.

3. तस्य शब्द में लघु वर्ण त के आगे संयुक्त वर्ण स्य आता है इस लिए वर्ण त की लघु मात्रा दीर्घ सिद्ध होती है.

4. गन्तव्या शब्द में लघु वर्ण ग के आगे संयुक्त वर्ण न्त और वर्ण न्त के आगे संयुक्त वर्ण व्या आने से वर्ण ग और न्त की लघु मात्राएँ दीर्घ सिद्ध होती हैं.

5. यक्षेश्वर शब्द में लघु वर्ण य के आगे संयुक्त वर्ण क्ष आता है इस लिए वर्ण य की लघु मात्रा दीर्घ सिद्ध होती है.

6. बाह्योद्यानस्थित शब्द समूह में लघु वर्ण न के आगे संयुक्त वर्ण स्थ रख कर न वर्ण की लघु मात्रा दीर्घ सिद्ध की गई है.

7. हरशिरश्चन्द्रिका शब्द में लघु वर्ण र के आगे संयुक्त वर्ण श्च और वर्ण श्च के आगे संयुक्त वर्ण न्द्र रख कर वर्ण र और श्च की लघु मात्राएँ दीर्घ सिद्ध की गई हैं.

8. हर्म्य शब्द में लघु वर्ण ह के आगे संयुक्त वर्ण र्म्य आता है इस लिए वर्ण ह की लघु मात्रा दीर्घ सिद्ध होती है.

(और)

दोहा० रक्षक दुख में आप हो, तुम हो दीन दयाल ।
तुम मेरी बिरहा हरो, हे वारिद! किरपाल ।।

कुबेर जी के क्रोध से, मुझे विरह की आग ।
बुझा सको नीरद! तुम्हीं, बरसा कर अनुराग ।।

पहुँचाओ संदेश तुम, मेरा हे घनश्याम! ।
मिल कर मेरी प्रीत से, कर दो मेरा काम ।।

तुमको जाना है सखे! अलकापुरी महान ।
नगरी है वह शान की, यक्षों का है स्थान ।।

यक्ष वहाँ के ठाठ से, रखते हैं निज धाम ।
विशाल ऊँचे भवन में, फरमाते आराम ।।

(अलकापुरी)

दोहा० अलका के उद्यान में, शिव हैं विराजमान ।
सुंदर मूर्ति सुवर्ण की, चूमती आसमान ।।

शिव ललाट का चंद्रमा, उज्ज्वल दीप्त प्रकाश ।
उजलाता हर भवन को, धरती से आकाश ।।

शीतल सी वह चाँदनी, धवलित रम्य स्वरूप ।
प्रसन्न रखती है सदा, महादेव सुरभूप ।।

8.

त्वामारूढं पवनपदवीमुद्गृहीतालकान्ता:
प्रेक्षिष्यन्ते पथिकवनिता: प्रत्ययादाश्वसन्त्य: ।
क: संनद्धे विरहविधुरां त्वय्युपेक्षेत जायां
न स्यादन्योऽप्यहमिव जनो य: पराधीनवृत्ति: ।।

त्वामारू	ढंपव	नपद	वीमुद्गृ[1]	हीताल	कान्ता:
ऽ ऽ ऽ	ऽ । ।	। । ।	ऽ ऽ ।	ऽ ऽ ।	ऽ ऽ
प्रेक्षिष्य[2]	न्तेपथि	कवनि	ता:प्रत्य[3]	यादाश्व	सन्त्य:[4]
ऽ ऽ ऽ	ऽ । ।	। । ।	ऽ ऽ ।	ऽ ऽ ।	ऽ ऽ
क:संन	द्धेविर	हविधु	रांत्वय्यु[5]	पेक्षेत	जायाम्
ऽ ऽ ऽ	ऽ । ।	। । ।	ऽ ऽ ।	ऽ ऽ ।	ऽ ऽ
नस्याद[6]	न्योऽप्यह	मिवज	नोय:प	राधीन	वृत्ति:[7]
ऽ ऽ ऽ	ऽ । ।	। । ।	ऽ ऽ ।	ऽ ऽ ।	ऽ ऽ

पाद टिप्पणियाँ :

1. पवनपदवीमुद्गृहीतालकान्ता शब्द समूह में लघु वर्ण मु के आगे संयुक्त वर्ण द्गृ आता है इस लिए वर्ण मु की लघु मात्रा दीर्घ सिद्ध होती है.
2. प्रेक्षिष्यन्ते शब्द में लघु वर्ण क्षि के आगे संयुक्त वर्ण ष्य आता है और ष्य के आगे संयुक्त वर्ण न्त आता है इस लिए वर्ण क्षि और ष्य लघु मात्राएँ दीर्घ सिद्ध हुई हैं.
3. प्रत्यय शब्द में लघु वर्ण प्र के आगे संयुक्त वर्ण त्य आता है इस लिए वर्ण प्र की लघु मात्रा दीर्घ सिद्ध होती है.
4. आश्वसन्त्य: शब्द में लघु वर्ण स के आगे संयुक्त वर्ण न्त्य आता है इस लिए वर्ण स की लघु मात्रा दीर्घ सिद्ध होती है.
5. त्वय्युपेक्षेत शब्द समूह में लघु वर्ण त्व के आगे संयुक्त वर्ण य्यु लाया गया है और वर्ण त्व की लघु मात्रा दीर्घ की गई है.
6. न स्यादन्य शब्द समूह में लघु वर्ण न के आगे संयुक्त वर्ण स्य और वर्ण द के आगे संयुक्त वर्ण न्य लाया गया है फलस्वरूप वर्ण न और द की लघु मात्राएँ दीर्घ की गई हैं.
7. वृत्ति शब्द में लघु वर्ण वृ के आगे संयुक्त वर्ण त्त आता है इस लिए वर्ण वृ की लघु मात्रा दीर्घ सिद्ध होती है.

(हे मेघ!)

दोहा० **चढ़ो गगन में तुम जभी, वायु-पंख सवार ।**
यक्षों की ललना सभी, पुलकित तुम्हें निहार ।।

जिनके सजना दूर हैं, गए हुए परदेस ।
वे वनिताएँ सब तुम्हें, अर्ज करेगी पेश ।।

मुख पर लटकी जुल्फ को, सिर से झटका मार ।

या फिर लंबी फूँक से, ले कर उसे सँवार; ।।

एक टकटकी नजर से, कर तुम पर विश्वास ।
बाँधेगी वे नारियाँ, पिया मिलन की आस ।।

(और, हे वारिद!)

दोहा० **ऐसा विरही कौन है, जिसे न प्रिय की प्यास ।**
मेरे जैसा जो नहीं, बैठा हुआ उदास ।।

ऐसा आस्पद है कहाँ, परे पहुँच तिहार ।
खोज सकोगे आशियाँ, भावज दुखी निहार ।।

पतिव्रता बैठी हुई, एक अकेली आप ।
राह देखती है सदा, मेरी वह चुपचाप ।।

गिनती होगी दिन, सखी, लेकर मन में आस ।
बीती रातों की खुशी, धरे ह्रदय के पास ।।

9.

मन्दं मन्दं नुदति पवनश्चानुकूलो यथा त्वां
वामश्चायं नदति मधुरं चातकस्ते सगन्ध: ।
गर्भाधानक्षणपरिचयान्नूनमाबद्धमाला:
सेविष्यन्ते नयनसुभगं खे भवन्तं बलाका: ।।

मन्दंम[1]	न्दंनुद	तिपव	नश्चानु[2]	कूलोय	थात्वाम्
ऽ ऽ ऽ	ऽ । ।	। । ।	ऽ ऽ ।	ऽ ऽ ।	ऽ ऽ
वामश्चा[3]	यंनद	तिमधु	रंचात	कस्तेस[4]	गन्ध:[5]
ऽ ऽ ऽ	ऽ । ।	। । ।	ऽ ऽ ।	ऽ ऽ ।	ऽ ऽ
गर्भाधा[6]	नक्षण[6]	परिच	यान्नून	माबद्ध[7]	माला:
ऽ ऽ ऽ	ऽ । ।	। । ।	ऽ ऽ ।	ऽ ऽ ।	ऽ ऽ
सेविष्य[8]	न्तेनय	नसुभ	गंखेभ	वन्तंब[9]	लाका:
ऽ ऽ ऽ	ऽ । ।	। । ।	ऽ ऽ ।	ऽ ऽ ।	ऽ ऽ

पाद टिप्पणियाँ :

1. मन्दं मन्दं शब्द समूह में दोनों लघु वर्ण म के आगे संयुक्त वर्ण न्द आता है अत: दोनों म वर्ण की लघु मात्राएँ दीर्घ सिद्ध होती हैं.
2. पवनश्च शब्द समूह में लघु वर्ण न के आगे संयुक्त वर्ण श्च लाया गया है ता कि वर्ण न की लघु मात्रा दीर्घ सिद्ध हो.
3. वामश्च शब्द समूह में लघु वर्ण म के आगे संयुक्त वर्ण श्च लाया गया है ता कि वर्ण म की लघु मात्रा दीर्घ सिद्ध हो.
4. चातकस्ते शब्द समूह में लघु वर्ण क के आगे संयुक्त वर्ण स्त लाया गया है ता कि वर्ण क की लघु मात्रा दीर्घ सिद्ध हो.
5. गन्ध शब्द में लघु वर्ण ग के आगे संयुक्त वर्ण न्ध आने के कारण वर्ण ग की लघु मात्रा दीर्घ सिद्ध होती है.
6. गर्भाधानक्षण शब्द समूह में लघु वर्ण ग के आगे संयुक्त वर्ण र्भ आता है और वर्ण न के आगे संयुक्त वर्ण क्ष लाया गया है ताकि वर्ण ज और न की लघु मात्राएँ दीर्घ सिद्ध हों.
7. बद्ध शब्द में लघु वर्ण ब के आगे संयुक्त वर्ण द्ध आने के कारण वर्ण ब की लघु मात्रा दीर्घ सिद्ध होती है.
8. भविष्यन्ते शब्द में लघु वर्ण वि के आगे संयुक्त वर्ण ष्य आता है और वर्ण ष्य के आगे संयुक्त वर्ण न्त लाया गया है ताकि वर्ण वि और ष्य की लघु मात्राएँ दीर्घ सिद्ध हों.
9. भवन्तं शब्द में लघु वर्ण व के आगे संयुक्त वर्ण न्त आने के कारण वर्ण व की लघु मात्रा दीर्घ सिद्ध होती है.

(और भी, हे बादल!)

दोहा॰ **सगुन सभी उपयुक्त हैं, मंद पवन है साथ ।**
बढ़ा रहा है वह तुम्हें, अजिर पकड़ कर हाथ ।।

मेघ चलित को देख कर, जगी मेह की आस ।
चातक मीठा गा रहा, बुझे नीर की प्यास ।।

गर्भदान को सफल कर, हर्ष मनाने काम ।
पंक्ति बाँध कर बगुलियाँ, आएँ संग सकाम ।।

रूप सलोना मेघ का, देख बगुलियाँ मुग्ध ।
पंखा झलने के लिए, आजाएगी लुब्ध ।।

10.

तां चावश्यं दिवसगणनातत्परामेकपत्नी-
मव्यापन्नामविहतगतिर्द्रक्ष्यसि भ्रातृजायाम् ।
आशाबन्धः कुसुमसदृशं प्रायशो ह्यङ्गनानां
सद्यःपाति प्रणयि हृदयं विप्रयोगे रुणद्धि ॥

तांचाव [1]	श्यंदिव	सगण	नातत्प [2]	रामेक	पत्नीम् [3]
ऽ ऽ ऽ	ऽ । ।	। । ।	ऽ ऽ ।	ऽ ऽ ।	ऽ ऽ
अव्याप [4]	न्नामवि	हतग	तिर्द्रक्ष्य [5]	सिभ्रातृ [5]	जायाम्
ऽ ऽ ऽ	ऽ । ।	। । ।	ऽ ऽ ।	ऽ ऽ ।	ऽ ऽ
आशाब [6]	न्धःकुसु	मसदृ	शंप्राय	शोह्यङ्ग [7]	नानाम्
ऽ ऽ ऽ	ऽ । ।	। । ।	ऽ ऽ ।	ऽ ऽ ।	ऽ ऽ
सद्यःपा [8]	तिप्रण [9]	यिहृद	यंविप्र [10]	योगेरु	णद्धि * [11]
ऽ ऽ ऽ	ऽ । ।	। । ।	ऽ ऽ ।	ऽ ऽ ।	ऽ ऽ

* अंतिम 17 वीं लघु (।) मात्रा भी गुरु (ऽ) मानी गयी है.

पाद टिप्पणियाँ :

1. ता चावश्यं शब्द समूह में लघु वर्ण व के आगे संयुक्त वर्ण श्य आता है अतः दोनों म वर्ण की लघु मात्राएँ दीर्घ सिद्ध हुई हैं.
2. तत्पर शब्द में लघु वर्ण त के आगे संयुक्त वर्ण त्प आने से त वर्ण की लघु मात्रा दीर्घ सिद्ध होती है.
3. पत्नी शब्द में लघु वर्ण प के आगे संयुक्त वर्ण त्न आने से प वर्ण की लघु मात्रा दीर्घ सिद्ध होती है.
4. अव्यापन्नाम शब्द समूह में लघु वर्ण अ के आगे संयुक्त वर्ण व्य आने से और प के आगे संयुक्त वर्ण न्न आने से त और प वर्ण की लघु मात्राएँ दीर्घ सिद्ध हुई हैं.
5. विहतगतिर्दक्ष्यसि शब्द समूह में लघु वर्ण ति के आगे संयुक्त वर्ण र्द आने से और र्द के आगे संयुक्त वर्ण क्ष आने से ति और र्द वर्ण की लघु मात्राएँ दीर्घ सिद्ध हुई हैं.
6. आशाबन्ध शब्द समूह में लघु वर्ण ब के आगे संयुक्त वर्ण न्ध आने से ब वर्ण की लघु मात्रा दीर्घ सिद्ध हुई है.
7. ह्यङ्गनानाम् शब्द समूह में लघु वर्ण ह्य के आगे संयुक्त वर्ण ङ्ग आने से ह्य वर्ण की लघु मात्रा दीर्घ सिद्ध हुई है.
8. सद्यः शब्द में लघु वर्ण स के आगे संयुक्त वर्ण द्य आने से स वर्ण की लघु मात्रा दीर्घ सिद्ध होती है.

9. विप्र शब्द में लघु वर्ण वि के आगे संयुक्त वर्ण प्र आने से वि वर्ण की लघु मात्रा दीर्घ सिद्ध होती है.

10. पाति प्रणयि शब्द समूह में लघु वर्ण ति के आगे संयुक्त वर्ण प्र आने से ति वर्ण की लघु मात्रा दीर्घ सिद्ध हुई है.

11. रुणद्धि शब्द में लघु वर्ण ण के आगे संयुक्त वर्ण द्ध आने से ण वर्ण की लघु मात्रा दीर्घ सिद्ध हुई है.

(संदेश)

दोहा० **ऐसी अपनी भौज को, मिलना मेरे भ्रात! ।**
बिना रुके जा कर वहाँ, कहना मेरी बात ।।

गिनते दिन अलगाव के, तकते मेरी बाट ।
जीवन यापन कर रही, बिरहा में दिन काट ।।

उसका हिरदय पुष्प सा, प्रेम भरा सुकुमार ।
बिखर न जावे टूट कर, पा कर विरह-प्रहार ।।

उसे मेघ! तुम रोक लो, जाकर उसके पास ।
आस मिलन की बाँध कर, दो उसको विश्वास ।।

11.

कर्तुं यच्च प्रभवति महीमुच्छिलीन्ध्रामवन्ध्यां
तच्छ्रुत्वा ते श्रवणसुभगं गर्जितं मानसोत्का: ।
आकैलासाद्बिसकिसलयच्छेदपाथेयवन्त:
सम्पत्स्यन्ते नभसि भवती राजहंसा: सहाया: ।।

कर्तुंय [1]	च्चप्रभ [1]	वतिम	हीमुच्छि [2]	लीन्ध्राम	वन्ध्याम् [3]
ऽ ऽ ऽ	ऽ । ।	। । ।	ऽ ऽ ।	ऽ ऽ ।	ऽ ऽ
तच्छ्रुत्वा [4]	तेश्रव	णसुभ	गंगर्जि [5]	तंमान	सोत्का:
ऽ ऽ ऽ	ऽ । ।	। । ।	ऽ ऽ ।	ऽ ऽ ।	ऽ ऽ
आकैला	साद्बिस	किसल	यच्छेद [6]	पाथेय	वन्त: [7]
ऽ ऽ ऽ	ऽ । ।	। । ।	ऽ ऽ ।	ऽ ऽ ।	ऽ ऽ
सम्पत्स्य [8]	न्तेनभ	सिभव	तीराज	हंसा:स	हाया:

ऽ ऽ ऽ	ऽ । ।	। । ।	ऽ ऽ ।	ऽ ऽ ।	ऽ ऽ

पाद टिप्पणियाँ :

1. कर्तुं यच्च प्रभवति शब्द समूह में लघु वर्ण क के आगे संयुक्त वर्ण र्त, य के आगे संयुक्त वर्ण च्च और च्च के आगे संयुक्त वर्ण प्र आने से क, य और च्च वर्ण की लघु मात्राएँ दीर्घ सिद्ध हुई हैं.
2. महीमुच्छिलीन्ध्राम् शब्द समूह में लघु वर्ण मु के आगे संयुक्त वर्ण च्छ आने से मु वर्ण की लघु मात्रा दीर्घ सिद्ध हुई है.
3. महीमुच्छिलीन्ध्राम् शब्द समूह में लघु वर्ण मु के आगे संयुक्त वर्ण च्छ आने से मु वर्ण की लघु मात्रा दीर्घ सिद्ध हुई है.3. वन्ध्या शब्द में लघु वर्ण व के आगे संयुक्त वर्ण न्ध्य आने से व वर्ण की लघु मात्रा दीर्घ सिद्ध हुई है.
4. तच्छ्त्वा शब्द में लघु वर्ण त के आगे संयुक्त वर्ण च्छृ आने से त वर्ण की लघु मात्रा दीर्घ सिद्ध हुई है.
5. सुभगं गर्जितं शब्द समूह में लघु वर्ण ग के आगे संयुक्त वर्ण र्ज आने से ग वर्ण की लघु मात्रा दीर्घ सिद्ध हुई है.
6. किसलयच्छेद शब्द समूह में लघु वर्ण य के आगे संयुक्त वर्ण च्छ आने से य वर्ण की लघु मात्रा दीर्घ सिद्ध हुई है.
7. पाथेयवन्त: शब्द में लघु वर्ण व के आगे संयुक्त वर्ण न्त आने से व वर्ण की लघु मात्रा दीर्घ सिद्ध हुई है.
8. सम्पत्स्यन्ते शब्द में लघु वर्ण स के आगे संयुक्त वर्ण म्प, लघुवर्ण म्प के आगे संयुक्त वर्ण त्स्य और लघु वर्ण त्स्य के आगे संयुक्त वर्ण न्त आने से वर्ण स, म्प और त्स्य की लघु मात्राएँ दीर्घ सिद्ध हुई हैं.

(और, हे धाराधर!)

दोहा॰ **हे धाराधर! आपके, पर्जन्य का प्रभाव ।**
कण-कण धरती का हरा, करना जिसे स्वभाव ।।

अरु, हे तोयद! आपकी, गर्जन सुन कर दिव्य ।
सुप्त चराचर जाग कर, दृढ़ करते भवितव्य ।।

सुन कर वह शुभ गर्जना, कमलवनों के हंस ।
लेकर मृणाल चोंच में, पथ-भोजन का अंश; ।।

मानस-सर जाते हुए, आकाश में विहंग ।
प्रमोद से कैलास तक, होंगे तुमरे संग ।।

12.

आपृच्छस्व प्रियसखममुं तुङ्गमालिङ्ग्य शैलं
वन्द्यैः पुंसां रघुपतिपदैरङ्किंतं मेखलासु ।
काले काले भवति भवतो यस्य संयोगमेत्य
स्नेहव्यक्तिश्चिरविरहजं मुञ्चतो वाष्पमुष्णम् ॥

आपृच्छ[1]	स्वप्रिय[1]	सखम	मुंतुङ्ग[2]	मालिङ्ग्य[3]	शैलम्
ऽ ऽ ऽ	ऽ । ।	। । ।	ऽ ऽ ।	ऽ ऽ ।	ऽ ऽ
वन्द्यैःपुं[4]	सांरघु	पतिप	दैरंकि	तंमेख	लासु *
ऽ ऽ ऽ	ऽ । ।	। । ।	ऽ ऽ ।	ऽ ऽ ।	ऽ ऽ
कालेका	लेभव	तिभव	तोयस्य[5]	संयोग	मेत्य *
ऽ ऽ ऽ	ऽ । ।	। । ।	ऽ ऽ ।	ऽ ऽ ।	ऽ ऽ
स्नेहव्य[6]	क्तिश्चिर[6]	विरह	जंमुञ्च[7]	तोवाष्प	मुष्णम्[8]
ऽ ऽ ऽ	ऽ । ।	। । ।	ऽ ऽ ।	ऽ ऽ ।	ऽ ऽ

* अंतिम 17 वीं लघु (।) मात्रा भी गुरु (ऽ) मानी गयी है.

<u>पाद टिप्पणियाँ :</u>

1. आपृच्छस्व प्रिय शब्द समूह में लघु वर्ण पृ के आगे संयुक्त वर्ण च्छ आने से, च्छ के आगे संयुक्त वर्ण स्व आने से और स्व के आगे संयुक्त वर्ण प्र आने से पृ, च्छ और स्व वर्ण की लघु मात्राएँ दीर्घ सिद्ध हुई हैं.
2. तुङ्ग शब्द में लघु वर्ण तु के आगे संयुक्त वर्ण ङ्ग आने से तु वर्ण की लघु मात्रा दीर्घ सिद्ध हुई है.
3. आलिङ्ग्य शब्द में लघु वर्ण लि के आगे संयुक्त वर्ण ङ्ग्य आने से लि वर्ण की लघु मात्रा दीर्घ सिद्ध हुई है.
4. वन्द्य शब्द में लघु वर्ण व के आगे संयुक्त वर्ण न्द्य आने से व वर्ण की लघु मात्रा दीर्घ सिद्ध होती है.
5. तोयस्य शब्द में लघु वर्ण य के आगे संयुक्त वर्ण स्य आने से य वर्ण की लघु मात्रा दीर्घ सिद्ध हुई है.
6. स्नेहव्यक्तिश्चिरविरहज शब्द समूह में लघु वर्ण ह के आगे संयुक्त वर्ण व्य, वर्ण व्य के आगे संयुक्त वर्ण क्त और वर्ण क्ति के आगे संयुक्त वर्ण श्च आने से ह, व्य और क्ति की लघु मात्राएँ दीर्घ सिद्ध हुई हैं.
7. मुञ्च शब्द में लघु वर्ण मु के आगे संयुक्त वर्ण ञ्च आने से मु वर्ण की लघु मात्रा दीर्घ सिद्ध होती है.

8. वाष्पमुष्णम् शब्द समूह में लघु वर्ण मु के आगे संयुक्त वर्ण ष्ण आने से मु वर्ण की लघु मात्रा दीर्घ सिद्ध हुई है.

(और फिर, हे अंबुद!)

दोहा॰ हे अंबुद! अब तुम उड़ो, इस पर्वत से तुंग ।
विदा कहो लग कर गले, लेकर नयी उमंग ।।

जिन चट्टानों पर खड़े, तुम हो नीरदराज! ।
उन पर नक्शे कदम हैं, लगा गए रघुराज ।।

जिन चिह्नों को पूजता, आया है संसार ।
जब-जब तुम आते यहाँ, माने वे आभार ।।

तुम बिन ये सब विरह में, रोते आँसू ढार ।
स्नेह प्रकट करती, सखे! गरम अश्रु की धार ।।

13.

मार्गं तावच्छ्रणु कथयतस्त्वत्प्रयाणानुरूपं
संदेशं मे तदनु जलद श्रोष्यसि श्रोत्रपेयम् ।
खिन्न: खिन्न: शिखरिषु पदं न्यस्य गन्तासि यत्र
क्षीण: क्षीण: परिलघु पय: स्त्रोतसां चोपभुज्य ।।

मार्गंता	वच्छ्रणु [1]	कथय	तस्त्वत्प्र [2]	याणानु	रूपम्
ऽ ऽ ऽ	ऽ । ।	। । ।	ऽ ऽ ।	ऽ ऽ ।	ऽ ऽ
संदेशं	मेतद	नुजल	दश्रोष्य [3]	सिश्रोत्र [3]	पेयम्
ऽ ऽ ऽ	ऽ । ।	। । ।	ऽ ऽ ।	ऽ ऽ ।	ऽ ऽ
खिन्न:खि [4]	न्न:शिख	रिषुप	दंन्यस्य [5]	गन्तासि [6]	यत्र * [7]
ऽ ऽ ऽ	ऽ । ।	। । ।	ऽ ऽ ।	ऽ ऽ ।	ऽ ऽ
क्षीण:क्षी	ण:परि	लघुप	य:स्त्रोत	सांचोप	भुज्य * [8]
ऽ ऽ ऽ	ऽ । ।	। । ।	ऽ ऽ ।	ऽ ऽ ।	ऽ ऽ

* अंतिम 17 वीं लघु (।) मात्रा भी गुरु (ऽ) मानी गयी है.

<u>पाद टिप्पणियाँ :</u>

1. तावच्छ्रृणु शब्द समूह में लघु वर्ण व के आगे संयुक्त वर्ण च्छृ आने से व वर्ण की लघु मात्रा दीर्घ सिद्ध हुई है.
2. कथयतस्त्वत्प्रयाणानुरूपं शब्द समूह में लघु वर्ण त के आगे संयुक्त वर्ण स्त्व और लघु वर्ण स्त्व के आगे संयुक्त वर्ण त्प्र आने से त और स्त्व वर्ण की लघु मात्राएँ दीर्घ सिद्ध हुई हैं.
3. जलद श्रोस्यसि श्रोत्रपेयम् शब्द समूह में लघु वर्ण द के आगे और सि के आगे संयुक्त वर्ण श्र आने से द और सि वर्ण की लघु मात्रा दीर्घ सिद्ध हुई हैं.
4. खिन्न: खिन्न: शब्द समूह में दोनों लघु वर्ण खि के आगे संयुक्त वर्ण न्न आने से दोनों खि वर्णों की लघु मात्रा दीर्घ सिद्ध हुई हैं.
5. पदं न्यस्य शब्द समूह में लघु वर्ण न्य के आगे संयुक्त वर्ण स्य आने से न्य वर्ण की लघु मात्रा दीर्घ सिद्ध हुई है.
6. गन्तासि शब्द में लघु वर्ण ग के आगे संयुक्त वर्ण न्त आने से ग वर्ण की लघु मात्रा दीर्घ सिद्ध हुई है.
7. यत्र शब्द में लघु वर्ण य के आगे संयुक्त वर्ण त्र आने से य वर्ण की लघु मात्रा दीर्घ सिद्ध होती है.
8. भुज्य शब्द में लघु वर्ण भु के आगे संयुक्त वर्ण ज्य आने से भु वर्ण की लघु मात्रा दीर्घ सिद्ध होती है.

(अच्छा तो अब)

दोहा० हे तोयद! पहले सुनो, वहाँ गमन की राह ।
जो यात्रा के योग्य है, देगी खुशी अथाह ।।

कहता हूँ मैं अब तुम्हें, उन शिखरों के नाम ।
जहाँ तुम्हें पग टेक कर, करना है विश्राम ।।

और जहाँ पर बैठ कर, करना है जल पान ।
तथा जहाँ पर क्षीण है, करनी तुम्हें थकान ।।

फिर बतलाऊँगा तुम्हें, कर्ण मधुर निर्देश ।
जाकर मेरी प्रीत को, देना जो संदेश ।।

14.

अद्रे: श्रृंगं हरति पवन: किं स्विदित्युन्मुखीभि-
र्दृष्टोत्साहश्चकितचकितं मुग्धसिद्धाङ्गनाभि: ।

स्नानादस्मात्सरसनिचुलादुत्पतोदङ्मुख: खं
दिङ्नागानां पथि परिहरन्थूलहस्तावलेपान् ।।

अद्रेःश्रृं[1]	गंहर	तिपव	न:किंस्वि	दित्युन्मु[2]	खीभिः
ऽ ऽ ऽ	ऽ । ।	। । ।	ऽ ऽ ।	ऽ ऽ ।	ऽ ऽ
दृष्टोत्सा[3]	हश्चकि[3]	तचकि	तंमुग्ध[4]	सिद्धाङ्ग[5]	नाभि:
ऽ ऽ ऽ	ऽ । ।	। । ।	ऽ ऽ ।	ऽ ऽ ।	ऽ ऽ
स्नानाद[6]	स्मात्सर	सनिचु	लादुत्प[7]	तोदङ्मु[7]	खःखम्
ऽ ऽ ऽ	ऽ । ।	। । ।	ऽ ऽ ।	ऽ ऽ ।	ऽ ऽ
दिङ्नागा[8]	नांपथि	परिह	रन्थूल[9]	हस्ताव[10]	लेपान्
ऽ ऽ ऽ	ऽ । ।	। । ।	ऽ ऽ ।	ऽ ऽ ।	ऽ ऽ

पाद टिप्पणियाँ :

1. अद्रेः शब्द में लघु वर्ण अ के आगे संयुक्त वर्ण द्र आने से अ वर्ण की लघु मात्रा दीर्घ सिद्ध हुई है.

2. स्विदित्युन्मुखीभि: शब्द समूह में लघु वर्ण दि के आगे संयुक्त वर्ण त्य और लघु वर्ण त्यु के आगे संयुक्त वर्ण न्म आने से दि और त्यु वर्णों की लघु मात्राएँ दीर्घ मानी गई हैं.

3. दृष्टोत्साहश्चकित शब्द समूह में लघु वर्ण दृ के आगे संयुक्त वर्ण ष्ट आने से और ह के आगे संयुक्त वर्ण श्च आने से दृ और ह वर्णों की लघु मात्रा दीर्घ गिनी जाती हैं.

4. मुग्ध शब्द में लघु वर्ण मु के आगे संयुक्त वर्ण ग्ध आने से मु वर्ण की लघु मात्रा दीर्घ सिद्ध हुई है.

5. सिद्धाङ्गना शब्द में लघु वर्ण सि के आगे संयुक्त वर्ण द्ध आने से के कारण वर्ण की लघु मात्रा दीर्घ सिद्ध हुई है.

6. स्नानादस्मात् शब्द समूह में लघु वर्ण द के आगे संयुक्त वर्ण स्म आने से द वर्ण की लघु मात्रा दीर्घ सिद्ध हुई है.

7. निचुलादुत्पतोदङ्मुख: शब्द समूह में लघु वर्ण दु के आगे संयुक्त वर्ण त्प और लघु वर्ण द के आगे संयुक्त वर्ण ङ्म आने से दु और द वर्णों की लघु मात्राएँ दीर्घ मानी गई हैं.

8. दिङ्नाग शब्द में लघु वर्ण दि के आगे संयुक्त वर्ण ङ्न आने से दि वर्ण की लघु मात्रा दीर्घ सिद्ध हुई है.

9. परिहरन्थूल शब्द समूह में लघु वर्ण र के आगे संयुक्त वर्ण न्थ आने से र वर्ण की लघु मात्रा दीर्घ सिद्ध हुई है.

10. हस्तावलेप शब्द में लघु वर्ण ह के आगे संयुक्त वर्ण स्त आने से ह वर्ण की लघु मात्रा दीर्घ सिद्ध हुई है.

(यक्षसखियाँ)

दोहा० **जब तुम लोगे मेरु से, आकाश में उड़ान ।**
यक्षों की सखियाँ तुम्हें, सकेगी न पहिचान ।।

बोलेगी आश्चर्य से, ऊपर तुमको देख ।
पहाड़ लेकर उड़ रहा, कैसा है यह मेघ ।।

आगे तुमको, हे सखे!, निश्चित् देंगे छेड़ ।
ऊँचे वाले शैल पर, हरे बेंत के पेड़ ।।

उनके पीवर शुंड का, बचाय कर आघात ।
जाना उत्तर की तरफ, मुड़ कर तत्पश्चात् ।।

15.

रत्नच्छायाव्यतिकर इव प्रेक्ष्यमेतत्पुरस्ता:
द्वल्मीकाग्रात्प्रभवति धनु: खण्डमाखण्डलस्य ।
येन श्यामं वपुरतितरां कान्तिमापत्स्यते ते
बर्हेणेव स्फुरितरुचिना गोपवेषस्य विष्णो: ।।

रत्नच्छा[1]	याव्यति	करइ	वप्रेक्ष्य[2]	मेतत्पु[2]	रस्ता:[2]
ऽ ऽ ऽ	ऽ । ।	। । ।	ऽ ऽ ।	ऽ ऽ ।	ऽ ऽ
द्वल्मीका[3]	ग्रात्प्रभ	वतिध	नु:खण्ड[4]	माखण्ड[4]	लस्य *[4]
ऽ ऽ ऽ	ऽ । ।	। । ।	ऽ ऽ ।	ऽ ऽ ।	ऽ ऽ
येनश्या[5]	मंवपु	रतित	रांकान्ति	मापत्स्य[6]	तेते
ऽ ऽ ऽ	ऽ । ।	। । ।	ऽ ऽ ।	ऽ ऽ ।	ऽ ऽ
बर्हेणे[7]	वस्फुरि[7]	तरुचि	नागोप	वेषस्य[8]	विष्णो:[9]
ऽ ऽ ऽ	ऽ । ।	। । ।	ऽ ऽ ।	ऽ ऽ ।	ऽ ऽ

* अंतिम 17 वीं लघु (।) मात्रा भी छंदपूर्ति के लिए गुरु (ऽ) मानी गयी है.

पाद टिप्पणियाँ :

1. रत्नच्छाया शब्द समूह में लघु वर्ण र के आगे संयुक्त वर्ण त्न और त्न के आगे संयुक्त वर्ण च्छ आने से र और त्न वर्णों की लघु मात्राएँ दीर्घ सिद्ध हुई हैं.

2. इव प्रेक्ष्यमेतत्पुरस्ता: शब्द समूह में लघु वर्ण व के आगे संयुक्त वर्ण प्र, त वर्ण के आगे संयुक्त वर्ण त्प और र वर्ण के आगे संयुक्त वर्ण स्त आने से व, त और र वर्णों की लघु मात्राएँ दीर्घ सिद्ध हुई हैं.
3. वल्मी शब्द में लघु वर्ण व के आगे संयुक्त वर्ण ल्म आने से व वर्ण की लघु मात्रा दीर्घ सिद्ध हुई है.
4. खण्डमाखण्डलस्य शब्द समूह में दो लघु वर्ण ख के आगे संयुक्त वर्ण ण्ड और ल वर्ण के आगे संयुक्त वर्ण स्य आने से दोनों ख और ल वर्णों की लघु मात्राएँ दीर्घ सिद्ध हुई हैं.
5. येन श्यामं शब्द समूह में लघु वर्ण न के आगे संयुक्त वर्ण श्य आने से न वर्ण की लघु मात्रा दीर्घ सिद्ध हुई है.
6. कान्तिमापत्स्यते शब्द समूह में लघु वर्ण प के आगे संयुक्त वर्ण त्स्य आने से प वर्ण की लघु मात्राएँ दीर्घ सिद्ध हुई है.
7. बर्हेणेव स्फुरित शब्द समूह में लघु वर्ण ब के आगे संयुक्त वर्ण र्ह और अक्षर व के आगे संयुक्त वर्ण स्फ आने से ब और व वर्णों की लघु मात्राएँ दीर्घ सिद्ध हुई हैं.
8. गोपवेशस्य शब्द में लघु वर्ण श के आगे संयुक्त वर्ण स्य आने से श वर्ण की लघु मात्रा दीर्घ सिद्ध हुई है.
9. विष्णो शब्द में लघु वर्ण वि के आगे संयुक्त वर्ण ष्ण आने से वि वर्ण की लघु मात्रा दीर्घ सिद्ध हुई है.

(हे मेघश्याम!)

दोहा॰ खड़ा सामने फिर दिखे, इंद्र धनुष का चाप ।
चमक रहा आकाश में, डाल रहा है छाप ।।

उसकी रौनक रत्न सी, चमकाए तव देह ।
मेघ वर्ण तव साँवला, निखरे निस्संदेह ।।

यथा कृष्ण गोपाल का, स्निग्ध सुहाना स्नेह ।
चमक उठा था कृष्ण का, मोर मुकुट से देह ।।

16.

त्वय्यायत्तं कृषिफलमिति भ्रूविलासानभिज्ञै:
प्रीतिस्निग्धैर्जनपदवधूलोचनै: पीयमान: ।
सद्य: सीरोत्कषणमुरभि क्षेत्रमारुह्य मालं
किंचित्पश्चाद्व्रज लघुगतिर्भूय एवोत्तरेण ।।

त्वय्याय[1]	त्तंकृषि	फलमि	तिभ्रूवि[2]	लासान	भिज्ञै:[3]

ऽ ऽ ऽ	ऽ । ।	। । ।	ऽ ऽ ।	ऽ ऽ ।	ऽ ऽ
प्रीतिस्नि[4]	ग्धैर्जन	पदव	धूलोच	नैःपीय	मानः
ऽ ऽ ऽ	ऽ । ।	। । ।	ऽ ऽ ।	ऽ ऽ ।	ऽ ऽ
सद्यःसी[5]	रोत्कष	णमुर	भिक्षेत्र[6]	मारुह्य[6]	मालम्
ऽ ऽ ऽ	ऽ । ।	। । ।	ऽ ऽ ।	ऽ ऽ ।	ऽ ऽ
किंचित्प[7]	श्चाद्व्रज	लघुग	तिर्भूय[8]	एवोत्त	रेण *
ऽ ऽ ऽ	ऽ । ।	। । ।	ऽ ऽ ।	ऽ ऽ ।	ऽ ऽ

* अंतिम 17 वीं लघु (।) मात्रा भी गुरु (ऽ) मानी गयी है.

पाद टिप्पणियाँ :

1. त्वय्यायत्तं शब्द में लघु वर्ण त्व के आगे संयुक्त वर्ण य्य आने से त्व वर्ण की लघु मात्रा दीर्घ सिद्ध हुई है.

2. फलमिति शब्द के लघु वर्ण ति के आगे भ्रूविलास शब्द का संयुक्त वर्ण भ्र आने से ति वर्ण की लघु मात्रा दीर्घ सिद्ध हुई है.

3. भिज्ञ शब्द में लघु वर्ण भि के आगे संयुक्त वर्ण ज्ञ आने से भि वर्ण की लघु मात्रा दीर्घ सिद्ध हुई है.

4. प्रीतिस्निग्ध शब्द समूह में लघु वर्ण ति के आगे संयुक्त वर्ण स्न आने से और स्नि के आगे संयुक्त वर्ण ग्ध आने से ति और स्नि की दोनों लघु मात्रा दीर्घ सिद्ध हुई हैं.

5. सद्यः शब्द में लघु वर्ण स के आगे संयुक्त वर्ण द्य आने से स वर्ण की लघु मात्रा दीर्घ सिद्ध हुई है.

6. सुरभि क्षेत्रमारुह्य शब्द समूह में लघु वर्ण भि के आगे संयुक्त वर्ण क्ष आने से और वर्ण रु के आगे संयुक्त वर्ण ह्य आने से भि और रु वर्णों की लघु मात्राएँ दीर्घ सिद्ध हुई है.

7. किञ्चित्पश्चात् शब्द समूह में लघु वर्ण कि के आगे संयुक्त वर्ण ञ्चि आने से और वर्ण त्प के आगे संयुक्त वर्ण श्च आने से कि और ञ्चि वर्णों की लघु मात्राएँ दीर्घ सिद्ध हुई है.

8. लघुगतिर्भूय शब्द समूह में लघु वर्ण ति के आगे संयुक्त वर्ण र्भ आने से ति वर्ण की लघु मात्रा दीर्घ सिद्ध हुई है.

(और सुनो)

दोहा॰ कृषि की सफल-असफलता, निर्णय करते आप ।
करें किसानों की स्त्रियाँ, तुमसे प्रेमालाप ।।

(हे वारिद!)

दोहा॰ मालदेश पर बरसना, उमड़-घुमड़ कर नाद ।
गंधवती भू हो उठे, मेघ वृष्टि के बाद ।।

मालदेश पर बरस कर, तुम फुहार की तौर ।
हे बादल! आगे बढ़ो, झट आगे की ओर ।।

17.

त्वामासारप्रशमितवनोपप्लवं साधु मूर्ध्ना
वक्ष्यत्यध्वश्रमपरिगतं सानुमानाम्रकूट: ।
न क्षुद्रोऽपि प्रथमसुकृतापेक्षया संश्रयाय
प्राप्ते मित्रे भवति विमुख: किं पुनर्यस्तथोच्चै: ।।

त्वामासा	रप्रश[1]	मितव	नोपप्ल[2]	वंसाधु	मूर्ध्ना
ऽ ऽ ऽ	ऽ । ।	। । ।	ऽ ऽ ।	ऽ ऽ ।	ऽ ऽ
वक्ष्यत्य[3]	ध्वश्रम[3]	परिग	तंसानु	मानाम्र	कूट:
ऽ ऽ ऽ	ऽ । ।	। । ।	ऽ ऽ ।	ऽ ऽ ।	ऽ ऽ
नक्षुद्रोऽ[4]	पिप्रथ[4]	मसुकृ	तापेक्ष	यासंश्र	याय *
ऽ ऽ ऽ	ऽ । ।	। । ।	ऽ ऽ ।	ऽ ऽ ।	ऽ ऽ
प्राप्तेमि[5]	त्रेभव	तिविमु	ख:किंपु	नर्यस्त[6]	थोच्चै:
ऽ ऽ ऽ	ऽ । ।	। । ।	ऽ ऽ ।	ऽ ऽ ।	ऽ ऽ

* अंतिम 17 वीं लघु (।) मात्रा भी गुरु (ऽ) मानी गयी है.

पाद टिप्पणियाँ :

1. त्वामासारप्रशमित शब्द समूह में लघु वर्ण र के आगे संयुक्त वर्ण प्र आने से र वर्ण की लघु मात्रा दीर्घ सिद्ध हुई है.
2. पल्लव शब्द में लघु वर्ण प के आगे संयुक्त वर्ण ल्ल आने से प वर्ण की लघु मात्रा दीर्घ सिद्ध हुई है.
3. वक्ष्यत्यध्वश्रम शब्द समूह में लघु वर्ण व के आगे संयुक्त वर्ण क्ष्य, क्ष्य के आगे संयुक्त वर्ण त्हा आने से, वर्ण त्य के आगे संयुक्त वर्ण ध्व आने से और वर्ण ध्व के आगे संयुक्त वर्ण श्र आने से व, क्ष्य, त्य और ध्व वर्णों की लघु मात्राएँ दीर्घ सिद्ध हुई हैं.
4. न क्षुद्रोपिप्रथम शब्द समूह में लघु वर्ण न के आगे संयुक्त वर्ण क्ष, क्षु के आगे संयुक्त वर्ण द्र आने से और वर्ण पि के आगे संयुक्त वर्ण प्र आने से न, क्षु और पि वर्णों की लघु मात्राएँ दीर्घ सिद्ध हुई हैं.
5. प्राप्ते मित्रे शब्द समूह में लघु वर्ण मि के आगे संयुक्त वर्ण त्र आने से मि वर्ण की लघु मात्रा दीर्घ सिद्ध हुई है.
6. पुनर्यस्त शब्द समूह में लघु वर्ण न के आगे संयुक्त वर्ण आने से और र्य वर्ण के संयुक्त वर्ण स्त आने से वर्ण न और र्य वर्ण की लघु मात्राएँ दीर्घ सिद्ध हुई हैं.

(आम्रकूट पर्वत)

दोहा॰ **हे वारिधर! हे पयोनिधे! हे मूसलाधार! ।**
दावानल को शांत कर, करना तुम उपकार ।।

आम्रकूट पर्वत तुम्हें, बोलेगा आभार ।
बरस-बरस कर थक गए, देगा तुमको प्यार ।।

सिर-माथे पर रख तुम्हें, सादर करे प्रणाम ।
उसकी चोटी पर करो, थोड़ा तुम विश्राम ।।

क्षुद्र लोग भी मित्र के, याद किए अहसान ।
आश्रय देते प्रेम से, उसको सह सम्मान ।।

उसका तो कुल उच्च है, क्या कहने फिर बात ।
श्रेष्ठ कुलज हैं आप भी, बादल मेरे तात! ।।

18.

छन्नोपान्त: परिणतफलद्योतिभि: काननाम्रै-
स्त्वय्यारूढे शिखरमचल: स्निग्धवेणीसवर्णे ।
नूनं यास्यत्यमरमिथुनप्रेक्षणीयामवस्थां
मध्ये श्याम: स्तन इव भुव: शेषविस्तारपाण्डु: ।।

छन्नोपा[1]	न्त:परि	णतफ	लद्योति[2]	भि:कान	नाम्रैः
ऽ ऽ ऽ	ऽ । ।	। । ।	ऽ ऽ ।	ऽ ऽ ।	ऽ ऽ
त्वय्यारू[3]	ढेशिख	रमच	ल:स्निग्ध[4]	वेणीस	वर्णे[5]
ऽ ऽ ऽ	ऽ । ।	। । ।	ऽ ऽ ।	ऽ ऽ ।	ऽ ऽ
नूनंया	स्यत्यम[6]	रमिथु	नप्रेक्ष[7]	णीयाम	वस्थाम्[8]
ऽ ऽ ऽ	ऽ । ।	। । ।	ऽ ऽ ।	ऽ ऽ ।	ऽ ऽ
मध्येश्या[9]	म:स्तन	इवभु	व:शेष	विस्तार[10]	पाण्डु:
ऽ ऽ ऽ	ऽ । ।	। । ।	ऽ ऽ ।	ऽ ऽ ।	ऽ ऽ

पाद टिप्पणियाँ :

1. छन्न शब्द में लघु वर्ण छ के आगे संयुक्त वर्ण न्न आने से छ वर्ण की लघु मात्रा दीर्घ सिद्ध हुई है.
2. फलद्योतिभि: शब्द समूह में लघु वर्ण ल के आगे संयुक्त वर्ण द्य आने से ल वर्ण की लघु मात्रा दीर्घ सिद्ध हुई है.
3. त्वय्यारूढ शब्द में लघु वर्ण त्व के आगे संयुक्त वर्ण य्य आने से त्व वर्ण की लघु मात्रा दीर्घ सिद्ध हुई है.
4. स्निग्ध शब्द में लघु वर्ण स्नि के आगे संयुक्त वर्ण ग्ध आने से स्नि वर्ण की लघु मात्रा दीर्घ सिद्ध हुई है.
5. वर्ण शब्द में लघु वर्ण व के आगे संयुक्त वर्ण र्ण आने से व वर्ण की लघु मात्रा दीर्घ सिद्ध हुई है.
6. सत्य शब्द में लघु वर्ण स के आगे संयुक्त वर्ण त्य आने से स वर्ण की लघु मात्रा दीर्घ सिद्ध हुई है.
7. मिथुन प्रेक्षणीय शब्द समूह में लघु वर्ण न के आगे संयुक्त वर्ण प्र आने से न वर्ण की लघु मात्रा दीर्घ सिद्ध हुई है.
8. अवस्था शब्द में लघु वर्ण व के आगे संयुक्त वर्ण स्थ आने से व वर्ण की लघु मात्रा दीर्घ सिद्ध हुई है.
9. मध्ये शब्द में लघु वर्ण म के आगे संयुक्त वर्ण ध्य आने से म वर्ण की लघु मात्रा दीर्घ सिद्ध हुई है.
10. विस्तार शब्द में लघु वर्ण वि के आगे संयुक्त वर्ण स्त आने से वि वर्ण की लघु मात्रा दीर्घ सिद्ध हुई है.

(सौंदर्य)

दोहा॰ **पके आम्र के वृक्ष हैं, उसकी चारों ओर ।**
जिनका पीला वर्ण है, गिरि की चारों छोर ।।

खड़े रहो तुम बीच में, कृष्ण तिहारा रंग ।
चमक उठेगा खूब वो, पीत रंग के संग ।।

देव-देवियाँ देख कर, होगी बहुत प्रसन्न ।
चिकनी वेणी की तरह, लगो रूप संपन्न ।।

19.

स्थित्वा तस्मिन्वनचरवधूभुक्तकुञ्जे मुहूर्तं
तोयोत्सर्गद्रुततरगतिस्तत्परं वर्त्म तीर्ण: ।

रेवां द्रक्ष्यस्युपलविषमे विन्ध्यपादे विशीर्णां
भक्तिच्छेदैरिव विरचितां भूतिमङ्गे गजस्य ।।

स्थित्वात[1]	स्मिन्वन[1]	चरव	धूभुक्त[2]	कुण्जेमु[3]	हूर्तम्
ऽ ऽ ऽ	ऽ । ।	। । ।	ऽ ऽ ।	ऽ ऽ ।	ऽ ऽ
तोयोत्स[4]	गंद्रुत[4]	तरग	तिस्तत्प[5]	रंवर्त्म[6]	तीर्णः
ऽ ऽ ऽ	ऽ । ।	। । ।	ऽ ऽ ।	ऽ ऽ ।	ऽ ऽ
रेवांद्र	क्ष्यस्युप[7]	लविष	मेविन्ध्य[8]	पादेवि	शीर्णां
ऽ ऽ ऽ	ऽ । ।	। । ।	ऽ ऽ ।	ऽ ऽ ।	ऽ ऽ
भक्तिच्छे[9]	दैरिव	विरचि	तांभूति	मङ्गेग[10]	जस्य *[11]
ऽ ऽ ऽ	ऽ । ।	। । ।	ऽ ऽ ।	ऽ ऽ ।	ऽ ऽ

* अंतिम 17 वीं लघु (।) मात्रा भी गुरु (ऽ) मानी गयी है.

पाद टिप्पणियाँ :

1. स्थित्वा तस्मिन्वनचर शब्द समूह में लघु वर्ण स्थि के आगे संयुक्त वर्ण त्व आने से और लघु वर्ण स्मि के आगे संयुक्त वर्ण न्व आने से स्थि और स्मि वर्ण की लघु मात्रा दीर्घ सिद्ध हुई हैं.

2. भुक्त शब्द में लघु वर्ण भु के आगे संयुक्त वर्ण क्त आने से भु वर्ण की लघु मात्रा दीर्घ सिद्ध हुई है.

3. कुञ्ज शब्द में लघु वर्ण कु के आगे संयुक्त वर्ण ञ्ज आने से कु वर्ण की लघु मात्रा दीर्घ सिद्ध हुई है.

4. उत्सर्गद्रुत शब्द समूह में लघु वर्ण त्स के आगे संयुक्त वर्ण र्ग आने से और वर्ण र्ग के आगे संयुक्त वर्ण द्र आने से त्स और र्ग वर्णों की लघु मात्राएँ दीर्घ सिद्ध हुई हैं.

5. गतिस्तत्पर शब्द समूह में लघु वर्ण स्त के आगे संयुक्त वर्ण त्प आने से स्त वर्ण की लघु मात्रा दीर्घ सिद्ध हुई है.

6. वर्त्म शब्द में लघु वर्ण व के आगे संयुक्त वर्ण र्त्म आने से व वर्ण की लघु मात्रा दीर्घ सिद्ध हुई है.

7. द्रक्ष्यस्युपल शब्द समूह में लघु वर्ण क्ष्य के आगे संयुक्त वर्ण स्य आने से क्ष्य वर्ण की लघु मात्रा दीर्घ सिद्ध हुई है.

8. विन्ध्य शब्द में लघु वर्ण वि के आगे संयुक्त वर्ण न्ध्य आने से वि वर्ण की लघु मात्रा दीर्घ सिद्ध हुई है.

9. भक्तिच्छस्दै: शब्द समूह में लघु वर्ण भ के आगे संयुक्त वर्ण क्त आने से और क्ति के आगे संयुक्त वर्ण च्छ आने से भ और क्ति वर्ण की लघु मात्रा दीर्घ सिद्ध हुई हैं.

10. भूतिमङ्गे शब्द समूह में लघु वर्ण म के आगे संयुक्त वर्ण ङ्ग आने से म वर्ण की लघु मात्रा दीर्घ सिद्ध हुई है.

11. गजस्य शब्द में लघु वर्ण ज के आगे संयुक्त वर्ण स्य आने से ग वर्ण की लघु मात्रा दीर्घ सिद्ध हुई है.

(विंध्य पर्वत)

दोहा॰ **विंध्या गिरि के कुंज में, सुंदर वधुएँ वन्य ।**
रमण भ्रमण करके, सखे! होजातीं हैं धन्य ।।

अल्प देर रुक कर वहाँ, बरसा कर सब नीर ।
हलका कर लो, हे सखे! अपना स्थूल शरीर ।।

आगे लंबा रास्ता, है दक्षिण की ओर ।
निकल पड़ो फिर वेग से, होगी जब भी भोर ।।

रुक जाना फिर विंध्य पर, पर्वत बहुत विशाल ।
उसके परले नर्मदा, रेवा नद विकराल ।।

विंध्या गिरि की शृंखला, जिस पर विविध पठार ।
हर ढलान से बह रही, निर्मल जल की धार ।।

विंध्य–अद्रि उत्तुंग है, पर्वत महा विशाल ।
नभ को छूते शिखर हैं, कुदरत करत कमाल ।।

चट्टानों की शृंखला, जंगल जिसमें घोर ।
दीर्घ वृक्ष के झुंड हैं, बिखरे चारों ओर ।।

अति विशाल विंध्याद्रि है, गिरिवर पर्वत राज ।
उत्तर–दक्षिण में यही, करता देश विभाज ।।

शिखर विंध्य के तुंग हैं, बहुगुन दीर्घ कतार ।
अंत न दिखता शैल का, बिखरा अचल अपार ।।

झंझा विंध्या में चले, वर्षा भी जी तोड़ ।
आतप उष्मा तेज का, प्रपात भी बेजोड़ ।।

महावृक्ष नभ चूमते, वन के पशु खूँखार ।
कृमि अलबेले विपिन में, डंक देत हैं मार ।।

नदियाँ टीले हैं घने, शिखर गगन से पार ।
गिरि के दक्षिण छोर है, नीर नर्मदा धार ।।

किया पार जब विंध्य का, विशाल तुंग पहाड़ ।
आगे होगी नर्मदा, नदिया जल की धार ।।

लगेगी तुम्हें नर्मदा, ऐसी नदी ललाम ।
मानो हाथी पर किया, पच्चीकारी काम ।।

एक-एक गज-अंग पर, कटाव शोभामान ।
कुदरत ने मानो किया, शिल्पी काम प्रदान ।।

20.

तस्यास्तिक्तैर्वनगजमदैर्वासितं वान्तवृष्टि-
र्जम्बूकुञ्जप्रतिहतरयं तोयमादाय गच्छेः ।
अन्तःसारं घनतुलयितुं नानिलः शक्ष्यति त्वां
रिक्तः सर्वो भवति हि लघुः पूर्णता गौरवाय ।।

तस्यास्ति [1]	क्तैर्वन	गजम	दैर्वासि	तंवान्त	वृष्टिः
ऽ ऽ ऽ	ऽ । ।	। । ।	ऽ ऽ ।	ऽ ऽ ।	ऽ ऽ
जम्बूकु [2]	ञ्जप्रति [2]	हतर	यंतोय	मादाय	गच्छैः
ऽ ऽ ऽ	ऽ । ।	। । ।	ऽ ऽ ।	ऽ ऽ ।	ऽ ऽ
अन्तःसा [3]	रंघन	तुलयि	तुंनानि	लःशक्ष्य [4]	तित्वाम्
ऽ ऽ ऽ	ऽ । ।	। । ।	ऽ ऽ ।	ऽ ऽ ।	ऽ ऽ
रिक्तःस [5]	र्वोभव	तिहिल	घुःपूर्ण	तागौर	वाय *
ऽ ऽ ऽ	ऽ । ।	। । ।	ऽ ऽ ।	ऽ ऽ ।	ऽ ऽ

* अंतिम 17 वीं लघु (।) मात्रा भी गुरु (ऽ) मानी गयी है.

पाद टिप्पणियाँ :

1. तस्याक्तितै: शब्द समूह में लघु वर्ण त के आगे संयुक्त वर्ण स्य आने से और लघु वर्ण स्ति के आगे संयुक्त वर्ण क्त आने से वर्ण त और स्ति की लघु मात्राएँ दीर्घ सिद्ध हुई हैं.
2. जम्बूकुञ्जप्रतिहतरयं शब्द समूह में लघु वर्ण ज के आगे संयुक्त वर्ण म्ब, वर्ण कु के आगे संयुक्त वर्ण ञ्ज और ञ्ज के आगे संयुक्त वर्ण प्र आने से ज, कु और ञ्ज वर्णों की लघु मात्राएँ दीर्घ सिद्ध हुई हैं.
3. अन्त: शब्द में लघु वर्ण अ के आगे संयुक्त वर्ण न्त आने से अ वर्ण की लघु मात्रा दीर्घ सिद्ध हुई है.
4. शक्ष्यति शब्द में लघु वर्ण श के आगे संयुक्त वर्ण क्ष्य आने से श वर्ण की लघु मात्रा दीर्घ सिद्ध हुई है.
5. रिक्त: सर्व: शब्द समूह में लघु वर्ण रि के आगे संयुक्त वर्ण क्त और वर्ण स के आगे संयुक्त वर्ण र्व आने से रि और स वर्ण की लघु मात्राएँ दीर्घ सिद्ध हुई हैं.

(और साथ ही, नर्मदा देवी)

श्लोक

ॐ ह्रीं श्रीं नर्मदां वन्दे सकलमलनाशिनीम् ।
अग्रजां रुद्रकन्यां तां पापघ्नां सुखदामहम् ।।

नर्मदा तटिनी पूज्या नि:सृता विन्ध्यपर्वतात् ।
निर्मला नीलवर्णा सा पश्चिमाभिमुखा नदी ।।

(सरिता त्रय)

दोहा॰ **गंगा यमुना नर्मदा, नदियाँ तीन विशाल ।**
वेद पुराणों ने कही, जिनकी कीर्ति त्रिकाल ।।

तीनों सरित पवित्र हैं, तीनों पावन धाम ।
तीनों देवी–रूप हैं, तीनों मंगल नाम ।।

बरसा दोगे सरित में, जब तुम अपना नीर ।
फूलेगी जल से नदी, जलथल दोनों तीर ।।

पी कर पावन तोय वो, होकर स्थूल शरीर ।
जंगल–हाथी की तरह, बढ़ना मेघ! अधीर ।।

भारी–भरकम देह को, उड़ा सके ना वात ।

मंद वेग से जा सको, आगे तुम दिन-रात ।।

हलके-रीते को सभी, देते धक्का मार ।
आदर करता पीन का, हरदम यह संसार ।।

21.

नीपं दृष्ट्वा हरितकपिशं केसरैरर्धरूढै-
राविर्भूतप्रथममुकुला: कन्दलीश्चानुकच्छम् ।
जग्ध्वारण्येष्वधिकसुरभिं गन्धमाघ्राय चोर्व्या:
सारङ्गास्ते जललवमुच: सूचयिष्यन्ति मार्गम् ।।

नीपंदृ[1]	ष्ट्वाहरि	तकपि	शंकेस	रैरर्ध[2]	रूढै:
ऽ ऽ ऽ	ऽ । ।	। । ।	ऽ ऽ ।	ऽ ऽ ।	ऽ ऽ
आविर्भू[3]	तप्रथ	ममुकु	ला:कन्द[3]	लीश्चानु	कच्छम्[4]
ऽ ऽ ऽ	ऽ । ।	। । ।	ऽ ऽ ।	ऽ ऽ ।	ऽ ऽ
जग्ध्वार[5]	ण्येष्वधि	कसुर	भिंगन्ध[6]	माघ्राय	चोर्व्या:
ऽ ऽ ऽ	ऽ । ।	। । ।	ऽ ऽ ।	ऽ ऽ ।	ऽ ऽ
सारङ्गा[7]	स्तेजल	लवमु	च:सूच	यिष्यन्ति[8]	मार्गम्
ऽ ऽ ऽ	ऽ । ।	। । ।	ऽ ऽ ।	ऽ ऽ ।	ऽ ऽ

पाद टिप्पणियाँ :

1. दृष्ट्वा शब्द में लघु वर्ण दृ के आगे संयुक्त वर्ण ष्ट्व आने से दृ वर्ण की लघु मात्रा दीर्घ सिद्ध हुई है.
2. केसरैर्धरूढै: शब्द समूह में लघु वर्ण र के आगे संयुक्त वर्ण र्ध आने से र वर्ण की लघु मात्रा दीर्घ सिद्ध हुई है.
3. आविर्भूत शब्द में लघु वर्ण वि के आगे संयुक्त वर्ण र्भ आने से वि वर्ण की लघु मात्रा दीर्घ सिद्ध हुई है.
4. कन्दली: शब्द में लघु वर्ण क के आगे संयुक्त वर्ण न्द आने से क वर्ण की लघु मात्रा दीर्घ सिद्ध हुई है.
5. जग्ध्वारण्येषु शब्द में लघु वर्ण ज के आगे संयुक्त वर्ण ग्ध्व आने से और वर्ण र के आगे संयुक्त वर्ण ण्य आने से ज और र वर्ण की लघु मात्राएँ दीर्घ सिद्ध हुई हैं.
6. गन्ध शब्द में लघु वर्ण ग के आगे संयुक्त वर्ण न्ध आने से ग वर्ण की लघु मात्रा दीर्घ सिद्ध हुई है.

7. सारङ्ग शब्द में लघु वर्ण र के आगे संयुक्त वर्ण ङ्ग आने से र वर्ण की लघु मात्रा दीर्घ सिद्ध हुई है.

8. सूचयिष्यन्ति शब्द में लघु वर्ण यि के आगे संयुक्त वर्ण ष्य आने से और लघु वर्ण ष्य के आगे संयुक्त वर्ण न्त आने से यि और ष्य वर्णों की लघु मात्राएँ दीर्घ सिद्ध हुई हैं.

(हे धाराधर!)

दोहा० **धाराधर! मैं जानता, "तत्पर" तुमरा नाम ।**
जाने की जल्दी तुम्हें, करने मेरा काम ।।

फिर भी रुकना है तुम्हें, शिखरों पर कुछ देर ।
पुष्प कुटज के हैं जहाँ, रहे भूमि को घेर ।।

मोर खुशी से नाचते, करके प्यारी कूक ।
कदंब सुमन सुगंध से, मिटे न उनकी भूख ।।

मोर तुम्हें स्वागत कहे, भर कर नैनन नीर ।
जल बरसाते तुम चलो, तुमरे संग समीर ।।

पीले-हरित कदंब पर, भौंरे करते गूँज ।
केसर चुगने के लिए, मँडराते अलि पुँज ।।

मार्ग तुम्हें दिखलायगे, पर्बत के सारंग ।
गंध सूँघ कर सूचना, देंगे तुम्हें मतंग ।।

22.

उत्पश्यामि द्रुतमपि सखे मत्प्रियार्थं यियासो:
कालक्षेपं ककुभसुरभौ पर्वते पर्वते ते ।
शुक्लापाङ्गै: सजलनयनै: स्वागतीकृत्य केका:
प्रत्युद्यात: कथमपि भवान्गन्तुमाशु व्यवस्येत् ।।

उत्पश्या[1]	मिद्रुत[1]	मपिस	खेमत्प्रि[2]	यार्थंयि	यासो:
ऽ ऽ ऽ	ऽ । ।	। । ।	ऽ ऽ ।	ऽ ऽ ।	ऽ ऽ
कालक्षे[3]	पंकक	भसुर	भौपर्व[4]	तेपर्व[5]	तेते

ऽ ऽ ऽ	ऽ । ।	। । ।	ऽ ऽ ।	ऽ ऽ ।	ऽ ऽ
शुक्लापा[6]	ङ्गै:सज	लनय	नै:स्वाग	तीकृत्य[7]	केका:
ऽ ऽ ऽ	ऽ । ।	। । ।	ऽ ऽ ।	ऽ ऽ ।	ऽ ऽ
प्रत्युद्या[8]	त:कथ	मपिभ	वान्गन्तु[9]	माशुव्य[10]	वस्येत्[10]
ऽ ऽ ऽ	ऽ । ।	। । ।	ऽ ऽ ।	ऽ ऽ ।	ऽ ऽ

पाद टिप्पणियाँ :

1. उत्पश्यामि द्रुतम् शब्द समूह में लघु वर्ण उ के आगे संयुक्त वर्ण त्प, वर्ण त्प के आगे संयुक्त वर्ण श्य और वर्ण मि के आगे संयुक्त वर्ण द्र आने से उ, त्प और मि वर्णों की लघु मात्राएँ दीर्घ सिद्ध हुई हैं.

2. मत्प्रियार्थं शब्द में लघु वर्ण म के आगे संयुक्त वर्ण त्प्र आने से म वर्ण की लघु मात्रा दीर्घ सिद्ध हुई है.

3. कालक्षेप शब्द में लघु वर्ण ल के आगे संयुक्त वर्ण क्ष आने से ल वर्ण की लघु मात्रा दीर्घ सिद्ध हुई है.

4-5. पर्वत शब्द में लघु वर्ण प के आगे संयुक्त वर्ण र्व आने से प वर्ण की लघु मात्रा दीर्घ सिद्ध हुई है.

6. शुक्ल शब्द में लघु वर्ण शु के आगे संयुक्त वर्ण क्ल आने से शु वर्ण की लघु मात्रा दीर्घ सिद्ध हुई है.

7. कृत्य शब्द में लघु वर्ण कृ के आगे संयुक्त वर्ण त्य आने से कृ वर्ण की लघु मात्रा दीर्घ सिद्ध हुई है.

8. प्रत्युद्यात: शब्द में लघु संयुक्त वर्ण प्र के आगे संयुक्त वर्ण त्य आने से और संयुक्त लघु वर्ण त्यु के आगे संयुक्त वर्ण द्य आने से वर्ण प्र और त्यु की लघु मात्राएँ दीर्घ सिद्ध हुई हैं.

9. भवान्गान्तुम् शब्द समूह में लघु वर्ण न्गा के आगे संयुक्त वर्ण न्त आने से न्गा वर्ण की लघु मात्रा दीर्घ सिद्ध हुई है.

10. आशु व्यवस्येत् शब्द समूह में लघु वर्ण शु के आगे संयुक्त वर्ण व्य और लघु वर्ण व के आगे संयुक्त वर्ण स्य आने से शु और व वर्णों की लघु मात्राएँ दीर्घ सिद्ध हुई हैं.

(अरदास)

दोहा॰ **मेरा प्रिय यह काम तुम, करने के उद्देश ।**
जाने की जल्दी तुम्हें, होगी सहज विशेष ।।

जाना भी चाहो अगर, पथ में देगा टोक ।
सौरभ कदंब पुष्प का, तुमको देगा रोक ।।

कुटज वृक्ष की चोटियाँ, डालेगी अटकाव ।

केकावाणी मोर की, डाले तुम्हें लगाव ।।

फिर भी वारिद! शीघ्र ही, करके जल वर्षाव ।
चल पड़ना आगे, सखे! जाना है उस गाँव ।।

23.

पाण्डुच्छायोपवनवृतय: केतकै: सूचिभिन्नै-
र्नीडारम्भैर्गृहबलिभुजामाकुलग्रामचैत्या: ।
त्वय्यासन्ने परिणतफलश्यामजम्बूवनान्ता:
सम्पत्स्यन्ते कतिपयदिनस्थायिहंसा दशार्णा: ।।

पाण्डुच्छा [1]	योपव	नवृत	य:केत	कै:सूचि	भिन्नै: [2]
ऽ ऽ ऽ	ऽ । ।	। । ।	ऽ ऽ ।	ऽ ऽ ।	ऽ ऽ
नीडार [3]	म्भैर्गृह	बलिभु	जामाकु	लग्राम [4]	चैत्या:
ऽ ऽ ऽ	ऽ । ।	। । ।	ऽ ऽ ।	ऽ ऽ ।	ऽ ऽ
त्वय्यास [5]	न्नेपरि	णतफ	लश्याम [6]	जम्बूव [7]	नान्ता:
ऽ ऽ ऽ	ऽ । ।	। । ।	ऽ ऽ ।	ऽ ऽ ।	ऽ ऽ
सम्पत्स्य [8]	न्तेकति	पयदि	नस्थायि [9]	हंसाद	शार्णा:
ऽ ऽ ऽ	ऽ । ।	। । ।	ऽ ऽ ।	ऽ ऽ ।	ऽ ऽ

पाद टिप्पणियाँ :

1. पाण्डुच्छाया शब्द में लघु वर्ण ण्डु के आगे संयुक्त वर्ण च्छ आने से ण्डु वर्ण की लघु मात्रा दीर्घ सिद्ध हुई है.
2. भिन्न शब्द में लघु वर्ण भि के आगे संयुक्त वर्ण न्न आने से भि वर्ण की लघु मात्रा दीर्घ सिद्ध हुई है.
3. नीडारम्भै: शब्द में लघु वर्ण र के आगे संयुक्त वर्ण म्भ आने से र वर्ण की लघु मात्रा दीर्घ सिद्ध हुई है.
4. आकुलग्राम शब्द में लघु वर्ण ल के आगे संयुक्त वर्ण ग्र आने से ल वर्ण की लघु मात्रा दीर्घ सिद्ध हुई है.
5. त्वय्यासन्न शब्द समूह में लघु वर्ण त्व के आगे संयुक्त वर्ण य्य आने से और स के आगे संयुक्त वर्ण न्न आने से त्व और स वर्णों की लघु मात्राएँ दीर्घ सिद्ध हुई हैं.
6. फलश्याम शब्द समूह में लघु वर्ण ल के आगे संयुक्त वर्ण श्य आने से ल वर्ण की लघु मात्रा दीर्घ सिद्ध हुई है.

7. जम्बूवन शब्द में लघु वर्ण ज के आगे संयुक्त वर्ण म्ब आने से ज वर्ण की लघु मात्रा दीर्घ सिद्ध हुई है.

8. सम्पत्स्यन्ते शब्द में लघु वर्ण स के आगे संयुक्त वर्ण म्प, वर्ण म्प के आगे संयुक्त वर्ण त्स्य और वर्ण त्स्य के आगे संयुक्त वर्ण न्त आने से स, म्प और त्स्य वर्णों की लघु मात्राएँ दीर्घ सिद्ध हुई हैं.

9. दिनस्थ शब्द में लघु वर्ण न के आगे संयुक्त वर्ण स्थ आने से न वर्ण की लघु मात्रा दीर्घ सिद्ध हुई है.

(दशार्ण)

दोहा॰ **आगे दशार्ण देश में, आओगे जब, मीत! ।**
उपवन की वह केतकी, जोड़े तुमसे प्रीत ।।

सौरभ उनके सुमन का, बरसाएगा प्यार ।
मगर नुकीली पात से, बचना मेरे यार! ।।

ग्रामों में उस देश के, तरु पर बसते काक ।
रामग्रास खा कर उन्हें, नहीं किसी का धाक ।।

चहल-पहल उनकी वहाँ, रहती है दिन-रात ।
करना चाहेंगे सखे! कौवे तुमसे बात ।।

काँव-काँव उनकी सुनो, ठीक लगा कर ध्यान ।
कर्कश उस आवाज में, राग-बेसुरा गान ।।

आगे के उद्यान में, जामुन वृक्ष विशाल ।
काले भौंराले पके, फल न सकोगे टाल ।।

उपवन देख सुहावना, हंसों को मुसकान ।
तुम भी उनके साथ में, बन जाना महमान ।।

24.

तेषां दिक्षु प्रथितविदिशालक्षणां राजधानीं
गत्वा सद्यः फलमविकलं कामुकत्वस्य लब्धा ।
तीरोपान्तस्तनितसुभगं पास्यसि स्वादु यस्मा-

त्सभ्रूभङ्गं मुखमिव पयो वेत्रवत्याश्चलोर्मि ।।

तेषांदि[1]	क्षुप्रथि[1]	तविदि	शालक्ष[2]	णांराज	धानीम्
ऽ ऽ ऽ	ऽ । ।	। । ।	ऽ ऽ ।	ऽ ऽ ।	ऽ ऽ
गत्वास[3]	द्यःफल	मविक	लंकामु	कत्वस्य[4]	लब्धा[5]
ऽ ऽ ऽ	ऽ । ।	। । ।	ऽ ऽ ।	ऽ ऽ ।	ऽ ऽ
तीरोपा	न्तस्तनि[6]	तसुभ	गंपास्य	सिस्वादु[7]	यस्मात्[8]
ऽ ऽ ऽ	ऽ । ।	। । ।	ऽ ऽ ।	ऽ ऽ ।	ऽ ऽ
सभ्रूभ[9]	ङ्गंमुख	मिवप	योवेत्र	वत्याश्च[10]	लोर्मि *
ऽ ऽ ऽ	ऽ । ।	। । ।	ऽ ऽ ।	ऽ ऽ ।	ऽ ऽ

* अंतिम 17 वीं लघु (।) मात्रा भी गुरु (ऽ) मानी गयी है.

पाद टिप्पणियाँ :

1. तेषां दिक्षु प्रथित शब्द समूह में लघु वर्ण दि के आगे संयुक्त वर्ण क्ष और लघु वर्ण क्षु के आगे संयुक्त वर्ण प्र आने से दि और क्षु वर्णों की लघु मात्राएँ दीर्घ सिद्ध हुई हैं.
2. विदिशालक्षणां शब्द समूह में लघु वर्ण ल के आगे संयुक्त वर्ण क्ष आने से लघु वर्ण ल की लघु मात्रा दीर्घ सिद्ध हुई है.
3. गत्वा सद्यः शब्द समूह में लघु वर्ण ग के आगे संयुक्त वर्ण त्व और लघु वर्ण स के आगे संयुक्त वर्ण द्य आने से ग और स वर्णों की लघु मात्राएँ दीर्घ सिद्ध हुई हैं.
4. कामुकत्वस्य शब्द में लघु वर्ण क के आगे संयुक्त वर्ण त्व और लघु वर्ण त्व के आगे संयुक्त वर्ण स्य आने से क और त्व वर्णों की लघु मात्राएँ दीर्घ सिद्ध हुई हैं.
5. लब्धा शब्द में लघु वर्ण ल के आगे संयुक्त वर्ण ब्ध आने से ल वर्ण की लघु मात्रा दीर्घ सिद्ध हुई है.
6. तिरोपान्तस्तनित शब्द में लघु वर्ण न्त के आगे संयुक्त वर्ण स्त आने से न्त वर्ण की लघु मात्रा दीर्घ सिद्ध हुई है.
7. पास्यसि स्वादु शब्द समूह में लघु वर्ण सि के आगे संयुक्त वर्ण स्व आने से सि वर्ण की लघु मात्रा दीर्घ सिद्ध हुई है.
8. यस्मात् शब्द में लघु वर्ण य के आगे संयुक्त वर्ण स्म आने से य वर्ण की लघु मात्रा दीर्घ सिद्ध हुई है.
9. सभ्रूभङ्गं शब्द समूह में लघु वर्ण स के आगे संयुक्त वर्ण भ्र और भ के आगे संयुक्त वर्ण ङ्ग आने से स और भ वर्णों की लघु मात्राएँ दीर्घ गिनी गई हैं.
10. वेत्रवत्याश्च शब्द में लघु वर्ण व के आगे संयुक्त वर्ण त्य आने से व वर्ण की लघु मात्रा दीर्घ गिनी गई है.

(विदिशा)

दोहा॰ नगरी दशार्ण देश की, विदिशा है विख्यात ।
वेत्रवती पर है बसी, शास्त्रों को है ज्ञात ।।

वेत्रवती को बेटवा, कहता है इतिहास ।
भाएगी नगरी तुम्हें, वनिता जिसकीं खास ।।

वेत्रवती के नीर में, उठते रम्य तरंग ।
जिन्हें देख कर गुदगुदी, पाता कण-कण अंग ।।

वहाँ तिहारी रसिकता, तुमको दे आनंद ।
वेत्रवती का जल तुम्हें, मन को लगे पसंद ।।

25.

नीचैराख्यं गिरिमधिवसेस्तत्र विश्रामहेतो-
स्त्वत्संपर्कात्पुलकितमिव प्रौढपुष्पै: कदम्बै: ।
य: पण्यस्त्रीरतिपरिमलोद्गारिभिर्नागराणा-
मुद्दामानि प्रथयति शिलावेश्मभिर्यौवनानि ।।

नीचैरा	ख्यंगिरि	मधिव	सेस्तत्र[1]	विश्राम[2]	हेतोः
ऽ ऽ ऽ	ऽ । ।	। । ।	ऽ ऽ ।	ऽ ऽ ।	ऽ ऽ
त्वत्संप[3]	र्कात्पुल	कितमि	वप्रौढ[4]	पुष्पैःक[5]	दम्बैः[6]
ऽ ऽ ऽ	ऽ । ।	। । ।	ऽ ऽ ।	ऽ ऽ ।	ऽ ऽ
यःपण्य[7]	स्त्रीरति	परिम	लोद्गारि	भिर्नाग[8]	राणाम्
ऽ ऽ ऽ	ऽ । ।	। । ।	ऽ ऽ ।	ऽ ऽ ।	ऽ ऽ
उद्दामा[9]	निप्रथ[10]	यतिशि	लावेश्म	भियौंव[11]	नानि *
ऽ ऽ ऽ	ऽ । ।	। । ।	ऽ ऽ ।	ऽ ऽ ।	ऽ ऽ

* अंतिम 17 वीं लघु (।) मात्रा भी गुरु (ऽ) मानी गयी है.

पाद टिप्पणियाँ :

1. तत्र शब्द में लघु वर्ण त के आगे संयुक्त वर्ण त्र आने से त वर्ण की लघु मात्रा दीर्घ सिद्ध हुई है.
2. विश्राम शब्द में लघु वर्ण वि के आगे संयुक्त वर्ण श्र आने से वि वर्ण की लघु मात्रा दीर्घ सिद्ध हुई है.

3. त्वत्संपर्क शब्द समूह में लघु वर्ण त्व के आगे संयुक्त वर्ण त्स और वर्ण प के आगे संयुक्त वर्ण र्क आने से त्व और प वर्णों की लघु मात्राएँ दीर्घ सिद्ध हुई हैं.
4. इव प्रौढ शब्द समूह में लघु वर्ण व के आगे संयुक्त वर्ण प्र आने से व वर्ण की लघु मात्रा दीर्घ सिद्ध हुई है.
5. पुष्प शब्द में लघु वर्ण पु के आगे संयुक्त वर्ण ष्प आने से पु वर्ण की लघु मात्रा दीर्घ सिद्ध हुई है.
6. कदम्ब शब्द में लघु वर्ण द के आगे संयुक्त वर्ण म्ब आने से द वर्ण की लघु मात्रा दीर्घ सिद्ध हुई है.
7. पण्यस्त्री शब्द में लघु वर्ण प के आगे संयुक्त वर्ण ण्य और लघु वर्ण ण्य के आगे संयुक्त वर्ण स्त्र आने से प और ण्य वर्णों की लघु मात्राएँ दीर्घ सिद्ध हुई हैं.
8. परिमलोद्गारिभिर्नागराणां शब्द समूह में लघु वर्ण भि के आगे संयुक्त वर्ण र्न आने से भि वर्ण की लघु मात्रा दीर्घ सिद्ध हुई है.
9. उद्दाम शब्द में लघु वर्ण उ के आगे संयुक्त वर्ण द्द आने से उ वर्ण की लघु मात्रा दीर्घ सिद्ध हुई है.
10. उद्दामानि प्रथयति शब्द समूह में लघु वर्ण नि के आगे संयुक्त वर्ण प्र आने से नि वर्ण की लघु मात्रा दीर्घ सिद्ध हुई है.
11. शिलावेश्मभिर्यौवनानि शब्द समूह में लघु वर्ण भि के आगे संयुक्त वर्ण र्य आने से भि वर्ण की लघु मात्रा दीर्घ सिद्ध हुई है.

(नीच पहाड़)

दोहा॰ आगे बढ़ कर सामने, आए "नीच" पहाड़ ।
जिस पर पुष्प कदंब के, लदे हुए हैं झाड़ ।।

थोड़ा रुक जाना वहाँ, करने को आराम ।
पुलकित कर देगा तुम्हें, गिरि पर स्वल्प मुकाम ।।

गिरि की माँदों से तुम्हें, आएगी आवाज ।
गणिकाओं के भोग का, वासना भरा साज ।।

26.

विश्रान्त: सन्व्रज वननदीतीरजातानि सिञ्च-
न्नुद्यानानां नवजलकणैर्यूथिकाजालकानि ।
गण्डस्वेदापनयनरुजाक्लान्तकर्णोत्पलानां
छायादानात्क्षणपरिचित: पुष्पलावीमुखानाम् ।।

विश्रान्त:[1]	सन्व्रज[2]	वनन	दीतीर	जालानि	सिञ्चन् *[3]
ऽ ऽ ऽ	ऽ । ।	। । ।	ऽ ऽ ।	ऽ ऽ ।	ऽ ऽ
उद्याना[4]	नांनव	जलक	णैर्यूथि	काजाल	कानि *
ऽ ऽ ऽ	ऽ । ।	। । ।	ऽ ऽ ।	ऽ ऽ ।	ऽ ऽ
गण्डस्वे[5]	दापन	यनरु	जाक्लान्त	कर्णोत्प[6]	लानाम्
ऽ ऽ ऽ	ऽ । ।	। । ।	ऽ ऽ ।	ऽ ऽ ।	ऽ ऽ
छायादा	नात्क्षण	परिचि	त:पुष्प[7]	लावीमु	खानाम्
ऽ ऽ ऽ	ऽ । ।	। । ।	ऽ ऽ ।	ऽ ऽ ।	ऽ ऽ

* अंतिम 17 वीं लघु (।) मात्रा भी गुरु (ऽ) मानी गयी है.

पाद टिप्पणियाँ :

1. विश्रान्त शब्द में लघु वर्ण वि के आगे संयुक्त वर्ण श्र आने से वि वर्ण की लघु मात्रा दीर्घ सिद्ध हुई है.

2. सन्व्रज शब्द में लघु वर्ण स के आगे संयुक्त वर्ण न्व्र आने से सा वर्ण की लघु मात्रा दीर्घ सिद्ध हुई है.

3. सिञ्चन् शब्द में लघु वर्ण सि के आगे संयुक्त वर्ण ञ्च आने से सि वर्ण की लघु मात्रा दीर्घ गिनी गई है.

4. उद्यान शब्द में लघु वर्ण उ के आगे संयुक्त वर्ण द्य आने से उ वर्ण की लघु मात्रा दीर्घ सिद्ध हुई है.

5. गण्डस्वेद शब्द में लघु वर्ण ग के आगे संयुक्त वर्ण स्व आने से ग वर्ण की लघु मात्रा दीर्घ सिद्ध हुई है.

6. कर्ण शब्द में लघु वर्ण क के आगे संयुक्त वर्ण र्ण आने से क वर्ण की लघु मात्रा दीर्घ सिद्ध हुई है.

7. पुष शब्द में लघु वर्ण पु के आगे संयुक्त वर्ण ष्प आने से पु वर्ण की लघु मात्रा दीर्घ सिद्ध हुई है.

(यहाँ)

दोहा॰ **यहाँ किए विश्राम तुम, करके चुस्त शरीर ।**
जूही के उद्यान पर, बरसा देना नीर ।।

जूही की कलियाँ खिलें, कुसुमित होंगे बाग ।
बागों की मालिन स्त्रियाँ, चाहेंगी अनुराग ।।

उन पर करके छाँव तुम, देना सुख आनंद ।

चल पड़ना फिर सामने, पुनः वेग से मंद ।।

27.

वक्र: पन्था यदपि भवत: प्रस्थितस्योत्तराशां
सौधोत्सङ्गप्रणयविमुखो मा स्म भूरुज्जयिन्या: ।
विद्युद्दामस्फुरितचकितैस्तत्र पौरांगनानां
लोलापाङ्गैर्यदि न रमसे लोचनैर्वञ्चितोऽसि ।।

वक्र:प [1]	न्थायद	पिभव	त:प्रस्थि [2]	तस्योत्त [2]	राशाम्
ऽ ऽ ऽ	ऽ । ।	। । ।	ऽ ऽ ।	ऽ ऽ ।	ऽ ऽ
सौधोत्स [3]	ङ्गप्रण [3]	यविमु	खोमास्म	भूरुज्ज [4]	यिन्या: [4]
ऽ ऽ ऽ	ऽ । ।	। । ।	ऽ ऽ ।	ऽ ऽ ।	ऽ ऽ
विद्युद्दा [5]	मस्फुरि [5]	तचकि	तैस्तत्र [6]	पौरांग	नानाम्
ऽ ऽ ऽ	ऽ । ।	। । ।	ऽ ऽ ।	ऽ ऽ ।	ऽ ऽ
लोलापा	ङ्गैर्यदि	नरम	सेलोच	नैर्वञ्चि [7]	तोऽसि *
ऽ ऽ ऽ	ऽ । ।	। । ।	ऽ ऽ ।	ऽ ऽ ।	ऽ ऽ

* अंतिम 17 वीं लघु (।) मात्रा भी गुरु (ऽ) मानी गयी है.

पाद टिप्पणियाँ :

1. वक्र: पन्था शब्द समूह में लघु वर्ण व के आगे संयुक्त वर्ण क्र और प के आगे संयुक्त वर्ण न्थ आने से व और प की लघु मात्राएँ दीर्घ सिद्ध हुई हैं.
2. प्रस्थितस्योत्तराशां शब्द समूह में लघु वर्ण प्र के आगे संयुक्त वर्ण स्थ और त के आगे संयुक्त वर्ण स्य आने से वर्ण प्र और त की लघु मात्राएँ दीर्घ सिद्ध हुई हैं.
3. सौधोत्सङ्गप्रणय शब्द समूह में लघु वर्ण त्स के आगे संयुक्त वर्ण ङ्ग और ङ्ग के आगे संयुक्त वर्ण प्र आने से वर्ण त्स और ङ्ग की लघु मात्राएँ दीर्घ सिद्ध हुई हैं.
4. भूरुज्जयिन्या: शब्द समूह में लघु वर्ण रु के आगे संयुक्त वर्ण ज्ज और यि के आगे संयुक्त वर्ण न्य आने से वर्ण उ और यि की लघु मात्राएँ दीर्घ सिद्ध हुई हैं.
5. विद्युद्दामस्फुरित शब्द समूह में लघु वर्ण वि के आगे संयुक्त वर्ण द्य, लघु वर्ण द्यु के आगे संयुक्त वर्ण द्द और म के आगे संयुक्त वर्ण स्फ आने से वर्ण वि, द्यु और म की लघु मात्राएँ दीर्घ सिद्ध हुई हैं.
6. तैस्तत्र शब्द समूह में लघु वर्ण स्त के आगे संयुक्त वर्ण त्र आने से वर्ण स्त की लघु मात्रा दीर्घ सिद्ध हुई है.
7. लोचनैर्वञ्चित शब्द समूह में लघु वर्ण र्व के आगे संयुक्त वर्ण ञ्च आने से वर्ण र्व की लघु मात्रा दीर्घ सिद्ध हुई है.

(रामगिरी, रामटेक)

दोहा॰ तुमको आना पड़ गया, विदर्भ दक्षिण देश ।
यह भी करना योग्य था, कारण जिसे विशेष ।।

दक्षिण पथ पर रामजी, चले ग्राम से ग्राम ।
मठ मंदिर में रात को, करते थे विश्राम ।।

जन-गण आते दरस को, सुन कर, आये राम ।
भोजन लाते प्रेम से, रुके राम जिस ग्राम ।।

राम जहाँ पर थे टिके, नगर बसा उस स्थान ।
रामटेक उस नगर को, मिला पवित्तर नाम ।।

(देवस्थान)

दोहा॰ मंदिर राघव का बना, लख कर ऊँचा स्थान ।
राम-लखन-सिय चरण में, पवन पुत्र हनुमान ।।

इर्द गिर्द सब ग्राम से, आते भगतन लोग ।
बैठे राघव चरण में, परम चढ़ाते भोग ।।

कथा सुनाते रामजी, जभी लगे सत्संग ।
सुन कर राघव की व्यथा, जन पाते थे रंज ।।

कभी सुनाते रामजी, कथा विनोदी व्यंग ।
कभी वेद के मंत्र से, प्रवचन में नव रंग ।।

बंधु भाव में बैठते, ऋषि-मुनि भगतन संग ।
लीला राघव वचन की, करती सबको दंग ।।

28.

वीचिक्षोभस्तनितविहगश्रेणिकाञ्चीगुणाया:
संसर्पन्त्या: स्खलितसुभगं दर्शितावर्तनाभे: ।

निर्विन्ध्यायाः पथि भव रसाभ्यन्तरः सन्निपत्य
स्त्रीणामाद्यं प्रणयवचनं विभ्रमो हि प्रियेषु ।।

वीचिक्षो[1]	भस्तनि[1]	तविह	गश्रेणि[2]	काञ्चीगु	णायाः
ऽ ऽ ऽ	ऽ । ।	। । ।	ऽ ऽ ।	ऽ ऽ ।	ऽ ऽ
संसर्प[3]	न्त्याःस्खलि	तसुभ	गंदर्शि[4]	तावर्त[5]	नाभेः
ऽ ऽ ऽ	ऽ । ।	। । ।	ऽ ऽ ।	ऽ ऽ ।	ऽ ऽ
निर्विन्ध्या[6]	याःपथि	भवर	साभ्यन्त[7]	रःसन्नि[8]	पत्य *[8]
ऽ ऽ ऽ	ऽ । ।	। । ।	ऽ ऽ ।	ऽ ऽ ।	ऽ ऽ
स्त्रीणामा	द्यंप्रण	यवच	नंविभ्र[9]	मोहिप्रि[10]	येषु *
ऽ ऽ ऽ	ऽ । ।	। । ।	ऽ ऽ ।	ऽ ऽ ।	ऽ ऽ

* अंतिम 17 वीं लघु (।) मात्रा भी गुरु (ऽ) मानी गयी है.

पाद टिप्पणियाँ :

1. वीचिक्षोभस्तनित शब्द समूह में लघु वर्ण चि के आगे संयुक्त वर्ण क्ष आने से और भ के आगे संयुक्त वर्ण स्त आने से वर्ण चि और भ की लघु मात्राएँ दीर्घ सिद्ध हुई हैं.

2. विहगश्रेणिका शब्द समूह में लघु वर्ण ग के आगे संयुक्त वर्ण श्र आने से वर्ण ग की लघु मात्रा दीर्घ सिद्ध हुई है.

3. संसर्पन्त्याः शब्द समूह में लघु वर्ण स के आगे संयुक्त वर्ण र्प आने से और र्प के आगे संयुक्त वर्ण न्त्य आने से वर्ण स और र्प की लघु मात्राएँ दीर्घ सिद्ध हुई हैं.

4. दर्शित शब्द में लघु वर्ण द के आगे संयुक्त वर्ण र्श आने से वर्ण द की लघु मात्रा दीर्घ सिद्ध हुई है.

5. आवर्त शब्द में लघु वर्ण व के आगे संयुक्त वर्ण र्त आने से वर्ण व की लघु मात्रा दीर्घ सिद्ध हुई है.

6. निर्विन्ध्या शब्द में लघु वर्ण नि के आगे संयुक्त वर्ण र्व आने से और र्वि के आगे संयुक्त वर्ण न्ध्य आने से वर्ण नि और र्वि की लघु मात्राएँ दीर्घ सिद्ध हुई हैं.

7. रसाभ्यन्तर शब्द में लघु वर्ण भ्य के आगे संयुक्त वर्ण न्त आने से वर्ण भ्य की लघु मात्रा दीर्घ सिद्ध हुई है.

8. सन्निपत्य शब्द में लघु वर्ण स के आगे संयुक्त वर्ण न्ना आने से और प के आगे संयुक्त वर्ण त्य आने से वर्ण स और प की लघु मात्राएँ दीर्घ सिद्ध हुई हैं.

9. विभ्रम शब्द में लघु वर्ण वि के आगे संयुक्त वर्ण भ्र आने से वर्ण वि की लघु मात्रा दीर्घ सिद्ध हुई है.

10. हि प्रियेषु शब्द समूह में लघु वर्ण हि के आगे संयुक्त वर्ण प्र आने से वर्ण हि की लघु मात्रा दीर्घ सिद्ध हुई है.

(संदेश लेकर यहाँ से)

दोहा॰ **जाना अब उत्तर तुम्हें, हो कर अवंति देश ।**
उज्जयिनी का नगर है, स्वर्ग समान निवेश ।।

राज भवन ऊँचे वहाँ, अद्‌भुत जहाँ विलास ।
अटारियों को देख कर, हो तुमको अहसास ।।

चमक यहाँ की ना दिखी, कुछ ना देखा यार! ।
स्त्रियाँ यहाँ की मोहिनी, करती दृग् से प्यार ।।

मिलेगी तुम्हें राह में, निर्विंध्या जलधार ।
उसका पीना नीर तुम, बड़ा जायकेदार ।।

निर्विंध्या के नीर पर, लहरें खेलत खेल ।
तट पर थपेड़ मार कर, भरती ध्वनि का मेल ।।

हंसों की किलकार का, उन लहरों पर नाद ।
मँडराते जो विहग हैं, दरसाने उन्माद ।।

बीच नदी के भँवर हैं, फिरते गोलाकार ।
साथ हवा के, बुलबुले, घूमत चक्कर मार ।।

नद का रस पीकर, सखे! करना प्रभु को याद ।
मिलने मेरी प्रीत को, बढ़ना उसके बाद ।।

29.

वेणीभूतप्रतनुसलिलासावतीतस्य सिन्धु:
पाण्डुच्छाया तटरुहतरूभ्रंशिभिर्जीर्णपर्णै: ।
सौभाग्यं ते सुभग विरहावस्थया व्यञ्जयन्ती
कार्श्यं येन त्यजति विधिना स त्वयैवोपपाद्य: ।।

वेणीभू	तप्रत[1]	नुसलि	लासाव	तीतस्य[2]	सिन्धु:[3]

ऽ ऽ ऽ	ऽ । ।	। । ।	ऽ ऽ ।	ऽ ऽ ।	ऽ ऽ
पाण्डुच्छा[4]	यातट	रुहत	रूभ्रंशि	भिर्जीर्ण[5]	पर्णै:[6]
ऽ ऽ ऽ	ऽ । ।	। । ।	ऽ ऽ ।	ऽ ऽ ।	ऽ ऽ
सौभाग्यं	तेसुभ	गविर	हावस्थ[7]	याव्यञ्ज[8]	यन्ती[8]
ऽ ऽ ऽ	ऽ । ।	। । ।	ऽ ऽ ।	ऽ ऽ ।	ऽ ऽ
कार्श्यंये	नत्यज[9]	तिविधि	नासत्व[10]	यैवोप	पाद्य:
ऽ ऽ ऽ	ऽ । ।	। । ।	ऽ ऽ ।	ऽ ऽ ।	ऽ ऽ

पाद टिप्पणियाँ :

1. वेणीभूतप्रतनुसलिला शब्द समूह में लघु वर्ण त के आगे संयुक्त वर्ण प्र आने से वर्ण त की लघु मात्रा दीर्घ सिद्ध हुई है.
2. सलिलासावतीतस्य शब्द समूह में लघु वर्ण त के आगे संयुक्त वर्ण स्य आने से वर्ण त की लघु मात्रा दीर्घ सिद्ध हुई है.
3. सिन्धु शब्द में लघु वर्ण सि के आगे संयुक्त वर्ण न्ध आने से वर्ण सि की लघु मात्रा दीर्घ सिद्ध हुई है.
4. पाण्डुच्छाया शब्द में लघु वर्ण ण्डु के आगे संयुक्त वर्ण च्छ आने से वर्ण ण्डु की लघु मात्रा दीर्घ सिद्ध हुई है.
5. तरुभ्रंशिभिर्जीर्ण शब्द समूह में लघु वर्ण भि के आगे संयुक्त वर्ण र्जी आने से वर्ण भि की लघु मात्रा दीर्घ सिद्ध हुई है.
6. पर्णै शब्द में लघु वर्ण प के आगे संयुक्त वर्ण र्ण आने से वर्ण प की लघु मात्रा दीर्घ सिद्ध हुई है.
7. विरहावस्थया शब्द समूह में लघु वर्ण व के आगे संयुक्त वर्ण स्थ आने से वर्ण व की लघु मात्रा दीर्घ सिद्ध हुई है.
8. व्यञ्जयन्ती शब्द में लघु वर्ण य के आगे संयुक्त वर्ण ञ्ज और य के आगे संयुक्त वर्ण न्त आने से वर्ण व्य और य की लघु मात्राएँ दीर्घ सिद्ध हुई हैं.
9. येन त्यजति शब्द समूह में लघु वर्ण न के आगे संयुक्त वर्ण त्य आने से वर्ण न की लघु मात्रा दीर्घ सिद्ध हुई है.
10. स त्वयि शब्द समूह में लघु वर्ण स के आगे संयुक्त वर्ण त्व आने से वर्ण स की लघु मात्रा दीर्घ सिद्ध हुई है.

(निर्विंध्या)

दोहा॰ आगे निर्विंध्या नदी, बनती पतली धार ।
लंबी वेणी की यथा, नारी हो सुकुमार ।।

तट पर पेड़ों की घनी, झड़ कर पीली पात ।

वृक्षों से स्वर दु:ख में, करे विरह की बात ।।

विघ्नहरण हे मेघ! तुम, करके योग्य उपाय ।
निर्विंध्या के धार की, अटकन खोली जाय ।।

जल बरसा कर तुम उसे, भरना पूरी तौर ।
जिससे अटकन बह सके, फिर सागर की ओर ।।

30.

प्राप्यावन्तीनुदयनकथाकोविदग्रामवृद्धा-
न्पूर्वोद्दिष्टामनुसर पुरीं श्री विशालां विशालाम् ।
स्वल्पीभूते सुचरितफले स्वर्गिणां गां गतानां
शेषै: पुण्यैर्हृतमिव दिव: कान्तिमत्खण्डमेकम् ।।

प्राप्याव [1]	न्तीनुद	यनक	थाकोवि	दग्राम	वृद्धान् [2]
ऽ ऽ ऽ	ऽ । ।	। । ।	ऽ ऽ ।	ऽ ऽ ।	ऽ ऽ
पूर्वोद्दि [3]	ष्टामनु	सरपु	रींश्रीवि	शालांवि	शालाम्
ऽ ऽ ऽ	ऽ । ।	। । ।	ऽ ऽ ।	ऽ ऽ ।	ऽ ऽ
स्वल्पीभू [4]	तेसुच	रितफ	लेस्वर्गि [5]	णांगांग	तानाम्
ऽ ऽ ऽ	ऽ । ।	। । ।	ऽ ऽ ।	ऽ ऽ ।	ऽ ऽ
शेषै:पु [6]	ण्यैर्हृत	मिवदि	व:कान्ति	मत्खण्ड [7]	मेकम्
ऽ ऽ ऽ	ऽ । ।	। । ।	ऽ ऽ ।	ऽ ऽ ।	ऽ ऽ

<u>पाद टिप्पणियाँ :</u>

1. प्राप्यावन्ती शब्द समूह में लघु वर्ण व के आगे संयुक्त वर्ण न्त आने से वर्ण व की लघु मात्रा दीर्घ सिद्ध हुई है.

2. वृद्ध शब्द में लघु वर्ण वृ के आगे संयुक्त वर्ण द्ध आने से वर्ण वृ की लघु मात्रा दीर्घ सिद्ध हुई है.

3. पूर्वोद्दिष्टाम् शब्द समूह में लघु वर्ण द्दि के आगे संयुक्त वर्ण ष्ट आने से वर्ण द्दि की लघु मात्रा दीर्घ सिद्ध हुई है.

4. स्वल्प शब्द में लघु वर्ण स्व के आगे संयुक्त वर्ण ल्प आने से वर्ण स्व की लघु मात्रा दीर्घ सिद्ध हुई है.

5. स्वर्ग शब्द में लघु वर्ण स्व के आगे संयुक्त वर्ण र्ग आने से वर्ण स्व की लघु मात्रा दीर्घ सिद्ध हुई है.

6. पुण्य शब्द में लघु वर्ण पु के आगे संयुक्त वर्ण ण्य आने से वर्ण पु की लघु मात्रा दीर्घ सिद्ध हुई है.

7. कान्तिमत्खण्ड शब्द समूह में लघु वर्ण म के आगे संयुक्त वर्ण त्ख और लघु वर्ण त्ख के आगे संयुक्त वर्ण ण्ड आने से वर्ण म और त्ख की लघु मात्राएँ दीर्घ सिद्ध हुई हैं.

(अवंति देश)

दोहा॰ **इसी अवंति देश में, आगे की जलधार ।**
नदी विशाला नाम की, स्वागत करे तिहार ।।

ग्राम विशाला तीर पर, स्थित हैं पुण्य अनेक ।
लोग जहाँ पर भक्ति से, अन्वित है प्रत्येक ।।

गाए जाते हैं यहाँ, उदयन नृप के गीत ।
वत्सराज धार्मिक बड़े, सदाचार से प्रीत ।।

जिनके पुण्य सुकर्म से, धरती से आकाश ।
उज्ज्वल है शुभ स्वर्ग तक, मंगल दीप्त प्रकाश ।।

पाओगे उस देश में, पुण्य फलों का स्वाद ।
अमृत रस पीकर वहाँ, बढ़ना इसके बाद ।।

31.

दीर्घीकुर्वन्पटुमदकलं कूजितं सारसानां
प्रत्यूषेषु स्फुटितकमलामोदमैत्रीकषाय: ।
यत्र स्त्रीणां हरति सुरतग्लानिमङ्गानुकूल:
शिप्रावात: प्रियतम इव प्रार्थनाचाटुकार: ।।

दीर्घीकु[1]	र्वन्पटु[1]	मदक	लंकूजि	तंसार	सानाम्
ऽ ऽ ऽ	ऽ । ।	। । ।	ऽ ऽ ।	ऽ ऽ ।	ऽ ऽ
प्रत्यूषे[2]	षुस्फुटि[2]	तकम	लामोद	मैत्रीक	षाय:
ऽ ऽ ऽ	ऽ । ।	। । ।	ऽ ऽ ।	ऽ ऽ ।	ऽ ऽ
यत्रस्त्री[3]	णांहर	तिसुर	तग्लानि[4]	मङ्गानु[4]	कूल:
ऽ ऽ ऽ	ऽ । ।	। । ।	ऽ ऽ ।	ऽ ऽ ।	ऽ ऽ

शिप्रावा	त:प्रिय	तमइ	वप्रार्थ[5]	नाचाटु	कार:
ऽ ऽ ऽ	ऽ । ।	। । ।	ऽ ऽ ।	ऽ ऽ ।	ऽ ऽ

पाद टिप्पणियाँ :

1. दीर्घीकुर्वन्पटु शब्द समूह में लघु वर्ण कु के आगे संयुक्त वर्ण र्व और र्व के आगे संयुक्त वर्ण न्प आने से वर्ण कु और र्व की लघु मात्राएँ दीर्घ सिद्ध हुई हैं.
2. प्रत्येषेषु स्फुटित शब्द समूह में लघु वर्ण प्र के आगे संयुक्त वर्ण त्य और वर्ण षु के आगे संयुक्त वर्ण स्फ आने से वर्ण प्र और षु की लघु मात्राएँ दीर्घ सिद्ध हुई हैं.
3. यत्र स्त्रीणां शब्द समूह में लघु वर्ण य के आगे संयुक्त वर्ण त्र और वर्ण त्र के आगे संयुक्त वर्ण स्त्र आने से वर्ण य और त्र की लघु मात्राएँ दीर्घ सिद्ध हुई हैं.
4. सुरतग्लानिमङ्गानुकूल शब्द समूह में लघु वर्ण त के आगे संयुक्त वर्ण ग्ल और वर्ण म के आगे संयुक्त वर्ण ङ्ग आने से वर्ण ग्ल और म की लघु मात्राएँ दीर्घ सिद्ध हुई हैं.
5. इव प्रार्थना शब्द समूह में लघु वर्ण व के आगे संयुक्त वर्ण प्र आने से वर्ण व की लघु मात्रा दीर्घ सिद्ध हुई है.

(शिप्रा)

दोहा॰ शिप्रा के तट पर बसी, नगरी अति अभिराम ।
धरती पर जो स्वर्ग है, उज्जयिनी है नाम ।।

शिप्रा नद की छोर पर, इंदीवर के फूल ।
सौरभ प्रात:काल में, जिनका डाले भूल ।।

सुवास जिनका पवन से, भरता है सब ओर ।
जिनसे सारस–हंस हैं, प्रेरित दोनों छोर ।।

चटकारी कलहंस की, सुखद शब्द का स्पर्श ।
विरहा में जो हैं स्त्रियाँ, सुने बढ़ाती हर्ष ।।

कलरव वह कलहंस का, करे दूर रति–खेद ।
हे वारिद! यह एक है, उनके रव का भेद ।।

32.

जालोद्गीर्णैरुपचितवपु: केशसंस्कारधूपै-
र्बन्धुप्रीत्या भवनशिखिभिर्दत्तनृत्योपहार: ।

हर्म्येष्वास्या: कुसुमसुरभिष्वध्वखेदं नयेथा
लक्ष्मीं पश्यंल्ललितवनितापादरागाङ्किंतेषु ।।

जालोद्गी	र्णैरुप	चितव	पु:केश	संस्कार	धूपैः
ऽ ऽ ऽ	ऽ । ।	। । ।	ऽ ऽ ।	ऽ ऽ ।	ऽ ऽ
बन्धुप्री [1]	त्याभव	नशिखि	भिर्दत्त [2]	नृत्योप [3]	हार:
ऽ ऽ ऽ	ऽ । ।	। । ।	ऽ ऽ ।	ऽ ऽ ।	ऽ ऽ
हर्म्येष्वा [4]	स्या:कुसु	मसुर	भिष्वध्व [5]	खेदंन	येथा
ऽ ऽ ऽ	ऽ । ।	। । ।	ऽ ऽ ।	ऽ ऽ ।	ऽ ऽ
लक्ष्मींप [6]	श्यंल्ललि	तवनि	तापाद	रागाङ्कि	तेषु *
ऽ ऽ ऽ	ऽ । ।	। । ।	ऽ ऽ ।	ऽ ऽ ।	ऽ ऽ

* अंतिम 17 वीं लघु (।) मात्रा भी गुरु (ऽ) मानी गयी है.

पाद टिप्पणियाँ :

1. बन्धुपित्त्या शब्द में लघु वर्ण व के आगे संयुक्त वर्ण प्र आने से वर्ण व की लघु मात्रा दीर्घ सिद्ध हुई है.
2. शिखिभिर्दत्त शब्द समूह में लघु वर्ण भि के आगे संयुक्त वर्ण र्द और वर्ण र्द के आगे संयुक्त वर्ण त्त आने से वर्ण भि और र्द की लघु मात्राएँ दीर्घ सिद्ध हुई हैं.
3. नृत्योपहार शब्द में लघु वर्ण नृ के आगे संयुक्त वर्ण त्य आने से वर्ण नृ की लघु मात्रा दीर्घ सिद्ध हुई है.
4. हर्म शब्द में लघु वर्ण ह के आगे संयुक्त वर्ण र्म आने से वर्ण ह की लघु मात्रा दीर्घ सिद्ध हुई है.
5. सुरभिष्वध्वखेदम् शब्द समूह में लघु वर्ण भि के आगे संयुक्त वर्ण ष्व और वर्ण्अ ष्व के आगे संयुक्त वर्ण ध्व आने से वर्ण वभि और ष्व की लघु मात्राएँ दीर्घ सिद्ध हुई हैं.
6. लक्ष्मी शब्द में लघु वर्ण ल के आगे संयुक्त वर्ण क्ष्म आने से वर्ण ल की लघु मात्रा दीर्घ सिद्ध हुई है.

(उज्जैन)

दोहा॰ **हर रमणी उज्जैन की, सुंदर परी समान ।**
केश-वेश भूषा सजी, ज़री वस्त्र परिधान ।।

केश सुगंधित गंध की, महक पसारे धूप ।
गवाक्ष से निकली हवा, भाए तुम्हें अनूप ।।

सौरभ वह उज्जैन का, तुम्हें करेगा तुष्ट ।

हे धाराधर! आपके, गात्र करेगा पुष्ट ।।

घर–घर में जो मोर हैं, नृत्य निपुण मनहार ।
बंधुभाव का आपको, भेजेंगे उपहार ।।

भवन–भवन सुरभित वहाँ, कुसुमित खुशबूदार ।
चरण महावर से सजे, ललना का शृंगार ।।

छाप चरण के देख कर, आए तुम्हें खुमार ।
थकान उसके दरस से, करना दूर तिहार ।।

(और)

दोहा॰ प्रसाधनों से हैं लदे, उज्जयिनी बाजार ।
लक्ष्मी आती है यहाँ, खरीदने उपहार ।।

रत्न जड़ित माला कहीं, कहीं करोड़ों शंख ।
मणि माणिक मोती कहीं, कहीं मोर के पंख ।।

कहीं सीपियाँ चमकती, कहीं निष्क के ढेर ।
कांचन के कंकण कहीं, मन को लेते घेर ।।

(प्रद्योत)

दोहा॰ यहाँ अमर है राज्य में, राजवंश प्रद्योत ।
वत्सराज उदयन तथा, उनकी उज्ज्वल ज्योत ।।

कन्या का प्रद्योत की, वत्सराज से प्यार ।
वासवदत्ता का किया, उदयन ने अपहार ।।

कैसे उदयन राज ने, जीत लिया उज्जैन ।
वासवदत्ता को मिला, कौशांबी में चैन ।।

33.

भर्तु: कण्ठच्छविरिति गणै: सादरं वीक्ष्यमाण:

पुण्यं यायास्त्रिभुवनगुरोर्धाम चण्डीश्वरस्य ।
धूतोद्यानं कुवलयरजोगन्धिभिर्गन्धवत्या-
स्तोयक्रीडानिरतयुवतिस्नानतिक्तैर्मरुद्भिः ।।

भर्तुःक[1]	ण्ठच्छवि[1]	रितिग	णैःसाद	रंवीक्ष्य	माणः
ऽ ऽ ऽ	ऽ । ।	। । ।	ऽ ऽ ।	ऽ ऽ ।	ऽ ऽ
पुण्यंया[2]	यास्त्रिभु	वनगु	रोर्धाम	चण्डीश्व[3]	रस्य *[3]
ऽ ऽ ऽ	ऽ । ।	। । ।	ऽ ऽ ।	ऽ ऽ ।	ऽ ऽ
धूतोद्या	नंकुव	लयर	जोगन्धि[4]	भिर्गन्ध[4]	वत्याः[4]
ऽ ऽ ऽ	ऽ । ।	। । ।	ऽ ऽ ।	ऽ ऽ ।	ऽ ऽ
तोयक्री[5]	डानिर	तयुव	तिस्नान[6]	तिक्तैर्म[6]	रुद्भिः[6]
ऽ ऽ ऽ	ऽ । ।	। । ।	ऽ ऽ ।	ऽ ऽ ।	ऽ ऽ

* अंतिम 17 वीं लघु (।) मात्रा भी गुरु (ऽ) मानी गयी है.

पाद टिप्पणियाँ :

1. भर्तुः कण्ठच्छवि शब्द समूह में लघु वर्ण भ के आगे संयुक्त वर्ण र्तु और वर्ण ण्ठ के आगे संयुक्त वर्ण च्छ आने से वर्ण भ और ण्ठ की लघु मात्राएँ दीर्घ सिद्ध हुई हैं.
2. पुण्य शब्द में लघु वर्ण पु के आगे संयुक्त वर्ण ण्य आने से वर्ण पु की लघु मात्रा दीर्घ सिद्ध हुई है.
3. चण्डीश्वरस्य शब्द में लघु वर्ण च के आगे संयुक्त वर्ण ण्ड और वर्ण र के आगे संयुक्त वर्ण स्य आने से वर्ण च और र की लघु मात्राएँ दीर्घ सिद्ध हुई हैं.
4. रजोगन्धिभिर्गन्धवत्यां शब्द समूह में लघु वर्ण ग के आगे संयुक्त वर्ण न्ध, भि के आगे संयुक्त वर्ण र्ग, वर्ण र्ग के आगे संयुक्त वर्ण न्ध और वर्ण व के आगे संयुक्त वर्ण त्य आने से वर्ण ग, भि, र्ग और व की लघु मात्राएँ दीर्घ सिद्ध हुई हैं.
5. तोयक्रीडा शब्द में लघु वर्ण य के आगे संयुक्त वर्ण क्र आने से वर्ण य की लघु मात्रा दीर्घ सिद्ध हुई है.
6. युवतिस्नानतिक्तैर्मरुद्भिः शब्द समूह में लघु वर्ण ति के आगे संयुक्त वर्ण स्न, ति के आगे संयुक्त वर्ण क्त और वर्ण रु के आगे संयुक्त वर्ण द्भ आने से वर्ण ति, ति और रु की लघु मात्राएँ दीर्घ सिद्ध हुई हैं.

(महाकाल चंडीश्वर)

दोहा॰ और वहाँ उज्जैन में, महाकाल-कैलास ।
त्रिलोकपति शिव शंभु जी, चंडीश्वर का वास ।।

पावन है मंदिर बना, नीलकण्ठ का स्थान ।
शिव गण पूजेंगे तुम्हें, नील रंग का जान ।।

शिव मंदिर के बाग में, सुंदर कमल पराग ।
जलक्रीड़ा करती हुईं, ललना युक्त तडाग ।।

स्नानद्रव्य से महकती, हवा चले सब ओर ।
देगी प्रसन्नता तुम्हें, सुरभित शीत झकोर ।।

34.

अप्यन्यस्मिञ्जलधर महाकालमासाद्य काले
स्थातव्यं ते नयनविषयं यावदत्येति भानु: ।
कुर्वन्संध्याबलिपटहतां शूलिन: श्लाघनीया-
मामन्द्राणां फलमविकलं लप्स्यसे गर्जितानाम् ।।

अप्यन्य [1]	स्मिञ्जल [1]	धरम	हाकाल	मासाद्य	काले
ऽ ऽ ऽ	ऽ । ।	। । ।	ऽ ऽ ।	ऽ ऽ ।	ऽ ऽ
स्थातव्यं [2]	तेनय	नविष	यंयाव	दत्येति [3]	भानु:
ऽ ऽ ऽ	ऽ । ।	। । ।	ऽ ऽ ।	ऽ ऽ ।	ऽ ऽ
कुर्वन्स [4]	न्ध्याबलि	पटह	तांशूलि	न:श्लाघ	नीयाम्
ऽ ऽ ऽ	ऽ । ।	। । ।	ऽ ऽ ।	ऽ ऽ ।	ऽ ऽ
आमन्द्रा [5]	णांफल	मविक	लंलप्स्य [6]	सेगर्जि [7]	तानाम्
ऽ ऽ ऽ	ऽ । ।	। । ।	ऽ ऽ ।	ऽ ऽ ।	ऽ ऽ

<u>पाद टिप्पणियाँ :</u>

1. अप्यन्यस्मिञ्जलधर! शब्द समूह में लघु वर्ण अ के आगे संयुक्त वर्ण न्य और वर्ण स्मि के आगे संयुक्त वर्ण ञ्ज आने से वर्ण अ और स्मि की लघु मात्राएँ दीर्घ सिद्ध हुई हैं.
2. स्थातव्यं शब्द में लघु वर्ण त के आगे संयुक्त वर्ण व्य आने से वर्ण त की लघु मात्रा दीर्घ सिद्ध हुई है.
3. यावदत्येति शब्द समूह में लघु वर्ण द के आगे संयुक्त वर्ण त्य आने से वर्ण द की लघु मात्रा दीर्घ सिद्ध हुई है.

4. कुर्वन्सन्ध्या शब्द समूह में लघु वर्ण कु के आगे संयुक्त वर्ण र्व, वर्ण र्व के आगे संयुक्त वर्ण न्स और वर्ण न्स के आगे संयुक्त वर्ण न्ध्या आने से वर्ण कु, र्व और न्स की लघु मात्राइँ दीर्घ सिद्ध हुई हैं.

5. आमन्द्राणां शब्द में लघु वर्ण म के आगे संयुक्त वर्ण न्द्र आने से वर्ण म की लघु मात्रा दीर्घ सिद्ध हुई है.

6. लप्स्यसे शब्द में लघु वर्ण ल के आगे संयुक्त वर्ण प्स्य आने से वर्ण ल की लघु मात्रा दीर्घ सिद्ध हुई है.

7. गर्जित शब्द में लघु वर्ण ग के आगे संयुक्त वर्ण र्ज आने से वर्ण ग की लघु मात्रा दीर्घ सिद्ध हुई है.

(हे धाराधर!)

दोहा० **हे धाराधर! साँझ से, पहले तुम तत्काल ।**
महाकाल के द्वार पर, पहुँचना खुशहाल ।।

रुकना देवस्थान पर, आरती तक तयार ।
फिर गर्जन खूँखार से, कहना जय जयकार ।।

महाकाल का दिव्य फिर, तांडव नृत्य निहार ।
प्राप्त करो आनंद से, पुण्य फल चमकदार ।।

35.

पादन्यासैः क्वणितरशनास्तत्र लीलावधूतै
रत्नच्छायाखचितवलिभिश्चामरैः क्लान्तहस्ताः ।
वेश्यास्त्वत्तो नखपदसुखान्प्राप्य वर्षाग्रबिन्दू -
नामोक्ष्यन्ते त्वयि मधुकरश्रेणिदीर्घान्कटाक्षान् ।।

पादन्या [1]	सैःक्वणि	तरश	नास्तत्र [2]	लीलाव	धूतै
ऽ ऽ ऽ	ऽ । ।	। । ।	ऽ ऽ ।	ऽ ऽ ।	ऽ ऽ
रत्नच्छा [3]	याखचि	तवलि	भिश्चाम [4]	रैःक्लान्त	हस्ताः [5]
ऽ ऽ ऽ	ऽ । ।	। । ।	ऽ ऽ ।	ऽ ऽ ।	ऽ ऽ
वेश्यास्त्व [6]	त्तोनख	पदसु	खान्प्राप्य	वर्षाग्र [7]	बिन्दून् [8]
ऽ ऽ ऽ	ऽ । ।	। । ।	ऽ ऽ ।	ऽ ऽ ।	ऽ ऽ
आमोक्ष्य [9]	न्तेत्वयि	मधुक	रश्रेणि [10]	दीर्घान्क	टाक्षान्

ऽ ऽ ऽ	ऽ । ।	। । ।	ऽ ऽ ।	ऽ ऽ ।	ऽ ऽ

पाद टिप्पणियाँ :

1. पादन्यासैः शब्द में लघु वर्ण दा के आगे संयुक्त वर्ण न्य आने से वर्ण द की लघु मात्रा दीर्घ सिद्ध हुई है.
2. क्वणितरशनास्तत्र शब्द समूह में लघु वर्ण स्त के आगे संयुक्त वर्ण त्र आने से वर्ण स्त की लघु मात्रा दीर्घ सिद्ध हुई है.
3. रत्नच्छाया शब्द में लघु वर्ण र के आगे संयुक्त वर्ण त्न और लघु वर्ण त्न के आगे संयुक्त वर्ण च्छ आने से वर्ण र और त्न की लघु मात्राएँ दीर्घ सिद्ध हुई हैं.
4. वलिभिश्च शब्द समूह में लघु वर्ण भि के आगे संयुक्त वर्ण श्च आने से वर्ण भि की लघु मात्रा दीर्घ सिद्ध हुई है.
5. हस्त शब्द में लघु वर्ण ह के आगे संयुक्त वर्ण स्त आने से वर्ण ह की लघु मात्रा दीर्घ सिद्ध हुई है.
6. वेश्यास्त्वत्तः शब्द समूह में लघु वर्ण स्त्व के आगे संयुक्त वर्ण त्त आने से वर्ण स्त्व की लघु मात्रा दीर्घ सिद्ध हुई है.
7. वर्षाग्र शब्द में लघु वर्ण व के आगे संयुक्त वर्ण ग्र आने से वर्ण व की लघु मात्रा दीर्घ सिद्ध हुई है.
8. बिन्दून् शब्द में लघु वर्ण बि के आगे संयुक्त वर्ण न्द आने से वर्ण बि की लघु मात्रा दीर्घ सिद्ध हुई है.
9. आमोक्ष्यन्ते शब्द में लघु वर्ण क्ष्य के आगे संयुक्त वर्ण न्त आने से वर्ण क्ष्य की लघु मात्रा दीर्घ सिद्ध हुई है.
10. मधुकरश्रेणि शब्द में लघु वर्ण र के आगे संयुक्त वर्ण श्र आने से वर्ण र की लघु मात्रा दीर्घ सिद्ध हुई है.

(प्रदोष नृत्य)

दोहा॰ **पूजा निहार साँझ की, देखो प्रदोष–नृत्य ।**
जिसमें रक्कासा स्त्रियाँ, कला दिखाती स्तुत्य ।।

उनकी ठुमकन का सुनो, पायल घुँघरू नाद ।
बाजत मधु कटि–किंकिणी, पायल का प्रतिसाद ।।

दास डुलावत चौरियाँ, रत्न जड़ित सुखकार ।
उन पर जल बरसाय कर, करना तरोतरार ।।

प्रसन्न होकर दास वे, मानेंगे आभार ।

देंगे सब आदर तुम्हें, वंदन से सौ बार ।।

36.

पश्चादुच्चैर्भुजतरुवनं मण्डलेनाभिलीन:
सान्ध्यं तेज: प्रतिनवजपापुष्परक्तं दधान: ।
नृत्यारम्भे हर पशुपतेरार्द्रनागाजिनेच्छां
शान्तोद्वेगस्तिमितनयनं दृष्टभक्तिर्भवान्या ।।

पश्चादु[1]	च्चैर्भुज	तरुव	नंमण्ड[2]	लेनाभि	लीन:
ऽ ऽ ऽ	ऽ । ।	। । ।	ऽ ऽ ।	ऽ ऽ ।	ऽ ऽ
सान्ध्यंते	ज:प्रति	नवज	पापुष्प[3]	रक्तंद[4]	धान:
ऽ ऽ ऽ	ऽ । ।	। । ।	ऽ ऽ ।	ऽ ऽ ।	ऽ ऽ
नृत्यार[5]	म्भेहर	पशुप	तेरार्द्र	नागाजि	नेच्छाम्
ऽ ऽ ऽ	ऽ । ।	। । ।	ऽ ऽ ।	ऽ ऽ ।	ऽ ऽ
शान्तोद्वे	गस्तिमि[6]	तनय	नंदृष्ट[7]	भक्तिर्भ[8]	वान्या
ऽ ऽ ऽ	ऽ । ।	। । ।	ऽ ऽ ।	ऽ ऽ ।	ऽ ऽ

पाद टिप्पणियाँ :

1. पश्चादुच्चै: शब्द में लघु वर्ण प के आगे संयुक्त वर्ण श्च और दु वर्ण के आगे संयुक्त वर्ण च्च आने से वर्ण प और दु की लघु मात्राएँ दीर्घ सिद्ध हुई हैं.
2. मण्डल शब्द में लघु वर्ण म के आगे संयुक्त वर्ण ण्ड आने से वर्ण म की लघु मात्रा दीर्घ सिद्ध हुई है.
3. जपापुष्प शब्द में लघु वर्ण पु के आगे संयुक्त वर्ण ष्प आने से वर्ण पु की लघु मात्रा दीर्घ सिद्ध हुई है.
4. रक्तम् शब्द में लघु वर्ण र के आगे संयुक्त वर्ण क्त आने से वर्ण र की लघु मात्रा दीर्घ सिद्ध हुई है.
5. नृत्यारम्भ शब्द समूह में लघु वर्ण नृ के आगे संयुक्त वर्ण त्य और वर्ण र के आगे संयुक्त वर्ण म्भ आने से वर्ण नृ और र की लघु मात्राएँ दीर्घ सिद्ध हुई हैं.
6. शान्तोद्वेगस्तिमितनयन शब्द समूह में लघु वर्ण ग के आगे संयुक्त वर्ण स्त आने से वर्ण ग की लघु मात्रा दीर्घ सिद्ध हुई है.
7. दृष्ट शब्द में लघु वर्ण दृ के आगे संयुक्त वर्ण ष्ट आने से वर्ण दृ की लघु मात्रा दीर्घ सिद्ध हुई है.
8. भक्तिर्भवान्या शब्द समूह में लघु वर्ण भ के आगे संयुक्त वर्ण क्त और वर्ण क्ति के आगे संयुक्त वर्ण र्भ आने से वर्ण भ और क्ति की लघु मात्राएँ दीर्घ सिद्ध हुई हैं.

(शिव तांडव)

दोहा॰ **पूजा गायन आरती, शिव–तांडव के बाद ।**
तुमने करना काम जो, उसको रखना याद ।।

जपा पुष्प की तौर ही, खिल कर उस शुभ शाम ।
संध्या की लाली लिए, छाना है उस धाम ।।

लाली लिप्त ललाम हो, महाकाल सब लाल ।
लख कर ललना लुब्ध हों, लाल–गुलाली गाल ।।

एक ओर शिव पशुपति, करते होंगे स्पर्श ।
उन्हें देख कर पार्वती, व्यक्त करेगी हर्ष ।।

सुन कर नाद सुहावना, डोलेंगे गजराज ।
गूलर का रस पान कर, झूमें मस्त मिजाज ।।

37.

गच्छन्तीनां रमणवसतिं योषितां तत्र नक्तं
रुद्धालोके नरपतिपथे सूचिभेद्यैस्तमोभिः ।
सौदामन्या कनकनिकषस्निग्धया दर्शयोर्वीं
तोयोत्सर्गस्तनितमुखरो मा स्म भूर्विक्लवास्ताः ।।

गच्छन्ती[1]	नांरम	णवस	तिंयोषि	तांतत्र[2]	नक्तम्[2]
ऽ ऽ ऽ	ऽ । ।	। । ।	ऽ ऽ ।	ऽ ऽ ।	ऽ ऽ
रुद्धालो[3]	केनर	पतिप	थेसूचि	भेद्यैस्त	मोभिः
ऽ ऽ ऽ	ऽ । ।	। । ।	ऽ ऽ ।	ऽ ऽ ।	ऽ ऽ
सौदाम[4]	न्याकन	कनिक	षस्निग्ध[5]	यादर्श[6]	योर्वीम्
ऽ ऽ ऽ	ऽ । ।	। । ।	ऽ ऽ ।	ऽ ऽ ।	ऽ ऽ
तोयोत्स[7]	र्गस्तनि[7]	तमुख	रोमास्म	भूर्विक्ल[8]	वास्ताः
ऽ ऽ ऽ	ऽ । ।	। । ।	ऽ ऽ ।	ऽ ऽ ।	ऽ ऽ

पाद टिप्पणियाँ :

1. गच्छन्तीनाम् शब्द में लघु वर्ण ग के आगे संयुक्त वर्ण च्छ आने से और लघु वर्ण च्छ के आगे संयुक्त वर्ण न्त आने से वर्ण ग और च्छ की लघु मात्राएँ दीर्घ सिद्ध हुई हैं.
2. तत्र नक्तम् शब्द समूह में लघु वर्ण त के आगे संयुक्त वर्ण त्र और वर्ण न के आगे संयुक्त वर्ण क्त आने से वर्ण त और न की लघु मात्राएँ दीर्घ सिद्ध हुई हैं.
3. रुद्ध शब्द में लघु वर्ण रु के आगे संयुक्त वर्ण द्ध आने से वर्ण रु की लघु मात्रा दीर्घ सिद्ध हुई है.
4. सौदामिन्या शब्द में लघु वर्ण मि के आगे संयुक्त वर्ण न्य आने से वर्ण मि की लघु मात्रा दीर्घ सिद्ध हुई है.
5. कनकनिकषस्निग्धया शब्द समूह में लघु वर्ण ष के आगे संयुक्त वर्ण स्न और लघु वर्ण स्नि के आगे संयुक्त वर्ण ग्ध आने से वर्ण ष और स्नि की लघु मात्राएँ दीर्घ सिद्ध हुई हैं.
6. दर्श शब्द में लघु वर्ण द के आगे संयुक्त वर्ण र्श आने से वर्ण द की लघु मात्रा दीर्घ सिद्ध हुई है.
7. तोयोत्सर्गस्तनित शब्द समूह में लघु वर्ण त्स के आगे संयुक्त वर्ण र्ग और लघु वर्ण र्ग के आगे संयुक्त वर्ण स्त आने से वर्ण त्स और र्ग की लघु मात्राएँ दीर्घ सिद्ध हुई हैं.
8. भूर्विक्लवास्ताः शब्द समूह में लघु वर्ण र्वि के आगे संयुक्त वर्ण क्ल आने से वर्ण र्वि की लघु मात्रा दीर्घ सिद्ध हुई है.

(सौदामिनी सखी)

**दोहा॰ रात समय उज्जैन में, जभी अँधेरा घुप्प ।
राजमार्ग सूने पड़े, नगरी में सब चुप्प ।।**

**ऐसी काली रात में, पिया मिलन की चाह ।
चली अकेली नायिका, नजर न आए राह ।।**

**करो उजाला राह में, बिजली को चमकाय ।
गरज-बरसना बंद हो, महिला डर ना जाय ।।**

**बिजली साथिन आपकी, जिसका दीप्त प्रकाश ।
एक चमक में, घोर भी, करे अँधेरा नाश ।।**

38.

तां कस्यांचिद्भवनवलभौ सुप्तपारावतायां
नीत्वा रात्रिं चिरविलसिनात्खिन्नविद्युत्कलत्रः ।
दृष्टे सूर्ये पुनरपि भवान्वाहयेदध्वशेषं

मन्दायन्ते न खलु सुहृदामभ्युपेतार्थकृत्या: ।।

तांकस्या[1]	च्छिद्भ्रव[1]	नवल	भौसुप्त[2]	पाराव	तायाम्
ऽ ऽ ऽ	ऽ । ।	। । ।	ऽ ऽ ।	ऽ ऽ ।	ऽ ऽ
नीत्वारा	त्रिंचिर	विलसि	नात्खिन्न[3]	विद्युत्क[3]	लत्र:[3]
ऽ ऽ ऽ	ऽ । ।	। । ।	ऽ ऽ ।	ऽ ऽ ।	ऽ ऽ
दृष्टेसू[4]	र्येपुन	रपिभ	वान्वाह	येदध्व[5]	शेषम्
ऽ ऽ ऽ	ऽ । ।	। । ।	ऽ ऽ ।	ऽ ऽ ।	ऽ ऽ
मन्दाय[6]	न्तेनख	लुसुहृ	दामभ्यु[7]	पेतार्थ	कृत्या:[8]
ऽ ऽ ऽ	ऽ । ।	। । ।	ऽ ऽ ।	ऽ ऽ ।	ऽ ऽ

<u>पाद टिप्पणियाँ :</u>

1. कस्याञ्चिद्भ्रवन शब्द समूह में लघु वर्ण क के आगे संयुक्त वर्ण स्य और ञ्चि के आगे संयुक्त वर्ण द्भ्र आने से लघु वर्ण क और ञ्चि की लघु मात्राएँ दीर्घ सिद्ध हुई हैं.
2. सुप्त शब्द में लघु वर्ण सु के आगे संयुक्त वर्ण प्त आने से वर्ण सु की लघु मात्रा दीर्घ सिद्ध हुई है.
3. विलसिनात्खिन्नविद्युत्कलत्र: शब्द समूह में में लघु वर्ण त्खि के आगे संयुक्त वर्ण न्न, वर्ण वि के आगे संयुक्त वर्ण द्य, वर्ण द्यु के आगे संयुक्त वर्ण त्क और वर्ण ल के आगे संयुक्त वर्ण त्र आने से लघु वर्ण त्खि, वि, द्यु और ल की लघु मात्राएँ दीर्घ सिद्ध हुई हैं.
4. दृष्ट शब्द में लघु वर्ण दृ के आगे संयुक्त वर्ण ष्ट आने से वर्ण दृ की लघु मात्रा दीर्घ सिद्ध हुई है.
5. वाहयेदध्वशेषं शब्द समूह में लघु वर्ण द के आगे संयुक्त वर्ण ध्व आने से वर्ण द की लघु मात्रा दीर्घ सिद्ध हुई है.
6. मन्दायन्ते शब्द में लघु वर्ण म के आगे संयुक्त वर्ण न्द, और य के आगे संयुक्त वर्ण न्त आने से लघु वर्ण म और य की लघु मात्राएँ दीर्घ सिद्ध हुई हैं.
7. सुहृदामभ्युपेतार्थ शब्द में लघु वर्ण म के आगे संयुक्त वर्ण भ्य आने से वर्ण म की लघु मात्रा दीर्घ सिद्ध हुई है.
8. कृत्य शब्द में लघु वर्ण कृ के आगे संयुक्त वर्ण त्य आने से वर्ण कृ की लघु मात्रा दीर्घ सिद्ध हुई है.

(नायिका)

दोहा॰ चमक-चमक कर रात में, तड़ित् अगर थक जाय ।
रात बिताना साथ तुम, छज्जे पर, जो भाय ।।

किसी महल के छत्र पर, रहते जहाँ कपोत ।

रैना वहीं गुजारना, बहे प्रेम का स्त्रोत ।।

बिजली जब दरसायगी, उसे पिया का द्वार ।
प्रसन्नमना वह नायिका, तुम्हें कहे आभार ।।

करते काम सुमित्र का, जो हैं पुरुष सुजान ।
सुस्ति वे करते नहीं, करने में शुभ काम ।।

39.

तस्मिन्काले नयनसलिलं योषितां खण्डितानां
शान्तिं नेयं प्रणयिभिरतो वर्त्म भानोस्त्यजाशु ।
प्रालेयास्त्रं कमलवदनात्सोऽपि हर्तुं नलिन्या:
प्रत्यावृत्तस्त्वयि कररुधि स्यादनल्पाभ्यसूय: ।।

तस्मिन्का[1]	लेनय	नसलि	लंयोषि	तांखण्डि[2]	तानाम्
ऽ ऽ ऽ	ऽ । ।	। । ।	ऽ ऽ ।	ऽ ऽ ।	ऽ ऽ
शान्तिंने	यंप्रण	यिभिर	तोवर्त्म[3]	भानोस्त्य	जाशु *
ऽ ऽ ऽ	ऽ । ।	। । ।	ऽ ऽ ।	ऽ ऽ ।	ऽ ऽ
प्रालेया	स्त्रंकम	लवद	नात्सोऽपि	हर्तुंन[4]	लिन्या:[5]
ऽ ऽ ऽ	ऽ । ।	। । ।	ऽ ऽ ।	ऽ ऽ ।	ऽ ऽ
प्रत्यावृ[6]	त्तस्त्वयि[6]	कररु	धिस्याद[7]	नल्पाभ्य[8]	सूय:
ऽ ऽ ऽ	ऽ । ।	। । ।	ऽ ऽ ।	ऽ ऽ ।	ऽ ऽ

* अंतिम 17 वीं लघु (।) मात्रा भी गुरु (ऽ) मानी गयी है.

पाद टिप्पणियाँ :

1. तस्मिन्काले शब्द समूह में लघु वर्ण त के आगे संयुक्त वर्ण स्मि, और स्मि के आगे संयुक्त वर्ण न्क आने से लघु वर्ण त और स्मि की लघु मात्राएँ दीर्घ सिद्ध हुई हैं.
2. खण्डितानाम् शब्द में लघु वर्ण ख के आगे संयुक्त वर्ण ण्डि आने से लघु वर्ण ख की लघु मात्रा दीर्घ सिद्ध हुई है.
3. वर्त्म शब्द में लघु वर्ण व के आगे संयुक्त वर्ण र्त्म आने से लघु वर्ण व की लघु मात्रा दीर्घ सिद्ध हुई है.
4. हर्तुम् शब्द में लघु वर्ण ह के आगे संयुक्त वर्ण र्तु आने से लघु वर्ण ह की लघु मात्रा दीर्घ सिद्ध हुई है.

5. नलिन्या: शब्द में लघु वर्ण लि के आगे संयुक्त वर्ण न्य आने से लघु वर्ण लि की लघु मात्रा दीर्घ सिद्ध हुई है।

6. प्रत्यावृत्तस्त्वयि शब्द समूह में लघु वर्ण प्र के आगे संयुक्त वर्ण त्य, वृ के आगे संयुक्त वर्ण त्त और त्त के आगे संयुक्त वर्ण स्त्व आने से लघु वर्ण प्र, वृ और त्त की लघु मात्राएँ दीर्घ सिद्ध हुई हैं।

7. कररुधि स्यात् शब्द समूह में लघु वर्ण धि के आगे संयुक्त वर्ण स्य आने से लघु वर्ण धि की लघु मात्रा दीर्घ सिद्ध हुई है।

8. अनल्पाभ्यसूय: शब्द में लघु वर्ण न के आगे संयुक्त वर्ण ल्प आने से लघु वर्ण न की लघु मात्रा दीर्घ सिद्ध हुई है

(मगर)

दोहा० बिरहा में जों नायिका, सोतीं सारी रात ।
भर कर आँसू नैन में, लेकर शीतल गात; ।।

उनके आँसू पोंछने, सूरज प्रीतम रूप ।
तड़के आँसू पोंछ कर, उष्मा देता धूप ।।

नीरज रूपी नैन से, अश्रु रूप में ओस ।
रश्मि–रूप से भासकर, देता उनको तोस ।।

हे धाराधर! इस लिए, सूर्योदय के काल ।
हटना उनके बीच से, कृपया तुम तत्काल ।।

प्रीत–पिया के बीच जो, बने अडंगा आप ।
हे बादल! दुष्कर्म का, उसको लगता पाप ।।

40.
गम्भीराया: पयसि सरितश्चेतसीव प्रसन्ने
छायात्मापि प्रकृतिसुभगो लप्स्यते ते प्रवेशम् ।
तस्मात्तस्या: कुमुदविशदान्यर्हसि त्वं न धैर्या-
न्मोघीकर्तुं चटुलशफरोद्वर्तनप्रेक्षितानि ।।

गम्भीरा[1]	या:पय	सिसरि	त्श्चेत[2]	सीवप्र[2]	सन्ने[2]
⽂SSS	S।।	।।।	SS।	SS।	SS

छायात्मा	पिप्रकृ[3]	तिसुभ	गोलप्स्ये[4]	तेतेप्र	वेशम्
ऽ ऽ ऽ	ऽ । ।	। । ।	ऽ ऽ ।	ऽ ऽ ।	ऽ ऽ
तस्मात्त[5]	स्याःकुमु	दविश	दान्यर्ह[6]	सित्वंन[6]	धैर्यान्
ऽ ऽ ऽ	ऽ । ।	। । ।	ऽ ऽ ।	ऽ ऽ ।	ऽ ऽ
मोघीक[7]	तुंचटु	लशफ	रोद्वर्त[8]	नप्रेक्षि[8]	तानि *
ऽ ऽ ऽ	ऽ । ।	। । ।	ऽ ऽ ।	ऽ ऽ ।	ऽ ऽ

* अंतिम 17 वीं लघु (।) मात्रा भी गुरु (ऽ) मानी गयी है.

पाद टिप्पणियाँ :

1. गम्भीरा शब्द में लघु वर्ण ग के आगे संयुक्त वर्ण म्भ आने से लघु वर्ण ग की लघु मात्रा दीर्घ सिद्ध हुई है.
2. सरितश्चेतसीव प्रसन्ने शब्द समूह में लघु वर्ण त के आगे संयुक्त वर्ण श्च, व के आगे संयुक्त वर्ण प्र और स के आगे संयुक्त वर्ण न्न आने से लघु वर्ण त, व और स की लघु मात्राएँ दीर्घ सिद्ध हुई हैं.
3. छायात्मापि प्रकृतिसुभगः शब्द समूह में लघु वर्ण पि के आगे संयुक्त वर्ण प्र आने से लघु वर्ण पि की लघु मात्रा दीर्घ सिद्ध हुई है.
4. लप्स्येते शब्द में लघु वर्ण ल के आगे संयुक्त वर्ण प्स्य आने से लघु वर्ण ल की लघु मात्रा दीर्घ सिद्ध हुई है.
5. तस्मात्तस्याः शब्द समूह में लघु वर्ण त के आगे संयुक्त वर्ण स्म और त्त के आगे संयुक्त वर्ण स्य आने से लघु वर्ण त और त्त की लघु मात्राएँ दीर्घ सिद्ध हुई हैं.
6. कुमदविशदान्यर्हसि त्वम् शब्द समूह में लघु वर्ण न्य के आगे संयुक्त वर्ण र्ह और सि के आगे संयुक्त वर्ण त्व आने से लघु वर्ण न्य और सि की लघु मात्राएँ दीर्घ सिद्ध हुई हैं.
7. मोघीकर्तुम् शब्द में लघु वर्ण क के आगे संयुक्त वर्ण र्तु आने से लघु वर्ण क की मात्रा दीर्घ सिद्ध हुई है.
8. चटुलशफरोद्वर्तनप्रेक्षितानि शब्द समूह में लघु वर्ण द्व के आगे संयुक्त वर्ण र्त और लघु वर्ण न के आगे संयुक्त वर्ण प्र आने से लघु वर्ण द्व और न की लघु मात्राएँ दीर्घ सिद्ध हुई हैं.

(गंभीरा)

दोहा० **विदा कहे उज्जैन को, शिप्रा नद के पार ।**
उत्तर में आए नदी, गंभीरा जल धार ।।

गंभीरा का तोय है, सुविमल शीतल शांत ।
पी कर सुमधुर सलिल वो, नहीं रहोगे क्लांत ।।

निस्तरंग उस उदक में, देखोगे अविलंब ।

साँवला–सलोना भला, सुंदर निज प्रतिबिंब ।।

उसके शांत स्वभाव पर, रखना तुम अवधान ।
चंचल चितवन हो कहीं, मत देना तुम ध्यान ।।

41.

तस्या: किंचित्करधृतमिव प्राप्तवानीरशाखं
नीत्वा नीलं सलिलवसनं मुक्तरोघोनितम्बम् ।
प्रस्थानं ते कथमपि सखे लम्बमानस्य भावि
ज्ञातास्वादो विवृतजघनां को विहातुं समूर्थ: ।।

तस्या:किं[1]	चित्कर[2]	धृतमि	वप्राप्त[3]	वानीर	शाखम्
S S S	S l l	l l l	S S l	S S l	S S
नीत्वानी	लंसलि	लवस	नंमुक्त[4]	रोघोनि	तम्बम्[5]
S S S	S l l	l l l	S S l	S S l	S S
प्रस्थानं[6]	तेकथ	मपिस	खेलम्ब[7]	मानस्य[7]	भावि *
S S S	S l l	l l l	S S l	S S l	S S
ज्ञातास्वा	दोविवृ	तजघ	नांकोवि	हातुंस	मूर्थ:
S S S	S l l	l l l	S S l	S S l	S S

* अंतिम 17 वीं लघु (l) मात्रा भी गुरु (S) मानी गयी है.

पाद टिप्पणियाँ :

1. तस्या: शब्द में लघु वर्ण त के आगे संयुक्त वर्ण स्य आने से वर्ण त की लघु मात्रा दीर्घ सिद्ध हुई है.

2. किंचित्करधृतम् शब्द समूह में लघु वर्ण चि के आगे संयुक्त वर्ण त्क आने से वर्ण चि की लघु मात्रा दीर्घ सिद्ध हुई है.

3. इव प्राप्त... शब्द समूह में लघु वर्ण व के आगे संयुक्त वर्ण प्र आने से वर्ण व की लघु मात्रा दीर्घ सिद्ध हुई है.

4. मुक्त शब्द में लघु वर्ण मु के आगे संयुक्त क्त वर्ण आने से वर्ण मु की मात्रा दीर्घ सिद्ध हुई हैं.

5. नितम्बम् शब्द में लघु वर्ण नि के आगे संयुक्त वर्ण म्ब आने से वर्ण नि लघु मात्रा दीर्घ सिद्ध हुई है.

6. प्रस्तानम् शब्द में लघु वर्ण प्र के आगे संयुक्त वर्ण स्त आने से वर्ण प्र की लघु मात्रा दीर्घ सिद्ध हुई है.

7. लम्बमानस्य शब्द में लघु वर्ण ल के आगे संयुक्त वर्ण म्ब और न के आगे संयुक्त वर्ण स्य आने से लघु वर्ण ल और न की लघु मात्राएँ दीर्घ सिद्ध हुई हैं.

(कामोत्तेजक चित्र)

दोहा॰ **गंभीरा के तीर का, उथला नीला नीर ।**
जिसमें उगती बेंत की, लंबी तृण सुस्थिर ।।

झुकी हुई कुछ टहनियाँ, छू कर जल का पृष्ठ ।
पट सरकाती देख कर, मन होता आकृष्ट ।।

दरसातीं हमको यथा, पकड़ा मानो वस्त्र ।
नितंब से खिसका हुआ, कामोत्तेजक चित्र ।।

अंबुद! तुम हट ना सको, बिना रुके कुछ देर ।
है को नर जो ना रुके, उघड़ा चूतड़ देख? ।।

42.

त्वन्निष्यन्दोच्छ्वसितवसुधागन्धसम्पर्करम्य:
स्रोतोरन्ध्रध्वनितसुभगं दन्तिभि: पीयमान: ।
नीचैर्वास्यत्युपजिगमिषोर्देवपूर्वं गिरिं ते
शीतो वायु: परिणमयिता काननोदुम्बराणाम् ।।

त्वन्निष्य[1]	न्दोच्छ्वसि	तवसु	धागन्ध[2]	सम्पर्क[3]	रम्य:[4]
ऽ ऽ ऽ	ऽ । ।	। । ।	ऽ ऽ ।	ऽ ऽ ।	ऽ ऽ
स्रोतोर[5]	न्ध्रध्वनि[5]	तसुभ	गंदन्ति[6]	भि:पीय	मान:
ऽ ऽ ऽ	ऽ । ।	। । ।	ऽ ऽ ।	ऽ ऽ ।	ऽ ऽ
नीचैर्वा	स्यत्युप[7]	जिगमि	षोर्देव	पूर्वंगि	रिंते
ऽ ऽ ऽ	ऽ । ।	। । ।	ऽ ऽ ।	ऽ ऽ ।	ऽ ऽ
शीतोवा	यु:परि	णमयि	ताकान	नोदुम्ब[8]	राणाम्
ऽ ऽ ऽ	ऽ । ।	। । ।	ऽ ऽ ।	ऽ ऽ ।	ऽ ऽ

<u>पाद टिप्पणियाँ :</u>

1. त्वन्निष्यन्दोच्छ्वसित शब्द समूह में लघु वर्ण त्व के आगे संयुक्त वर्ण न्न, लघु वर्ण न्नि के आगे संयुक्त वर्ण ष्य और ष्य के आगे संयुक्त वर्ण न्द आने से लघु वर्ण त्व, न्नि और ष्य की लघु मात्राएँ दीर्घ सिद्ध हुई हैं.
2. गन्ध शब्द में लघु वर्ण ग के आगे संयुक्त वर्ण न्ध आने से वर्ण ग की लघु मात्रा दीर्घ सिद्ध हुई है.
3. सम्पर्क शब्द में लघु वर्ण स के आगे संयुक्त वर्ण म्प आने से और लघु वर्ण म्प के आगे संयुक्त वर्ण र्क आने से वर्ण स और म्प की लघु मात्राएँ दीर्घ सिद्ध हुई हैं.
4. रम्य: शब्द में लघु वर्ण र के आगे संयुक्त वर्ण म्य आने से वर्ण र की लघु मात्रा दीर्घ सिद्ध हुई है.
5. स्रोतोरन्ध्रध्वनित शब्द समूह में लघु वर्ण र के आगे संयुक्त वर्ण न्ध्र आने से और न्ध्र के आगे संयुक्त वर्ण ध्व आने से वर्ण र और न्ध्र की लघु मात्राएँ दीर्घ सिद्ध हुई हैं.
6. दन्तिभि: शब्द में लघु वर्ण द के आगे संयुक्त वर्ण न्त आने से वर्ण द की लघु मात्रा दीर्घ सिद्ध हुई है.
7. वास्यति शब्द में लघु वर्ण ग के आगे संयुक्त वर्ण न्ध आने से वर्ण ग की लघु मात्रा दीर्घ सिद्ध हुई है.
8. उदुम्बर शब्द में लघु वर्ण दु के आगे संयुक्त वर्ण म्ब आने से वर्ण दु की लघु मात्रा दीर्घ सिद्ध हुई है.

(हे नीरद!)

दोहा॰

हे नीरद! तुमरी झड़ी, सुरभित करे जमीन ।
जिस सौरभ को सूँघने, हाथी होते लीन ।।

हे वारिद! तुमरी झड़ी, शीतल करे समीर ।
दे कर तुमको प्रेरणा, मन को करे अधीर ।।

आगे बढ़ने के लिए, उतावला मन मोर ।
हे तोयद! मन शांत हो, देवगिरी पर तोर ।।

देवगिरी पर्बत सखे! देवों का है स्थान ।
पुष्प वृष्टि से स्कन्द को, यहाँ कराना स्नान ।।

शुभ गंगा–आकाश की, देगी तुमको नीर ।
पुण्य स्नान को और लो, कामधेनु का क्षीर ।।

43.

तत्र स्कन्दं नियतवसतिं पुष्पमेधीकृतात्मा
पुष्पासारैः स्नपयतु भवान्व्योमगङ्गाजलार्द्रैः ।
रक्षाहेतोर्नवशशिभृता वासवीनां चमूना-
मत्यादित्यं हुतवहमुखे संभृतं तद्धि तेजः ।।

तत्रस्क [1]	न्दंनिय	तवस	तिंपुष्प [2]	मेधीकृ	तात्मा
ऽ ऽ ऽ	ऽ । ।	। । ।	ऽ ऽ ।	ऽ ऽ ।	ऽ ऽ
पुष्पासा [2]	रैःस्नप	यतुभ	वान्व्योम	गङ्गाज [3]	लार्द्रैः
ऽ ऽ ऽ	ऽ । ।	। । ।	ऽ ऽ ।	ऽ ऽ ।	ऽ ऽ
रक्षाहे [4]	तोर्नव	शशिभृ	तावास	वीनांच	मूनाम्
ऽ ऽ ऽ	ऽ । ।	। । ।	ऽ ऽ ।	ऽ ऽ ।	ऽ ऽ
अत्यादि [5]	त्यंहुत	वहमु	खेसंभृ	तंतद्धि [6]	तेजः
ऽ ऽ ऽ	ऽ । ।	। । ।	ऽ ऽ ।	ऽ ऽ ।	ऽ ऽ

पाद टिप्पणियाँ :

1. तत्र स्कन्दम् शब्द समूह में लघु वर्ण त के आगे संयुक्त वर्ण त्र आने से, वर्ण त्र के आगे संयुक्त वर्ण स्क और स्क के आगे संयुक्त वर्ण न्द आने से वर्ण त, त्र और स्क की लघु मात्राएँ दीर्घ सिद्ध हुई हैं.
2. पुष्प शब्द में लघु वर्ण पु के आगे संयुक्त वर्ण ष्प आने से वर्ण पु की लघु मात्रा दीर्घ सिद्ध हुई है.
3. गङ्गा शब्द में लघु वर्ण ग के आगे संयुक्त वर्ण ङ्ग आने से वर्ण ग की लघु मात्रा दीर्घ सिद्ध हुई है.
4. रक्षा शब्द में लघु वर्ण र के आगे संयुक्त वर्ण क्ष आने से वर्ण र की लघु मात्रा दीर्घ सिद्ध हुई है.
5. अत्यादित्यम् शब्द समूह में लघु वर्ण अ के आगे संयुक्त वर्ण त्य आने से और दि के आगे भी संयुक्त वर्ण त्य आने से वर्ण अ और दि की लघु मात्राएँ दीर्घ सिद्ध हुई हैं.
6. तद्धि शब्द में लघु वर्ण त के आगे संयुक्त वर्ण द्ध आने से वर्ण त की लघु मात्रा दीर्घ सिद्ध हुई है.

(कार्तिकेय)

दोहा॰ कार्तिकेय बसता यहाँ, शिव शंकर का पुत्र ।
चंदाधारी से मिला, उसे युद्ध का सूत्र ।।

सूरज जैसे तेज से, अग्नि की बौछार ।
कार्तिकेय ने जब करी, अरि में हा हा कार ।।

44.

ज्योतिर्लेखावलयि गलितं यस्य बर्हं भवानी
पुत्रप्रेम्णा कुवलयदलप्रापि कर्णे करोति ।
धौतापाङ्गं हरशशिरुचा पावकेस्तं मयूरं
पश्चादद्रिग्रहणगुरुभिर्गर्जितैर्नर्तयेथा: ।।

ज्योतिर्ले[1]	खावल	यिगलि	तंयस्य[2]	बर्हंभ[3]	वानी
ऽ ऽ ऽ	ऽ । ।	। । ।	ऽ ऽ ।	ऽ ऽ ।	ऽ ऽ
पुत्रप्रे[4]	म्णाकुव	लयद	लप्रापि[5]	कर्णेक[6]	रोति *
ऽ ऽ ऽ	ऽ । ।	। । ।	ऽ ऽ ।	ऽ ऽ ।	ऽ ऽ
धौतापा	ङ्गंहर	शशिरु	चापाव	केस्तंम	यूरम्
ऽ ऽ ऽ	ऽ । ।	। । ।	ऽ ऽ ।	ऽ ऽ ।	ऽ ऽ
पश्चाद[7]	द्रिग्रह[7]	णगुरु	भिर्गर्जि[8]	तैर्नर्त[8]	येथा:
ऽ ऽ ऽ	ऽ । ।	। । ।	ऽ ऽ ।	ऽ ऽ ।	ऽ ऽ

* अंतिम 17 वीं लघु (।) मात्रा भी गुरु (ऽ) मानी गयी है.

पाद टिप्पणियाँ :

1. ज्योतिर्लेख शब्द में लघु वर्ण ति के आगे संयुक्त वर्ण र्ल आने से वर्ण ति की लघु मात्रा दीर्घ सिद्ध की गई है.
2. यस्य शब्द में लघु वर्ण य के आगे संयुक्त वर्ण स्य आने से वर्ण य की लघु मात्रा दीर्घ सिद्ध हुई है.
3. बर्हं शब्द में लघु वर्ण ब के आगे संयुक्त वर्ण र्ह आने से वर्ण ब की लघु मात्रा दीर्घ सिद्ध की गई है.
4. पुत्रप्रेम्णा शब्द में लघु वर्ण पु के आगे संयुक्त वर्ण त्र आने से और वर्ण त्र के आगे संयुक्त वर्ण प्र आने से वर्ण पु और त्र की लघु मात्राएँ दीर्घ सिद्ध की गई हैं.
5. कुवलयदलप्रापि शब्द समूह में एक लघु वर्ण ल के आगे संयुक्त वर्ण प्र आने से इस ल वर्ण की लघु मात्रा दीर्घ सिद्ध की गई है.
6. कर्ण शब्द में लघु वर्ण क के आगे संयुक्त वर्ण र्ण आने से वर्ण क की लघु मात्रा दीर्घ सिद्ध हुई है.
7. पश्चादद्रिग्रहण शब्द समूह में लघु वर्ण प के आगे संयुक्त वर्ण श्च आने से, लघु वर्ण द के आगे संयुक्त वर्ण द्र और लघु वर्ण द्रि के आगे संयुक्त वर्ण ग्र आने से वर्ण प, द और द्रि की लघु मात्राएँ

दीर्घ सिद्ध हुई हैं.

४. गुरुभिर्गर्जितैर्नर्तयेथा: शब्द समूह में लघु वर्ण भि के आगे संयुक्त वर्ण र्ग आने से, लघु वर्ण र्ग के आगे संयुक्त वर्ण र्ज और लघु वर्ण र्न के आगे संयुक्त वर्ण र्त आने से वर्ण भि, र्ग और र्न की लघु मात्राएँ दीर्घ सिद्ध हुई हैं.

(शिवस्कन्द का जन्म)

दोहा॰ सरकण्डों के विपिन में, जन्मे थे शिवस्कन्द ।
जिनकी हो आराधना, लोचन करके बंद ।।

कार्तिकेय के नमन में, करना जय-जय शोर ।
सुन कर मंगल शब्द वो, नाचे उनका मोर ।।

नैनन में उस मोर के, धवलित चंद्र प्रकाश ।
शिव के शशि की चांदनी, करे तमस का नाश ।।

पूजित करके भक्ति से, कार्तिकेय भगवान ।
आगे बढ़ने के लिए, रखो समय पर ध्यान ।।

45.

आराध्यैनं शरवणभवं देवमुल्लङ्घिताध्वा
सिध्दद्वन्द्वैर्जलकणभयाद्वीणिभिर्मुक्तमार्ग: ।
व्यालम्बेथा: सुरभितनयालम्भजां मानयिष्य
न्स्रोतोमूर्त्या भुवि परिणतां रन्तिदेवस्य कीर्तिम् ।।

आराध्यै	नंशर	वणभ	वंदेव	मुल्लङ्घि [1]	ताध्वा
ऽ ऽ ऽ	ऽ । ।	। । ।	ऽ ऽ ।	ऽ ऽ ।	ऽ ऽ
सिध्दद्व [2]	न्द्वैर्जल	कणभ	याद्वीणि	भिर्मुक्त [3]	मार्ग:
ऽ ऽ ऽ	ऽ । ।	। । ।	ऽ ऽ ।	ऽ ऽ ।	ऽ ऽ
व्यालम्बे [4]	था:सुर	भितन	यालम्भ [5]	जांमान	यिष्यन् [6]
ऽ ऽ ऽ	ऽ । ।	। । ।	ऽ ऽ ।	ऽ ऽ ।	ऽ ऽ
स्रोतोमू	र्त्याभुवि	परिण	तांरन्ति [7]	देवस्य [7]	कीर्तिम्
ऽ ऽ ऽ	ऽ । ।	। । ।	ऽ ऽ ।	ऽ ऽ ।	ऽ ऽ

<u>पाद टिप्पणियाँ :</u>

1. देवमुल्लङ्घिताध्वा शब्द में लघु वर्ण ल्ल के आगे संयुक्त वर्ण ङ्घ आ कर वर्ण ल्ल की लघु मात्रा दीर्घ सिद्ध की गई है.
2. सिद्धद्वन्द्व शब्द समूह में लघु वर्ण सि के आगे संयुक्त वर्ण द्ध आने से, लघु वर्ण द्ध के आगे संयुक्त वर्ण द्व और लघु वर्ण द्व के आगे संयुक्त वर्ण न्द्व आने से वर्ण सि, द्ध और द्व की लघु मात्राएँ दीर्घ सिद्ध हुई हैं.
3. भयाद्बीणिभिर्मुक्त शब्द समूह में लघु वर्ण भि के आगे संयुक्त वर्ण र्मु आने से और वर्ण र्मु के आगे संयुक्त वर्ण क्त आने से वर्ण भि और र्मु की लघु मात्राएँ दीर्घ सिद्ध की गई हैं.
4. व्यालम्बेथा: शब्द में लघु वर्ण ल के आगे संयुक्त वर्ण म्ब आने से वर्ण ल की लघु मात्रा दीर्घ सिद्ध की गई है.
5. सुरभितनयालम्भजा शब्द में लघु वर्ण ल के आगे संयुक्त वर्ण म्भ आने से वर्ण ल की लघु मात्रा दीर्घ सिद्ध की गई है.
6. मानयिष्यन् शब्द में लघु वर्ण यि के आगे संयुक्त वर्ण ष्य आने से वर्ण यि की लघु मात्रा दीर्घ सिद्ध हुई है.
7. रन्तिदेवस्य शब्द में लघु वर्ण र के आगे संयुक्त वर्ण न्त आने से और वर्ण व के आगे संयुक्त वर्ण स्य आने से वर्ण र और व की लघु मात्राएँ दीर्घ सिद्ध हुई हैं.

(चर्मण्वती)

दोहा० **आगे चल कर आयगी, चर्मण्वती विशाल ।**
गंभीरा जिससे मिली, चल कर थोड़ी चाल ।।

पूज्य नदी चर्मण्वती, आदर की हकदार ।
नभ से नीचे उतर कर, करना तुम सत्कार ।।

राजा रन्तीदेव ने, किए यज्ञ गोमेध ।
नदी चर्मण्वती बनी, कीर्ति रूप निर्वेद ।।

धारा बन कर भूमि पर, बह निकली जल रूप ।
भूलो मत, हे मेघ! तुम, रन्तिदेव नरभूप ।।

46

त्वय्यादातुं जलमवनते शार्ङ्गिणो वर्णचौरे
तस्या: सिन्धोः पृथुमपि तनुं दूरभावात्प्रवाहम् ।
प्रेक्षिष्यन्ते गगनगतयो नूनमावर्ज्य दृष्टी-

रेकं मुक्तागुणमिव भुवः स्थूलमध्येन्द्रनीलम् ।।

त्वय्यादा[1]	तुंजल	मवन	तेशार्ङ्गि	णोवर्ण[2]	चौरे
ऽ ऽ ऽ	ऽ । ।	। । ।	ऽ ऽ ।	ऽ ऽ ।	ऽ ऽ
तस्याःसि[3]	न्धोःपृथु	मपित	नुंदूर	भावात्प्र	वाहम्
ऽ ऽ ऽ	ऽ । ।	। । ।	ऽ ऽ ।	ऽ ऽ ।	ऽ ऽ
प्रेक्षिष्य[4]	न्तेगग	नगत	योनून	मावर्ज्य[5]	दृष्टिः[6]
ऽ ऽ ऽ	ऽ । ।	। । ।	ऽ ऽ ।	ऽ ऽ ।	ऽ ऽ
एकंमु[7]	क्तागुण	मिवभु	वःस्थूल	मध्येन्द्र[8]	नीलम्
ऽ ऽ ऽ	ऽ । ।	। । ।	ऽ ऽ ।	ऽ ऽ ।	ऽ ऽ

पाद टिप्पणियाँ :

1. त्वय्यादातुम् शब्द में लघु वर्ण त्व के आगे संयुक्त वर्ण य्य आने से वर्ण त्व की लघु मात्रा दीर्घ सिद्ध हुई है.
2. वर्ण शब्द में लघु वर्ण व के आगे संयुक्त वर्ण र्ण आने से वर्ण व की लघु मात्रा दीर्घ सिद्ध हुई है.
3. तस्याः सिन्धोः शब्द समूह में लघु वर्ण त के आगे संयुक्त वर्ण स्य आने से और वर्ण सि के आगे संयुक्त वर्ण न्ध आने से वर्ण त और सि की लघु मात्राएँ दीर्घ सिद्ध हुई हैं.
4. प्रेक्षिष्यन्ते शब्द में लघु वर्ण क्षि के आगे संयुक्त वर्ण ष्य आने से और वर्ण ष्य के आगे संयुक्त वर्ण न्त आने से वर्ण क्षि और ष्य की लघु मात्राएँ दीर्घ सिद्ध हुई हैं.
5. वर्ज शब्द में लघु वर्ण व के आगे संयुक्त वर्ण र्ज आने से वर्ण व की लघु मात्रा दीर्घ सिद्ध हुई है.
6. दृष्टि शब्द में लघु वर्ण दृ के आगे संयुक्त वर्ण ष्ट आने से वर्ण दृ की लघु मात्रा दीर्घ सिद्ध हुई है.
7. मुक्त शब्द में लघु वर्ण मु के आगे संयुक्त वर्ण क्त आने से वर्ण मु की लघु मात्रा दीर्घ सिद्ध हुई है.
8. मध्य शब्द में लघु वर्ण म के आगे संयुक्त वर्ण ध्य आने से वर्ण म की लघु मात्रा दीर्घ सिद्ध हुई है.

(हे साँवले मेघ!)

दोहा॰ श्यामवर्ण तुम रंग से, हरिहर विष्णु समान ।
वर्ण सलोना साँवला, नाम तुम्हें घनश्याम ।।

यदपि दिखे आकाश से, महीन पतली रेख ।

चौड़ी है चर्मण्वती, तले उतर कर देख ।।

सूर्य किरण की रोशनी, लहरों को चमकाय ।
जैसे तारे कौंधते, झिलमिल सुंदर काय ।।

गंधर्वों को गगन से, सरिता सर्पाकार ।
लगे गले में शंभु के, हीरे मौक्तिक हार ।।

47.

तामुत्तीर्यं ब्रज परिचितभ्रूलताविभ्रमाणां
पक्ष्मोत्क्षेपादुपरिविलसत्कृष्णशारप्रभाणाम् ।
कुन्दक्षेपानुगमधुकरश्रीमुषामात्मबिम्बं
पात्रीकुर्वन्दशपुरवधूनेत्रकौतूहलानाम् ।।

तामुत्ती[1]	यंब्रज	परिचि	तभ्रूल[2]	ताविभ्र[3]	माणाम्
ऽ ऽ ऽ	ऽ । ।	। । ।	ऽ ऽ ।	ऽ ऽ ।	ऽ ऽ
पक्ष्मोत्क्षे[4]	पादुप	रिविल	सत्कृष्ण[5]	शारप्र[5]	भाणाम्
ऽ ऽ ऽ	ऽ । ।	। । ।	ऽ ऽ ।	ऽ ऽ ।	ऽ ऽ
कुन्दक्षे[6]	पानुग	मधुक	रश्रीमु[7]	षामात्म	बिम्बम्[8]
ऽ ऽ ऽ	ऽ । ।	। । ।	ऽ ऽ ।	ऽ ऽ ।	ऽ ऽ
पात्रीकु[9]	र्वन्दश[9]	पुरव	धूनेत्र	कौतूह	लानाम्
ऽ ऽ ऽ	ऽ । ।	। । ।	ऽ ऽ ।	ऽ ऽ ।	ऽ ऽ

<u>पाद टिप्पणियाँ :</u>

1. तामुत्तिर्यम् शब्द में लघु वर्ण मु के आगे संयुक्त वर्ण त्त आने से वर्ण मु की लघु मात्रा दीर्घ सिद्ध हुई है.
2. परिचितभ्रूलता शब्द में लघु वर्ण त के आगे संयुक्त वर्ण भ्र आने से वर्ण त की लघु मात्रा दीर्घ सिद्ध हुई है.
3. विभ्रम शब्द में लघु वर्ण वि के भी आगे संयुक्त वर्ण भ्र आने से वर्ण वि की लघु मात्रा दीर्घ सिद्ध हुई है.
4. पक्ष्म शब्द में लघु वर्ण प के आगे संयुक्त वर्ण क्ष्म आने से वर्ण प की लघु मात्रा दीर्घ सिद्ध हुई है.

5. विलसत्कृष्णशारप्रभाणाम् शब्द समूह में लघु वर्ण स के आगे संयुक्त वर्ण त्कृ आने से, वर्ण त्कृ के आगे संयुक्त वर्ण ष्ण और वर्ण र के आगे संयुक्त वर्ण प्र आने से वर्ण स, त्कृ और र की लघु मात्राएँ दीर्घ सिद्ध हुई हैं.
6. कुन्दक्षेप शब्द समूह में लघु वर्ण कु के आगे संयुक्त वर्ण न्द आने से और वर्ण न्द के आगे संयुक्त वर्ण क्ष आने से वर्ण कु और न्द की लघु मात्राएँ दीर्घ सिद्ध हुई हैं.
7. करश्रीम् शब्द में लघु वर्ण र के आगे संयुक्त वर्ण श्र आने से वर्ण र की लघु मात्रा दीर्घ सिद्ध हुई है.
8. बिम्ब शब्द में लघु वर्ण बि के आगे संयुक्त वर्ण म्ब आने से वर्ण बि की लघु मात्रा दीर्घ सिद्ध हुई है.
9. पात्रीकुर्वन्दशपुर शब्द समूह में लघु वर्ण कु के आगे संयुक्त वर्ण र्व आने से और वर्ण र्व के आगे संयुक्त वर्ण न्द आने से वर्ण कु और वण र्व की लघु मात्राएँ दीर्घ सिद्ध हुई हैं.

(दशपुरि)

दोहा॰ **पार किए चर्मण्वती, आओ दशपुरि गाँव ।**
सुघट जहाँ की युवतियाँ, चाहेगीं तव छाँव ।।

उनके दृग् की लालसा, लाल करे तव देह ।
देख जिसे इक नजर से, उन्हें लगेगा स्नेह ।।

आँख चुराने में कुशल, देखें पलक उठाय ।
ऐसा लगता मान लो, भौंरे शहद चुराय ।।

सुगंध सुंदर कुंद का, प्राशन करे समीर ।
नैन बाण से युवतियाँ, घायल करें शरीर ।।

48.

ब्रह्मावर्तं जनपदमधश्छायया गाहमान:
क्षेत्रं क्षत्रप्रधनपिशुनं कौरवं तद्भजेथा: ।
राजन्यानां शितशरशतैर्यत्र गाण्डीवधन्वा
धारापातैस्त्वमिव कमलान्यभ्यवर्षन्मुखानि ।।

ब्रह्माव[1]	र्तंजन	पदम	धश्छाय[2]	यागाह	मान:
ऽ ऽ ऽ	ऽ । ।	। । ।	ऽ ऽ ।	ऽ ऽ ।	ऽ ऽ
क्षेत्रंक्ष[3]	त्रप्रध[3]	नपिशु	नंकौर	वंतद्भ[4]	जेथा:

ऽ ऽ ऽ	ऽ । ।	। । ।	ऽ ऽ ।	ऽ ऽ ।	ऽ ऽ
राजन्या[5]	नांशित	शरश	तैर्यत्र[6]	गाण्डीव	धन्वा[7]
ऽ ऽ ऽ	ऽ । ।	। । ।	ऽ ऽ ।	ऽ ऽ ।	ऽ ऽ
धारापा	तैस्त्वमि	वकम	लान्यभ्य[8]	वर्षन्मु[8]	खानि *
ऽ ऽ ऽ	ऽ । ।	। । ।	ऽ ऽ ।	ऽ ऽ ।	ऽ ऽ

* अंतिम 17 वीं लघु (।) मात्रा भी गुरु (ऽ) मानी गयी है.

पाद टिप्पणियाँ :

1. ब्रह्मावर्तम् शब्द में लघु वर्ण ब्र के आगे संयुक्त वर्ण ह्म आने से और वर्ण व के आगे संयुक्त वर्ण र्त आने से वर्ण ब्र और व की लघु मात्राएँ दीर्घ सिद्ध हुई हैं.
2. अधश्छायया शब्द में लघु वर्ण ध के आगे संयुक्त वर्ण श्छ आने से वर्ण ध की लघु मात्रा दीर्घ सिद्ध हुई है.
3. क्षत्रप्रधनपिशुनं शब्द समूह में लघु वर्ण क्ष के आगे संयुक्त वर्ण त्र आने से और वर्ण त्र के आगे संयुक्त वर्ण प्र आने से वर्ण क्ष और त्र की लघु मात्राएँ दीर्घ सिद्ध हुई हैं.
4. तद्व्रजेथा: शब्द में लघु वर्ण त के आगे संयुक्त वर्ण द्व्र आने से वर्ण त की लघु मात्रा दीर्घ सिद्ध हुई है.
5. राजन्यानां शब्द में लघु वर्ण ज के आगे संयुक्त वर्ण न्य आने से वर्ण ज की लघु मात्रा दीर्घ सिद्ध हुई है.
6. शतैर्यत्र शब्द समूह में लघु वर्ण र्य के आगे संयुक्त वर्ण त्र आने से वर्ण र्य की लघु मात्रा दीर्घ सिद्ध हुई है.
7. धन्वा शब्द में लघु वर्ण ध के आगे संयुक्त वर्ण न्व आने से वर्ण ध की लघु मात्रा दीर्घ सिद्ध हुई है.
8. कमलान्यभ्यवर्षन्मुखानि शब्द समूह में लघु वर्ण न्य के आगे संयुक्त वर्ण भ्य आने से, वर्ण व के आगे संयुक्त वर्ण र्ष और वर्ण र्ष के आगे संयुक्त वर्ण न्म आने से वर्ण न्य, व और र्ष की लघु मात्राएँ दीर्घ सिद्ध हुई हैं.

(ब्रह्मावर्त्त)

दोहा॰ पार किए चर्मण्वती, ब्रह्मावर्त्त प्रदेश ।
तव परछाई देख कर, मिटे हृदय का क्लेश ।।

पवित्र ब्रह्मावर्त्त है, कहता षष्ठम वेद[4] ।
मनुस्मृति भी कह रही, ब्रह्मवर्त्त का भेद ।।

---

[4] महाभारत वन पर्व 38.53, मनुस्मृति 2.17

सरस्वती अरु दृषद्वती, दो नदियों के बीच ।
बसी हुई यह भूमि है, यहीं स्वर्ग का बीज ।।

49.

हित्वा हालामभिमतरसां रेवतीलोचनाङ्कां
बन्धुप्रीत्या समरविमुखो लाङ्गली या: सिषेवे ।
कृत्वा तासामभिगममपां सौम्य सारस्वतीना-
मन्त: शुद्धस्त्वमपि भविता वर्णमात्रेण कृष्ण: ।।

हित्वाहा [1]	लामभि	मतर	सांरेव	तीलोच	नाङ्का
ऽ ऽ ऽ	ऽ । ।	। । ।	ऽ ऽ ।	ऽ ऽ ।	ऽ ऽ
बन्धुप्री [2]	त्यासम	रविमु	खोलाङ्ग	लीया:सि	षेवे
ऽ ऽ ऽ	ऽ । ।	। । ।	ऽ ऽ ।	ऽ ऽ ।	ऽ ऽ
कृत्वाता [3]	सामभि	गमम	पांसौम्य	सारस्व [4]	तीनाम्
ऽ ऽ ऽ	ऽ । ।	। । ।	ऽ ऽ ।	ऽ ऽ ।	ऽ ऽ
अन्त:शु [5-6]	द्धस्त्वम [6]	पिभवि	तावर्ण [7]	मात्रेण	कृष्ण: [8]
ऽ ऽ ऽ	ऽ । ।	। । ।	ऽ ऽ ।	ऽ ऽ ।	ऽ ऽ

पाद टिप्पणियाँ :

1. हित्वा शब्द में लघु वर्ण हि के आगे संयुक्त वर्ण त्व आने से वर्ण हि की लघु मात्रा दीर्घ सिद्ध हुई है.
2. बन्धुप्रीत्या शब्द में लघु वर्ण ब के आगे संयुक्त वर्ण न्ध आने से और न्धु के आगे संयुक्त वर्ण प्र आने से वर्ण ब और न्धु की लघु मात्राएँ दीर्घ सिद्ध हुई हैं.
3. कृत्वा शब्द में लघु वर्ण कृ के आगे संयुक्त वर्ण त्व आने से वर्ण कृ की लघु मात्रा दीर्घ सिद्ध हुई है.
4. सारस्वतीनाम् शब्द में लघु वर्ण र के आगे संयुक्त वर्ण स्व आने से वर्ण र की लघु मात्रा दीर्घ सिद्ध हुई है.
5. अन्त: शब्द में लघु वर्ण अ के आगे संयुक्त वर्ण न्त आने से वर्ण अ की लघु मात्रा दीर्घ सिद्ध हुई है.
6. शुद्धस्त्वम् शब्द समूह में लघु वर्ण शु के आगे संयुक्त वर्ण द्ध आने से और द्ध के आगे संयुक्त वर्ण स्त्व आने से वर्ण शु और द्ध की लघु मात्राएँ दीर्घ सिद्ध हुई हैं.
7. वर्ण शब्द में लघु वर्ण व के आगे संयुक्त वर्ण र्ण आने से वर्ण व की लघु मात्रा दीर्घ सिद्ध हुई है.

8. कृष्ण शब्द में लघु वर्ण कृ के आगे संयुक्त वर्ण ष्ण आने से वर्ण कृ की लघु मात्रा दीर्घ सिद्ध हुई है.

(कुरुक्षेत्र)

दोहा॰ जानो ब्रह्मावर्त्त में, तटस्थ थे बलराम ।
उभय दलों को छोड़ कर, निकले तीरथधाम ।।

सरस्वती के तीर पर, बैठे मुँह को मोड़ ।
लौट युद्ध के बाद में, लीन्हा नाता जोड़ ।।

तुम भी जल प्राशन किए, सरस्वती का नीर ।
उजला अंत:करण हो, यदपि श्याम शरीर ।।

50.

तस्माद्गच्छेरनुकनखलं शैलराजावतीर्णां
जह्नो: कन्यां सगरतनयस्वर्गसोपानपङ्क्तिम् ।
गौरीवक्त्रभ्रुकुटिरचनां या विहस्येव फेनै:
शंभो: केशग्रहणमकरोदिन्दुलग्नोर्मिहस्ता ।।

तस्माद्ग[1]	च्छेरनु	कनख	लंशैल	राजाव	तीर्णाम्
ऽ ऽ ऽ	ऽ । ।	। । ।	ऽ ऽ ।	ऽ ऽ ।	ऽ ऽ
जह्नो:क[2]	न्यांसग	रतन	यस्वर्ग[3]	सोपान	पङ्क्तिम्[4]
ऽ ऽ ऽ	ऽ । ।	। । ।	ऽ ऽ ।	ऽ ऽ ।	ऽ ऽ
गौरीव[5]	क्त्रभ्रुकु[5]	टिरच	नांयावि	हस्येव[6]	फेनै:
ऽ ऽ ऽ	ऽ । ।	। । ।	ऽ ऽ ।	ऽ ऽ ।	ऽ ऽ
शंभो:के	शग्रह[7]	णमक	रोदिन्दु[8]	लग्नोर्मि[8]	हस्ता[8]
ऽ ऽ ऽ	ऽ । ।	। । ।	ऽ ऽ ।	ऽ ऽ ।	ऽ ऽ

पाद टिप्पणियाँ :

1. तस्माद्गच्छेरनुकनखलं शब्द समूह में लघु वर्ण त के आगे संयुक्त वर्ण स्म आने से और द्ग के आगे संयुक्त वर्ण च्छ आने से वर्ण त और द्ग की लघु मात्राएँ दीर्घ सिद्ध हुई हैं.
2. जन्हो: कन्या शब्द समूह में लघु वर्ण ज के आगे संयुक्त वर्ण न्ह आने से और क के आगे संयुक्त वर्ण न्य आने से वर्ण ज और क की लघु मात्राएँ दीर्घ सिद्ध हुई हैं.

3. सगरतनयस्वर्ग शब्द समूह में लघु वर्ण य के आगे संयुक्त वर्ण स्व आने से वर्ण य की लघु मात्रा दीर्घ सिद्ध हुई है.
4. पङ्क्ति शब्द में लघु वर्ण प के आगे संयुक्त वर्ण ङ्क्त आने से वर्ण प की लघु मात्रा दीर्घ सिद्ध हुई है.
5. वक्त्रभ्रुकुटिरचनां शब्द समूह में लघु वर्ण व के आगे संयुक्त वर्ण क्त्र आने से और क्त्र के आगे संयुक्त वर्ण भ्र आने से वर्ण व और क्त्र की लघु मात्राएँ दीर्घ सिद्ध हुई हैं.
6. विहस्य शब्द में लघु वर्ण ह के आगे संयुक्त वर्ण स्य आने से वर्ण ह की लघु मात्रा दीर्घ सिद्ध हुई है.
7. केशग्रहणम् शब्द में लघु वर्ण श के आगे संयुक्त वर्ण ग्र आने से वर्ण श की लघु मात्रा दीर्घ सिद्ध हुई है.
8. अकरोदिन्दुलग्नोर्मिहस्ता शब्द समूह में लघु वर्ण दि के आगे संयुक्त वर्ण न्द आने से, वर्ण ल के आगे संयुक्त वर्ण ग्न और वर्ण ह के आगे संयुक्त वर्ण स्त आने से वर्ण दि, ल और ह की लघु मात्राएँ दीर्घ सिद्ध हुई हैं.

(कनखल)

दोहा॰ **कुरुक्षेत्र से तुम बढ़ो, जाने कनखल धाम ।**
कनखल में है गंग का, हिमगिरि से विश्राम ।।

हिमगिरि से अवरोह कर, प्रवाह उसका मंद ।
रविकुल राजा सगर को, मिला यहाँ आनंद ।।

निकली शिव के केश से, चंदा जहाँ विराज ।
भू पर आई जाह्नवी, हर्षित हुआ समाज ।।

फेनों की मुस्कान से, अंबा जी की ओर ।
अल्हड़ तरंग फेंकती, देवनदी चित चोर ।।

पुत्र सगर के, स्वर्ग में, पहुँचे गंगा-मार्ग ।
मिला उन्हें उद्धार था, पाकर के सन्मार्ग ।।

51.

तस्याः पातुं सुरगज इव व्योम्नि पूर्वार्धलम्बी
त्वं चेदच्छस्फटिकविशदं तर्कयेस्तिर्यगम्भः ।

संसर्पन्त्या सपदि भवत: स्रोतसि च्छाययासौ
स्यादस्थानोपगतयमुनासङ्गमेवाभिरामा ।।

तस्या:पा[1]	तुंसुर	गजइ	वब्योम्नि[2]	पूर्वार्ध	लम्बी[3]
ऽ ऽ ऽ	ऽ । ।	। । ।	ऽ ऽ ।	ऽ ऽ ।	ऽ ऽ
त्वंचेद[4]	च्छस्फटि[4]	कविश	दंतर्क[5]	येस्तिर्य[5]	गम्भ:[5]
ऽ ऽ ऽ	ऽ । ।	। । ।	ऽ ऽ ।	ऽ ऽ ।	ऽ ऽ
संसर्प[6]	न्त्यासप	दिभव	त:स्रोत	सिच्छाय[7]	यासौ
ऽ ऽ ऽ	ऽ । ।	। । ।	ऽ ऽ ।	ऽ ऽ ।	ऽ ऽ
स्यादस्था[8]	नोपग	तयमु	नासङ्ग[9]	मेवाभि	रामा
ऽ ऽ ऽ	ऽ । ।	। । ।	ऽ ऽ ।	ऽ ऽ ।	ऽ ऽ

पाद टिप्पणियाँ :

1. तस्या: शब्द में लघु वर्ण त के आगे संयुक्त वर्ण स्य आने से वर्ण त की लघु मात्रा दीर्घ सिद्ध हुई है.
2. इव व्याम्नि शब्द समूह में लघु वर्ण व के आगे संयुक्त वर्ण व्य आने से वर्ण व की लघु मात्रा दीर्घ सिद्ध हुई है.
3. लम्बी शब्द में लघु वर्ण ल के आगे संयुक्त वर्ण म्ब आने से वर्ण ल की लघु मात्रा दीर्घ सिद्ध हुई है.
4. त्वं चेदच्छस्फटिक शब्द समूह में लघु वर्ण द के आगे संयुक्त वर्ण च्छ आने से और च्छ के आगे संयुक्त वर्ण स्फ आने से वर्ण द और च्छ की लघु मात्राएँ दीर्घ सिद्ध हुई हैं.

5 तर्कयेस्तिर्यगम्भ: शब्द समूह में लघु वर्ण त के आगे संयुक्त वर्ण र्क आने से, वर्ण स्ति के आगे संयुक्त वर्ण र्य आने से और ग के आगे संयुक्त वर्ण म्भ आने से वर्ण त, स्ति और ग की लघु मात्राएँ दीर्घ सिद्ध हुई हैं.

6. संसर्पन्त्या शब्द में लघु वर्ण स के आगे संयुक्त वर्ण र्प आने से और र्प के आगे संयुक्त वर्ण न्त्य आने से वर्ण स और र्प की लघु मात्राएँ दीर्घ सिद्ध हुई हैं.
7. स्रोतसि च्छायसासौ शब्द समूह में लघु वर्ण सि के आगे संयुक्त वर्ण च्छ आने से वर्ण सि की लघु मात्रा दीर्घ सिद्ध हुई है.
8. स्यादस्थान शब्द समूह में लघु वर्ण द के आगे संयुक्त वर्ण स्थ आने से वर्ण द की लघु मात्रा दीर्घ सिद्ध हुई है.
9. सङ्ग शब्द में लघु वर्ण स के आगे संयुक्त वर्ण ङ्ग आने से वर्ण स की लघु मात्रा दीर्घ सिद्ध हुई है.

(गंगा मैया)

दोहा॰ गज के भाँति, मेघ! तुम, चारों दिश आकाश ।

सैर लगाते रात में, या हो सूर्य प्रकाश ।।

झुक कर गंगा सरित का, पीना चाहो नीर ।
गंगा जल निर्मल तुम्हें, लगे बहुत रुचिर ।।

पानी वह बिल्लौर सा, पारदर्श आदर्श ।
छाया दर्पणनीर में, मनहारी संदर्श ।।

जैसी कालिंदी नदी, प्रयाग में कमनीय ।
गंगा से संगम किए, लगती है रमणीय ।।

52.

आसीनानां सुरभितशिलं नाभिगन्धैर्मृगाणां
तस्या एवं प्रभवमचलं प्राप्य गौरं तुषारैः ।
वक्ष्यस्यध्वश्रमविनयने तस्य शृङ्गे निषण्णः
शोभां शुभ्रत्रिनयनवृषोत्खातपङ्कोपमेयाम् ।।

आसीना	नांसुर	भितशि	लंनाभि	गन्धैर्मृ[1]	गाणाम्
ऽ ऽ ऽ	ऽ । ।	। । ।	ऽ ऽ ।	ऽ ऽ ।	ऽ ऽ
तस्याए[2]	वंप्रभ	वमच	लंप्राप्य	गौरंतु	षारैः
ऽ ऽ ऽ	ऽ । ।	। । ।	ऽ ऽ ।	ऽ ऽ ।	ऽ ऽ
वक्ष्यस्य[3]	ध्वश्रम[3]	विनय	नेतस्य[4]	शृङ्गेनि[5]	षण्णः[6]
ऽ ऽ ऽ	ऽ । ।	। । ।	ऽ ऽ ।	ऽ ऽ ।	ऽ ऽ
शोभांशु[7]	भ्रत्रिन[7]	यनवृ	षोत्खात	पङ्कोप[8]	मेयाम्
ऽ ऽ ऽ	ऽ । ।	। । ।	ऽ ऽ ।	ऽ ऽ ।	ऽ ऽ

पाद टिप्पणियाँ :

1. गन्ध शब्द में लघु वर्ण ग के आगे संयुक्त वर्ण न्ध आने से वर्ण ग की लघु मात्रा दीर्घ सिद्ध हुई है.
2. तस्या शब्द में लघु वर्ण त के आगे संयुक्त वर्ण स्य आने से वर्ण त की लघु मात्रा दीर्घ सिद्ध हुई है.

3 वक्ष्यस्यध्वश्रमविनयने शब्द समूह में लघु वर्ण व के आगे संयुक्त वर्ण क्ष्य आने से, वर्ण क्ष्य के आगे संयुक्त वर्ण स्य आने से, वर्ण स्य के आगे संयुक्त वर्ण ध्व आने से और लघु वर्ण ध्व के आगे संयुक्त वर्ण श्र आने से वर्ण व, क्ष्य, स्य और ध्व की लघु मात्राएँ दीर्घ सिद्ध हुई हैं.

4. तस्य शब्द में लघु वर्ण त के आगे संयुक्त वर्ण स्य आने से वर्ण त की लघु मात्रा दीर्घ सिद्ध हुई है.

5. शृङ्ग शब्द में लघु वर्ण शृ के आगे संयुक्त वर्ण ङ्ग आने से वर्ण शृ की लघु मात्रा दीर्घ सिद्ध हुई है.

6. निषण्ण: शब्द में लघु वर्ण ष के आगे संयुक्त वर्ण ण्ण आने से वर्ण नि की लघु मात्रा दीर्घ सिद्ध हुई है.

7. शुभ्रत्रिनयन शब्द समूह में लघु वर्ण शु के आगे संयुक्त वर्ण भ्र आने से और भ्र के आगे संयुक्त वर्ण त्र आने से वर्ण शु और भ्र की लघु मात्राएँ दीर्घ सिद्ध हुई हैं.

8. पङ्क शब्द में लघु वर्ण प के आगे संयुक्त वर्ण ङ्क आने से वर्ण प की लघु मात्रा दीर्घ सिद्ध हुई है.

(गंगोत्री)

दोहा॰ **कनखल से आगे बढ़ो, गंगोत्री के धाम ।**
हिमगिरि पर जाओ जहाँ, गंगा उद्गम स्थान ।।

इस चोटी पर हैं सखे! बड़ बड़े पाषाण ।
वहाँ बैठ कर, शाँत मन, होंगे तुमरे प्राण ।।

कस्तूरी मृग बैठने, आते हैं इस स्थान ।
सुगंध उनके नाभि का, मेघ! करो तुम पान ।।

हिम आच्छादित शिखर पर, तुमरा श्यामल देह ।
शिव के नंदी सा लगे, जिसे मेह से नेह ।।

गीली मिट्टी से लदे, श्यामल उसके शृंग ।
नंदी वह तुमसा लगे, धौला जिसका रंग ।।

53.

तं चेद्वायौ सरति सरलस्कन्धसङ्घट्टजन्मा
बाधेतोल्काक्षपितचमरीबालभारो दवाग्नि: ।

अर्हस्येनं शमतयितुलं वारिधारासहस्त्रै-
रापन्नार्तिप्रशमनफला: सम्पदो ह्युत्तमानाम् ।।

तंचेद्रा	यौसर	तिसर	लस्कन्ध[1]	सङ्घट्ट[1]	जन्मा[1]
ऽ ऽ ऽ	ऽ । ।	। । ।	ऽ ऽ ।	ऽ ऽ ।	ऽ ऽ
बाधेतो	ल्काक्षपि	तचम	रीबाल	भारोद	वाग्नि:
ऽ ऽ ऽ	ऽ । ।	। । ।	ऽ ऽ ।	ऽ ऽ ।	ऽ ऽ
अर्हस्ये[2]	नंशम	तयितु	लंवारि	धारास	हस्त्रै:[3]
ऽ ऽ ऽ	ऽ । ।	। । ।	ऽ ऽ ।	ऽ ऽ ।	ऽ ऽ
आपन्ना[4]	र्तिप्रश	मनफ	ला:सम्प[5]	दोह्युत्त[6]	मानाम्
ऽ ऽ ऽ	ऽ । ।	। । ।	ऽ ऽ ।	ऽ ऽ ।	ऽ ऽ

पाद टिप्पणियाँ :

1. सरलस्कन्धसङ्घट्टजन्मा शब्द समूह में लघु वर्ण ल के आगे संयुक्त वर्ण स्क आने से, वर्ण स्क के आगे संयुक्त वर्ण न्ध आने से, वर्ण स के आगे संयुक्त वर्ण ङ्घ आने से, वर्ण ङ्घ के आगे संयुक्त वर्ण ट्ट आने से और वर्ण ज के आगे संयुक्त वर्ण न्म आने से वर्ण ल, स्क, स, ङ्घ और ज की लघु मात्राएँ दीर्घ सिद्ध हुई हैं.
2. अर्हस्येनम् शब्द समूह में लघु वर्ण अ के आगे संयुक्त वर्ण र्ह आने से और वर्ण र्ह के आगे संयुक्त वर्ण स्य आने से वर्ण अ और र्ह की लघु मात्राएँ दीर्घ सिद्ध हुई हैं.
3. सहस्त्रै: शब्द में लघु वर्ण ह के आगे संयुक्त वर्ण स्त्र आने से वर्ण ह की लघु मात्रा दीर्घ सिद्ध हुई है.
4. आपन्न शब्द में लघु वर्ण प के आगे संयुक्त वर्ण न्न आने से वर्ण प की लघु मात्रा दीर्घ सिद्ध हुई है.
5. सम्पद: शब्द में लघु वर्ण स के आगे संयुक्त वर्ण म्प आने से वर्ण स की लघु मात्रा दीर्घ सिद्ध हुई है.
6. ह्युत्तम शब्द में लघु वर्ण ह्यु के आगे संयुक्त वर्ण त्त आने से वर्ण ह्यु की लघु मात्रा दीर्घ सिद्ध हुई है.

(दावानल)

दोहा॰ **वन में जब आँधी उठे, और चले तूफान ।**
देवदार के वृक्ष कीं, तब संकट में जान ।।

शाखाओं की रगड़ से, आग होत उत्पन्न ।
दावानल में जल पड़े, वन शोभा संपन्न ।।

चौंरी गायों के घने, कृष्ण पृच्छ के केश ।
दावानल में झुलस कर, देते उनको क्लेश ।।

हे वारिद! तुम बरस कर, जल से धुआँधार ।
आग बुझा कर विपिन की, करना उनका तार ।।

श्रेष्ठ जनों की है यही, धन–दौलत औ शान ।
दीन–दुखी का कर भला, बिना किसी अहसान ।।

54.

ये संरम्भोत्पतनरभसा: स्वाङ्गभङ्गाय तस्मि-
न्मुक्ताध्वानं सपदि शरभा लङ्घयेयुर्भवन्तम् ।
तान्कुर्वीथास्तुमुलकरकावृष्टिपातावकीर्णान्
के वा न स्यु: परिभवपदं निष्फलारम्भयत्ना: ।।

येसंर[1]	म्भोत्पत	नरभ	सा:स्वाङ्ग	भङ्गाय[2]	तस्मिन् *[3]
ऽ ऽ ऽ	ऽ । ।	। । ।	ऽ ऽ ।	ऽ ऽ ।	ऽ ऽ
मुक्ताध्वा[4]	नंसप	दिशर	भालङ्घ[5]	येयुर्भ[5]	वन्तम्[5]
ऽ ऽ ऽ	ऽ । ।	। । ।	ऽ ऽ ।	ऽ ऽ ।	ऽ ऽ
तान्कुर्वी[6]	थास्तुमु	लकर	कावृष्टि[7]	पाताव	कीर्णान्
ऽ ऽ ऽ	ऽ । ।	। । ।	ऽ ऽ ।	ऽ ऽ ।	ऽ ऽ
केवान[8]	स्यु:परि	भवप	दंनिष्फ[9]	लारम्भ[9]	यत्ना:[9]
ऽ ऽ ऽ	ऽ । ।	। । ।	ऽ ऽ ।	ऽ ऽ ।	ऽ ऽ

* अंतिम 17 वीं लघु (।) मात्रा भी गुरु (ऽ) मानी गयी है.

पाद टिप्पणियाँ :

1. संरम्भ शब्द में लघु वर्ण र के आगे संयुक्त वर्ण म्भ आने से वर्ण र की लघु मात्रा दीर्घ सिद्ध हुई है.
2. भङ्ग शब्द में लघु वर्ण भ के आगे संयुक्त वर्ण ङ्ग आने से वर्ण भ की लघु मात्रा दीर्घ सिद्ध हुई है.
3. तस्मिन् शब्द में लघु वर्ण त के आगे संयुक्त वर्ण स्म आने से वर्ण त की लघु मात्रा दीर्घ सिद्ध हुई है.

4. मुक्ताध्वानं शब्द में लघु वर्ण मु के आगे संयुक्त वर्ण क्त आने से वर्ण मु की लघु मात्रा दीर्घ सिद्ध हुई है.
5. लङ्घयेयुर्भवन्तम् शब्द समूह में लघु वर्ण ल के आगे संयुक्त वर्ण ङ्घ आने से, वर्ण यु के आगे संयुक्त वर्ण र्भ आने से और व के आगे संयुक्त वर्ण न्त आने से वर्ण ल, यु और व की लघु मात्राएँ दीर्घ सिद्ध हुई हैं.
6. तान्कुर्वीथा: शब्द समूह में लघु वर्ण न्कु के आगे संयुक्त वर्ण र्व आने से वर्ण न्कु की लघु मात्रा दीर्घ सिद्ध हुई है.
7. वृष्टि शब्द में लघु वर्ण वृ के आगे संयुक्त वर्ण ष्ट आने से वर्ण वृ की लघु मात्रा दीर्घ सिद्ध हुई है.
8. न स्यु: शब्द समूह में लघु वर्ण न के आगे संयुक्त वर्ण स्य आने से वर्ण न की लघु मात्रा दीर्घ सिद्ध हुई है.
9. निष्फलारम्भयत्ना: शब्द समूह में लघु वर्ण नि के आगे संयुक्त वर्ण ष्फ आने से, वर्ण र के आगे संयुक्त वर्ण म्भ आने से और य के आगे संयुक्त वर्ण त्न आने से वर्ण नि, र और य की लघु मात्राएँ दीर्घ सिद्ध हुई हैं.

(शरभ मृग)

दोहा० **गज सा श्यामल देख कर, तुमरा भव्य शरीर ।**
शरभ जाति के मृग अगर, पटकें अपने सिर ।।

उछल-कूद कर क्रोध में, तुड़वाएँगे पैर ।
तुमको टक्कर मारते, उनकी ना हो खैर ।।

ओले बरसा कर तभी, धुआँधार नितांत ।
उनके रक्षण के लिए, करना उनको शाँत ।।

बलशाली को चाहिए, करना निर्बल त्राण ।
आत्मघात से, मूढ़ के, सदा बचाएँ प्राण ।।

55.

तत्र व्यक्तं दृषदि चरणन्यासमर्धेन्दुमौले:
शश्वत्सिद्धैरुपचितबलिं भक्तिनम्र: परीया: ।
यस्मिन्दृष्टे करणविगमादूर्ध्वमुद्धूतपापा:
सङ्कल्पन्ते स्थिरगणपदप्राप्तये श्रद्दधाना: ।।

तत्रव्य[1]	त्तंदृष	दिचर	णन्यास[2]	मर्धेन्दु[2]	मौले:
ऽ ऽ ऽ	ऽ । ।	। । ।	ऽ ऽ ।	ऽ ऽ ।	ऽ ऽ
शश्वत्सि[3]	द्धैरूप	चितब	लिंभक्ति[4]	नम्र:प[5]	रीया:
ऽ ऽ ऽ	ऽ । ।	। । ।	ऽ ऽ ।	ऽ ऽ ।	ऽ ऽ
यस्मिन्दृ[6]	ष्टेकर	णविग	मादूर्ध्व	मुद्धूत[7]	पापा:
ऽ ऽ ऽ	ऽ । ।	। । ।	ऽ ऽ ।	ऽ ऽ ।	ऽ ऽ
सङ्कल्प[8]	न्तेस्थिर	गणप	दप्राप्त[9]	येश्रद्द[10]	धाना:
ऽ ऽ ऽ	ऽ । ।	। । ।	ऽ ऽ ।	ऽ ऽ ।	ऽ ऽ

पाद टिप्पणियाँ :

1. तत्रव्यक्तम् शब्द समूह में लघु वर्ण त के आगे संयुक्त वर्ण त्र आने से, वर्ण त्र के आगे संयुक्त वर्ण व्य आने से और व्य के आगे संयुक्त वर्ण क्त आने से वर्ण त, त्र और व्य की लघु मात्राएँ दीर्घ सिद्ध हुई हैं.
2. चरणन्यासमर्धेन्दुमौले: शब्द समूह में लघु वर्ण ण के आगे संयुक्त वर्ण न्य आने से और वर्ण म के आगे संयुक्त वर्ण र्ध आने से वर्ण ण और म की लघु मात्राएँ दीर्घ सिद्ध हुई हैं.
3. शश्वत्सिद्धै: शब्द समूह में लघु वर्ण श के आगे संयुक्त वर्ण श्व आने से, वर्ण श्व के आगे संयुक्त वर्ण त्स आने से और वर्ण त्सि के आगे संयुक्त वर्ण द्ध आने से वर्ण श, श्व और त्सि की लघु मात्राएँ दीर्घ सिद्ध हुई हैं.
4. भक्ति शब्द में लघु वर्ण भ के आगे संयुक्त वर्ण क्त आने से वर्ण भ की लघु मात्रा दीर्घ सिद्ध हुई है.
5. नम्र: शब्द में लघु वर्ण न के आगे संयुक्त वर्ण म्र आने से वर्ण न की लघु मात्रा दीर्घ सिद्ध हुई है.
6. यस्मिन्दृष्टे शब्द समूह में लघु वर्ण य के आगे संयुक्त वर्ण स्म आने से, वर्ण स्मि के आगे संयुक्त वर्ण न्दृ आने से और वर्ण न्दृ के आगे संयुक्त वर्ण ष्ट आने से वर्ण य, स्मि और न्दृ की लघु मात्राएँ दीर्घ सिद्ध हुई हैं.
7. ऊर्ध्वमुद्धूत शब्द में लघु वर्ण मु के आगे संयुक्त वर्ण द्धू आने से वर्ण मु की लघु मात्रा दीर्घ सिद्ध हुई है.
8. सङ्कल्पन्ते शब्द में लघु वर्ण स के आगे संयुक्त वर्ण ङ्क आने से, वर्ण ङ्क के आगे संयुक्त वर्ण ल्प आने से और ल्प के आगे संयुक्त वर्ण न्त आने से वर्ण स, ङ्क और ल्प की लघु मात्राएँ दीर्घ सिद्ध हुई हैं.
9. पदप्राप्तये शब्द समूह में लघु वर्ण द के आगे संयुक्त वर्ण प्र आने से वर्ण द की लघु मात्रा दीर्घ सिद्ध हुई है.
10. श्रद्दधाना: शब्द में लघु वर्ण श्र के आगे संयुक्त वर्ण द्द आने से वर्ण श्र की लघु मात्रा दीर्घ सिद्ध हुई है.

(शिव पद चिह्न)

दोहा॰ उन चट्टानों पर बनीं, शिव पैरों की छाप ।
पूजा करने से मिटे, जनम-जनम के पाप ।।

उनके दर्शन-मात्र से, शिव के चरणन प्राप्त ।
होजाते हैं भक्त के, तन-मन पुन से व्याप्त ।।

56.

शब्दायन्ते मधुरमनिलै: कीचका: पूर्यमाणा:
संसक्ताभिस्त्रिपुरविजयो गीयतो किन्नरीभि: ।
निर्ह्रादी ते मुरज इव चेत्कन्दरेषु ध्वनि: स्या-
त्सङ्गीतार्थो ननु पशुपतेस्तत्र भावी समग्र: ।।

शब्दाय[1]	न्तेमधु	रमनि	लै:कीच	का:पूर्य	माणा:
ऽ ऽ ऽ	ऽ । ।	। । ।	ऽ ऽ ।	ऽ ऽ ।	ऽ ऽ
संसक्ता[2]	भिस्त्रिपु[2]	रविज	योगीय	तोकिन्न[3]	रीभि:
ऽ ऽ ऽ	ऽ । ।	। । ।	ऽ ऽ ।	ऽ ऽ ।	ऽ ऽ
निर्ह्रादी[4]	तेमुर	जइव	चेत्कन्द[5]	रेषुध्व[5]	नि:स्यात्
ऽ ऽ ऽ	ऽ । ।	। । ।	ऽ ऽ ।	ऽ ऽ ।	ऽ ऽ
सङ्गीता[6]	र्थोननु	पशुप	तेस्तत्र[7]	भावीस	मग्र:[8]
ऽ ऽ ऽ	ऽ । ।	। । ।	ऽ ऽ ।	ऽ ऽ ।	ऽ ऽ

पाद टिप्पणियाँ :

1. शब्दायन्ते शब्द में लघु वर्ण श के आगे संयुक्त वर्ण ब्द आने से और वर्ण य के आगे संयुक्त वर्ण न्त आने से वर्ण श और य की लघु मात्राएँ दीर्घ सिद्ध हुई हैं.
2. संसक्ताभिस्त्रिपुरविजयो शब्द समूह में लघु वर्ण स के आगे संयुक्त वर्ण क्त आने से और वर्ण भि के आगे संयुक्त वर्ण स्त्र आने से वर्ण स और भि की लघु मात्राएँ दीर्घ सिद्ध हुई हैं.
3. किन्नरीभि: शब्द में लघु वर्ण कि के आगे संयुक्त वर्ण न्न आने से वर्ण कि की लघु मात्रा दीर्घ सिद्ध हुई है.
4. निर्ह्रादी शब्द में लघु वर्ण नि के आगे संयुक्त वर्ण र्ह आने से वर्ण नि की लघु मात्रा दीर्घ सिद्ध हुई है.
5. कन्दरेषु ध्वनि: शब्द समूह में लघु वर्ण क के आगे संयुक्त वर्ण न्द आने से और वर्ण षु के आगे संयुक्त वर्ण ध्व आने से वर्ण क और षु की लघु मात्राएँ दीर्घ सिद्ध हुई हैं.

6. सङ्गीतार्थ: शब्द में लघु वर्ण स के आगे संयुक्त वर्ण ङ्ग आने से वर्ण स की लघु मात्रा दीर्घ सिद्ध हुई है.
7. पशुपतेस्तत्र शब्द समूह में लघु वर्ण स्त के आगे संयुक्त वर्ण त्र आने से वर्ण स्त की लघु मात्रा दीर्घ सिद्ध हुई है.
8. समग्र: शब्द में लघु वर्ण म के आगे संयुक्त वर्ण ग्र आने से वर्ण म की लघु मात्रा दीर्घ सिद्ध हुई है.

(त्रिपुर–विजय)

दोहा॰ **इसी स्थान पर विपिन में, उगते पोले बाँस ।**
करत हवा के झोंक से, बंसी नुमा विलास ।।

किन्नरियाँ उस नाद से, मिलाय कण्ठ तरंग ।
गातीं त्रिपुर–विजय के, गान उन्हीं के संग ।।

हवा विवर में घूम कर, गूँजे नाद दबंग ।
शिव पूजा संगीत में, जैसे बजे मृदंग ।।

57.

प्रालेयाद्रेरुपतटमतिक्रम्य तांस्तान्विशेषान्
हंसद्वारं भृगुपतियशोवर्त्म यत्क्रौञ्चरन्ध्रम् ।
तेनोदीचीं दिशमनुसरेस्तिर्यगायामशोभी
श्याम: पादो बलिनियमनाभ्युद्यतस्येव विष्णो: ।।

प्रालेया	द्रेरुप	तटम	तिक्रम्य [1]	तांस्तान्वि	शेषान्
ऽ ऽ ऽ	ऽ । ।	। । ।	ऽ ऽ ।	ऽ ऽ ।	ऽ ऽ
हंसद्वा [2]	रंभृगु	पतिय	शोवर्त्म [3]	यत्क्रौञ्च [4]	रन्ध्रम् [4]
ऽ ऽ ऽ	ऽ । ।	। । ।	ऽ ऽ ।	ऽ ऽ ।	ऽ ऽ
तेनोदी	चींदिश	मनुस	रेस्तिर्य [5]	गायाम	शोभी
ऽ ऽ ऽ	ऽ । ।	। । ।	ऽ ऽ ।	ऽ ऽ ।	ऽ ऽ
श्याम:पा	दोबलि	नियम	नाभ्युद्य [6]	तस्येव [6]	विष्णो: [7]
ऽ ऽ ऽ	ऽ । ।	। । ।	ऽ ऽ ।	ऽ ऽ ।	ऽ ऽ

पाद टिप्पणियाँ :

1. अतिक्रम्य शब्द में लघु वर्ण क्र के आगे संयुक्त वर्ण म्य आने से वर्ण क्र की लघु मात्रा दीर्घ सिद्ध हुई है।

2. हंसद्वारम् शब्द में लघु वर्ण स के आगे संयुक्त वर्ण द्व आने से वर्ण स की लघु मात्रा दीर्घ सिद्ध हुई है।

3. यशोवर्त्म शब्द में लघु वर्ण व के आगे संयुक्त वर्ण र्त्म आने से वर्ण व की लघु मात्रा दीर्घ सिद्ध हुई है।

4. यत्क्रौञ्चरन्ध्रम् शब्द समूह में लघु वर्ण य के आगे संयुक्त वर्ण त्क्र आने से और वर्ण र के आगे संयुक्त वर्ण न्ध्र आने से वर्ण य और र की लघु मात्राएँ दीर्घ सिद्ध हुई हैं।

5. स्तिर्य शब्द में लघु वर्ण स्ति के आगे संयुक्त वर्ण र्य आने से वर्ण स्ति की लघु मात्रा दीर्घ सिद्ध हुई है।

6. बलिनियमनाभ्युद्यतस्येव शब्द समूह में लघु वर्ण भ्यु के आगे संयुक्त वर्ण द्य आने से और वर्ण त के आगे संयुक्त वर्ण स्य आने से वर्ण भ्यु और त की लघु मात्राएँ दीर्घ सिद्ध हुई हैं।

7. विष्णो: शब्द में लघु वर्ण वि के आगे संयुक्त वर्ण ष्ण आने से वर्ण वि की लघु मात्रा दीर्घ सिद्ध हुई है।

(परशुराम, क्रौंच पर्वत)

दोहा०   इर्दगिर्द हिमप्रस्थ के, देख सुहाने स्थान ।
क्रौंचरंध्र से गुजर कर, करना तुम प्रस्थान ।।

इसी राह से हंस भी, करते यातायात ।
मानसरोवर के लिए, यही मार्ग है ज्ञात ।।

क्रौंच शैल को फोड़ कर, किया रंध्र निर्माण ।
परशुराम अवतार ने, देने अमर प्रमाण ।।

उनकी स्मृति का चिह्न ये, तुमने करना पार ।
बहुत सँकरा रास्ता, लंबा सर्पाकार ।।

प्रवेश करने रंध्र में, तुमरा हो आकार ।
जैसे विक्रम विष्णु का, बलि-नियमन अनुसार ।।

58.

गत्वा चोर्ध्वं दशमुखभुजोच्छ्वासितप्रस्थसन्धे:
कैलासस्य त्रिदशवनितादर्पणस्यातिथि: स्या: ।

शृङ्गोच्छ्रायैः कुमुदविशदैर्यो वितत्य स्थितः खं
राशीभूतः प्रतिदिनमिव त्र्यम्बकस्याट्टहासः ।।

गत्वाचो [1]	ध्र्वंदश	मुखभु	जोच्छ्वासि	तप्रस्थ [2]	सन्धेः [2]
ऽ ऽ ऽ	ऽ । ।	। । ।	ऽ ऽ ।	ऽ ऽ ।	ऽ ऽ
कैलास [3]	स्यत्रिद [3]	शवनि	तादर्प [4]	णस्याति [4]	थिःस्याः
ऽ ऽ ऽ	ऽ । ।	। । ।	ऽ ऽ ।	ऽ ऽ ।	ऽ ऽ
शृङ्गोच्छ्रा [5]	यैःकुमु	दविश	दैर्योवि	तत्यस्थि [6]	तःखम्
ऽ ऽ ऽ	ऽ । ।	। । ।	ऽ ऽ ।	ऽ ऽ ।	ऽ ऽ
राशीभू	तःप्रति	दिनमि	वत्र्यम्ब [7]	कस्याट्ट [7]	हासः
ऽ ऽ ऽ	ऽ । ।	। । ।	ऽ ऽ ।	ऽ ऽ ।	ऽ ऽ

पाद टिप्पणियाँ :

1. गत्वा शब्द में लघु वर्ण ग के आगे संयुक्त वर्ण त्व आने से वर्ण ग की लघु मात्रा दीर्घ सिद्ध हुई है.
2. दशमुखभुजोच्छ्वासितप्रस्थसन्धेः शब्द समूह में लघु वर्ण त के आगे संयुक्त वर्ण प्र, लघु वर्ण प्र के आगे संयुक्त वर्ण स्थ आने से और वर्ण स के आगे संयुक्त वर्ण न्ध आने से वर्ण त, प्र और स की लघु मात्राएँ दीर्घ सिद्ध हुई हैं.
3. कैलासस्य त्रिदश शब्द समूह में लघु वर्ण स के आगे संयुक्त वर्ण स्य आने से और वर्ण स्य के आगे संयुक्त वर्ण त्र आने से वर्ण स और स्य की लघु मात्राएँ दीर्घ सिद्ध हुई हैं.
4. दर्पणस्यातिथिः शब्द समूह में लघु वर्ण द के आगे संयुक्त वर्ण र्प आने से और वर्ण ण के आगे संयुक्त वर्ण स्य आने से वर्ण द और ण की लघु मात्राएँ दीर्घ सिद्ध हुई हैं.
5. शृङ्ग शब्द में लघु वर्ण शृ के आगे संयुक्त वर्ण ङ्ग आने से वर्ण शृ की लघु मात्रा दीर्घ सिद्ध हुई है.
6. वितत्य स्थितः शब्द समूह में लघु वर्ण त के आगे संयुक्त वर्ण त्य आने से और वर्ण त्य के आगे संयुक्त वर्ण स्थ आने से वर्ण त और त्य की लघु मात्राएँ दीर्घ सिद्ध हुई हैं.
7. प्रतिदिनमिव त्र्यम्बकस्याट्टहासः शब्द समूह में लघु वर्ण व के आगे संयुक्त वर्ण त्र्य आने से, वर्ण त्र्य के आगे संयुक्त वर्ण म्ब आने से और क के आगे संयुक्त वर्ण स्य आने से वर्ण व, त्र्य और क की लघु मात्राएँ दीर्घ सिद्ध हुई हैं.

(कैलास)

दोहा० **आगे बढ़ कर सामने, तुम्हें मिले कैलास ।**
ऊँचे टीले पर वहाँ, शिव शंकर का वास ।।

रुकना तुम कैलास पर, जहाँ सतह बिल्लौर ।
शीत पहाड़ी है यहाँ, हिम-दर्पण की तौर ।।

कुमुद पुष्प सा श्वेत है, बर्फीला नगभूप ।
जिसको रावण असुर ने, हिला दिया था खूब ।।

59.

उत्पश्यामि त्वयि तटगते स्निग्धभिन्नाञ्जनाभे
सद्य:कृत्तद्विरददशनच्छेदगौरस्य तस्य ।
शोभामद्रे: स्तिमितनयनप्रेक्षणीयां भवित्री-
मंसन्यस्ते सति हलभृतो मेचके वाससीव ।।

उत्पश्या [1]	मित्वयि [1]	तटग	तेस्निग्ध [2]	भिन्नाञ्ज [2]	नाभे
ऽ ऽ ऽ	ऽ । ।	। । ।	ऽ ऽ ।	ऽ ऽ ।	ऽ ऽ
सद्य:कृ [3]	त्तद्विर [3]	ददश	नच्छेद [3]	गौरस्य [3]	तस्य * [4]
ऽ ऽ ऽ	ऽ । ।	। । ।	ऽ ऽ ।	ऽ ऽ ।	ऽ ऽ
शोभाम [5]	द्रे:स्तिमि	तनय	नप्रेक्ष [6]	णीयांभ	वित्रीम् [7]
ऽ ऽ ऽ	ऽ । ।	। । ।	ऽ ऽ ।	ऽ ऽ ।	ऽ ऽ
अंसन्य [8]	स्तेसति	हलभृ	तोमेच	केवास	सीव *
ऽ ऽ ऽ	ऽ । ।	। । ।	ऽ ऽ ।	ऽ ऽ ।	ऽ ऽ

* अंतिम 17 वीं लघु (।) मात्रा भी गुरु (ऽ) मानी गयी है.

<u>पाद टिप्पणियाँ</u>

1. उत्पश्यामि त्वयि शब्द समूह में लघु वर्ण उ के आगे संयुक्त वर्ण त्प आने से, वर्ण त्प के आगे संयुक्त वर्ण श्य आने से और वर्ण मि के आगे संयुक्त वर्ण त्व आने से वर्ण उ, त्प और वर्ण मि की लघु मात्राएँ दीर्घ सिद्ध हुई हैं.
2. स्निग्धभिन्नाञ्जनाभे शब्द समूह में लघु वर्ण स्नि के आगे संयुक्त वर्ण ग्ध आने से और वर्ण भि के आगे संयुक्त वर्ण न्न आने से वर्ण स्नि और भि की लघु मात्राएँ दीर्घ सिद्ध हुई हैं
3. सद्य:कृत्तद्विरददशनच्छेदगौरस्य शब्द समूह में लघु वर्ण स के आगे संयुक्त वर्ण द्य आने से, वर्ण कृ के आगे संयुक्त वर्ण त्त आने से, वर्ण त्त के आगे संयुक्त वर्ण द्व आने से, वर्ण न के आगे संयुक्त वर्ण च्छ आने से और वर्ण र के आगे संयुक्त वर्ण स्य आने से वर्ण स, कृ, त्त, न और र की लघु मात्राएँ दीर्घ सिद्ध हुई हैं.
4. तस्य शब्द में लघु वर्ण त के आगे संयुक्त वर्ण स्य आने से वर्ण त की लघु मात्रा दीर्घ सिद्ध हुई है.

5. शोभामद्रेः शब्द समूह में लघु वर्ण म के आगे संयुक्त वर्ण द्र आने से वर्ण म की लघु मात्रा दीर्घ सिद्ध हुई है.
6. नयनप्रेक्षणीयाम् शब्द समूह में लघु वर्ण न के आगे संयुक्त वर्ण प्र आने से वर्ण न की लघु मात्रा दीर्घ सिद्ध हुई है.
7. भवित्रीम् शब्द में लघु वर्ण वि के आगे संयुक्त वर्ण त्र आने से वर्ण वि की लघु मात्रा दीर्घ सिद्ध हुई है.
8. असन्यस्ते शब्द में लघु वर्ण स के आगे संयुक्त वर्ण न्य आने से और वर्ण न्य के आगे संयुक्त वर्ण स्त आने से वर्ण स और न्य की लघु मात्राएँ दीर्घ सिद्ध हुई हैं.

(बलराम)

दोहा॰ **शोभा गोरे अंग की, अंजन यथा बढ़ाय ।**
तुम धौले कैलास पर, छाया रखो चढ़ाय ।।

हिम छादित कैलास का, शुभ्र धवल है रंग ।
जैसे हाथी का अभी, दंत हुआ हो भंग ।।

कृष्ण मेघ उस पर सजे, दिखने में अभिराम ।
यथा सुरमई वस्त्र में, गौर वर्ण बलराम ।।

60.

हित्वा तस्मिन्भुजगवलयं शंभुना दत्तहस्ता
क्रीडाशैले यदि च विचरेत्पादचारेण गौरी ।
भङ्गीभक्त्या विरचितवपु: स्तम्भितान्तर्जलौघ:
सोपानत्वं कुरू मणितटारोहणायाग्रयायी ।।

हित्वात[1]	स्मिन्भुज[1]	गवल	यंशंभु	नादत्त[2]	हस्ता[2]
ऽ ऽ ऽ	ऽ । ।	। । ।	ऽ ऽ ।	ऽ ऽ ।	ऽ ऽ
क्रीडाशै	लेयदि	चविच	रेत्पाद	चारेण	गौरी
ऽ ऽ ऽ	ऽ । ।	। । ।	ऽ ऽ ।	ऽ ऽ ।	ऽ ऽ
भङ्गीभ[3]	क्त्याविर	चितव	पु:स्तम्भि[4]	तान्तर्ज[4]	लौघ:
ऽ ऽ ऽ	ऽ । ।	। । ।	ऽ ऽ ।	ऽ ऽ ।	ऽ ऽ
सोपान[5]	त्वंकुरू	मणित	टारोह	णायाग्र	यायी
ऽ ऽ ऽ	ऽ । ।	। । ।	ऽ ऽ ।	ऽ ऽ ।	ऽ ऽ

पाद टिप्पणियाँ :

1. हित्वा तस्मिन् शब्द समूह में लघु वर्ण हि के आगे संयुक्त वर्ण त्व आने से, वर्ण त के आगे संयुक्त वर्ण स्म आने से और वर्ण स्मि के आगे संयुक्त वर्ण न्भ आने से वर्ण हि, त और वर्ण स्मि की लघु मात्राएँ दीर्घ सिद्ध हुई हैं.
1. दत्तहस्ता शब्द में लघु वर्ण द के आगे संयुक्त वर्ण त्त आने से और वर्ण ह के आगे संयुक्त वर्ण स्त आने से वर्ण द और ह की लघु मात्राएँ दीर्घ सिद्ध हुई हैं.
3. भङ्गीभक्त्या शब्द में पहले लघु वर्ण भ के आगे संयुक्त वर्ण ङ्ग आने से और दूसरे वर्ण भ के आगे संयुक्त वर्ण क्त्य आने से दोनों वर्ण भ लघु मात्राएँ दीर्घ सिद्ध हुई हैं.
4. स्तम्भितान्तर्जलौघ: शब्द समूह में लघु वर्ण स्त के आगे संयुक्त वर्ण म्भ आने से और वर्ण न्त के आगे संयुक्त वर्ण र्ज आने से वर्ण स्त और न्त की लघु मात्राएँ दीर्घ सिद्ध हुई हैं.
5. सोपानत्वं शब्द में लघु वर्ण न के आगे संयुक्त वर्ण त्व आने से वर्ण न की लघु मात्रा दीर्घ सिद्ध हुई है.

(शिव–उमा)

दोहा॰ **साँप रूप कंगन–कड़े, शिव ने दिए उतार ।**
संग उमा के शिव चले, हाथ हाथ में डार ।।

घूम रहे कैलास पर, चमक रहा आलोक ।
उन्हें देख कर, मेघ! तुम, वर्षा लेना रोक ।।

शीतल जल से बर्फ का, रच कर तुम सोपान ।
शिव–अंबा को मार्ग दो, जाने मणितट स्थान ।।

61.

तत्रावश्यं वलयकुलिशोद्धट्टनोद्गीर्णतोयं
नेष्यन्ति त्वां सुरयुवतयो यन्त्रधारागृहत्वम् ।
ताभ्यो भोक्षस्तव यदि सखे घर्मलब्धस्य न स्यात्
क्रीडालोला: श्रवणपरुषैर्गर्जितैर्भाययेस्ता: ।।

तत्राव[1]	श्यंवल	यकुलि	शोद्धट्ट[2]	नोद्गीर्ण	तोयम्
ऽ ऽ ऽ	ऽ । ।	। । ।	ऽ ऽ ।	ऽ ऽ ।	ऽ ऽ
नेष्यन्ति[3]	त्वांसुर	युवत	योयन्त्र[4]	धारागृ	हत्वम्[5]
ऽ ऽ ऽ	ऽ । ।	। । ।	ऽ ऽ ।	ऽ ऽ ।	ऽ ऽ
ताभ्योभो	क्षस्तव[6]	यदिस	खेघर्म[7]	लब्धस्य[7]	नस्यात्[8]

ऽ ऽ ऽ	ऽ । ।	। । ।	ऽ ऽ ।	ऽ ऽ ।	ऽ ऽ
क्रीडालो	ला:श्रव	णपरु	षैर्गर्जि[9]	तैर्भाय	येस्ता:
ऽ ऽ ऽ	ऽ । ।	। । ।	ऽ ऽ ।	ऽ ऽ ।	ऽ ऽ

पाद टिप्पणियाँ :

1. तत्रावश्यं शब्द समूह में लघु वर्ण त के आगे संयुक्त वर्ण त्र आने से और वर्ण व के आगे संयुक्त वर्ण श्य आने से वर्ण त और व की लघु मात्राएँ दीर्घ सिद्ध हुई हैं.
2. वलयकुलिशोद्धट्टनोद्गीर्ण शब्द समूह में लघु वर्ण द्ध के आगे संयुक्त वर्ण ट्ट आने से वर्ण द्ध की लघु मात्रा दीर्घ सिद्ध हुई है.
3. नेष्यन्ति त्वाम् शब्द समूह में लघु वर्ण ष्य के आगे संयुक्त वर्ण न्त आने से और वर्ण न्ति के आगे संयुक्त वर्ण त्व आने से वर्ण ष्य और न्ति की लघु मात्राएँ दीर्घ सिद्ध हुई हैं.
4. यन्त्र शब्द में लघु वर्ण य के आगे संयुक्त वर्ण न्त्र आने से वर्ण य की लघु मात्रा दीर्घ सिद्ध हुई है.
5. गृहत्वम् शब्द में लघु वर्ण ह के आगे संयुक्त वर्ण त्व आने से वर्ण ह की लघु मात्रा दीर्घ सिद्ध हुई है.
6. भोक्षस्तव शब्द समूह में लघु वर्ण क्ष के आगे संयुक्त वर्ण स्त आने से वर्ण क्ष की लघु मात्रा दीर्घ सिद्ध हुई है.
7. घर्मलब्धस्य शब्द समूह में लघु वर्ण घ के आगे संयुक्त वर्ण र्म आने से, वर्ण ल के आगे संयुक्त वर्ण ब्ध आने से और वर्ण ब्ध के आगे संयुक्त वर्ण स्य आने से वर्ण ध, ल और वर्ण ब्ध की लघु मात्राएँ दीर्घ सिद्ध हुई हैं.
8. न स्यात् शब्द समूह में लघु वर्ण न के आगे संयुक्त वर्ण स्य आने से वर्ण न की लघु मात्रा दीर्घ सिद्ध हुई है.
9. परुषगर्जैत: शब्द समूह में लघु वर्ण ग के आगे संयुक्त वर्ण र्ज आने से वर्ण ग की लघु मात्रा दीर्घ सिद्ध हुई है.

(मणितट)

दोहा॰ **मणितट कीं देवांगना, सुजान हैं बेजोड़ ।**
वे कंगन की नोंक से, हिम डालेगी तोड़ ।।

उनके टूटे अंग से, बहे नीर की धार ।
फौवारा बन जायगी, बहती नीर फुहार ।।

उनसे छुटने के लिए, मारो जोर दहाड़ ।
परियाँ डर कर आपसे, बंद करें खिलवाड़ ।।

62.

हेमाम्भोजप्रसवि सलिलं मानसस्याददान:
कुर्वन्कामात्क्षणमुखपटप्रीतिमैरावतस्य ।
धुन्वन्कल्पद्रुमकिसलयान्यंशुकानीव वातै-
र्नानाचेष्टैर्जलद ललितैर्निर्विशेस्तं नगेन्द्रम् ।।

हेमाम्भो	जप्रस [1]	विसलि	लंमान	सस्याद [2]	दान:
ऽ ऽ ऽ	ऽ । ।	। । ।	ऽ ऽ ।	ऽ ऽ ।	ऽ ऽ
कुर्वन्का [3]	मात्क्षण	मुखप	टप्रीति [4]	मैराव	तस्य * [5]
ऽ ऽ ऽ	ऽ । ।	। । ।	ऽ ऽ ।	ऽ ऽ ।	ऽ ऽ
धुन्वन्क [6]	ल्पद्रुम [6]	किसल	यान्यंशु	कानीव	वातैः
ऽ ऽ ऽ	ऽ । ।	। । ।	ऽ ऽ ।	ऽ ऽ ।	ऽ ऽ
नानाचे	ष्टैर्जल	दललि	तैर्निर्वि [7]	शेस्तंन	गेन्द्रम्
ऽ ऽ ऽ	ऽ । ।	। । ।	ऽ ऽ ।	ऽ ऽ ।	ऽ ऽ

* अंतिम 17 वीं लघु (।) मात्रा भी गुरु (ऽ) मानी गयी है.

पाद टिप्पणियाँ :

1. हेमाम्भोजप्रसवि शब्द में लघु वर्ण ज के आगे संयुक्त वर्ण प्र आने से वर्ण ज की लघु मात्रा दीर्घ सिद्ध हुई है.
2. मानसस्याददान: शब्द समूह में लघु वर्ण स के आगे संयुक्त वर्ण स्य आने से वर्ण स की लघु मात्रा दीर्घ सिद्ध हुई है.
3. कुर्वन्कामात् शब्द समूह में लघु वर्ण कु के आगे संयुक्त वर्ण र्व आने से और वर्ण र्व के आगे संयुक्त वर्ण न्क आने से वर्ण कु और र्व की लघु मात्राएँ दीर्घ सिद्ध हुई हैं.
4. मुखपटप्रीतिम् शब्द समूह में लघु वर्ण ट के आगे संयुक्त वर्ण प्र आने से वर्ण ट की लघु मात्रा दीर्घ सिद्ध हुई है.
5. तस्य शब्द में लघु वर्ण त के आगे संयुक्त वर्ण स्य आने से वर्ण त की लघु मात्रा दीर्घ सिद्ध हुई है.
6. धुन्वन्कल्पद्रुम शब्द समूह में लघु वर्ण धु के आगे संयुक्त वर्ण न्व आने से, वर्ण न्व के आगे संयुक्त वर्ण न्क आने से, वर्ण न्क के आगे संयुक्त वर्ण ल्प आने से और वर्ण ल्प के आगे संयुक्त वर्ण द्र आने से वर्ण धु, न्व, न्क और ल्प की लघु मात्राएँ दीर्घ सिद्ध हुई हैं.
7. ललितैर्निर्विशेस्तं शब्द समूह में लघु वर्ण र्नि के आगे संयुक्त वर्ण र्व आने से वर्ण र्नि की लघु मात्रा दीर्घ सिद्ध हुई है.

(हे वारिद!)

दोहा॰ हे वारिद! कैलास पर, ललित खेल को खेल ।
मन बहलाना आपका, जिसमें सुख का मेल ।।

मानस सरवर शीत का, पीना निर्मल नीर ।
प्रसन्न करना इंद्र का, ऐरावत गज हीर ।।

कल्पवृक्ष के पर्ण तुम, झकझोरना अधीर ।
जैसे रेशम ओढ़नी, लहराता है समीर ।।

63.

तस्योत्सङ्गे प्रणयिन इव स्त्रोतगङ्गादुकूलां
न त्वं दृष्ट्वा न पुनरलकां ज्ञास्यसे कामचारीन् ।
या वः काले वहति सलिलोद्गारमुच्चैर्विमाना
मुक्ताजालग्रथितमलकं कामिनीवाभ्रवृन्दम् ।।

तस्योत्स[1]	ङ्गेप्रण	यिनइ	वस्त्रोत[2]	गङ्गादु	कूलाम्
ऽ ऽ ऽ	ऽ । ।	। । ।	ऽ ऽ ।	ऽ ऽ ।	ऽ ऽ
नत्वंदृ[3]	ष्ट्वानपु	नरल	कांज्ञास्य	सेकाम	चारीन्
ऽ ऽ ऽ	ऽ । ।	। । ।	ऽ ऽ ।	ऽ ऽ ।	ऽ ऽ
याव:का	लेवह	तिसलि	लोद्गार	मुच्चैर्वि[4]	माना
ऽ ऽ ऽ	ऽ । ।	। । ।	ऽ ऽ ।	ऽ ऽ ।	ऽ ऽ
मुक्ताजा[5]	लग्रथि[5]	तमल	कंकामि	नीवाभ्र	वृन्दम्[6]
ऽ ऽ ऽ	ऽ । ।	। । ।	ऽ ऽ ।	ऽ ऽ ।	ऽ ऽ

पाद टिप्पणियाँ :

1. तस्योत्सङ्गे शब्द समूह में लघु वर्ण त के आगे संयुक्त वर्ण स्य आने से और वर्ण त्स के आगे संयुक्त वर्ण ङ्ग आने से वर्ण त और त्स की लघु मात्राएँ दीर्घ सिद्ध हुई हैं.
2. इव स्त्रोत शब्द समूह में लघु वर्ण व के आगे संयुक्त वर्ण स्त्र आने से वर्ण व की लघु मात्रा दीर्घ सिद्ध हुई है.
3. न त्वं दृष्ट्वा शब्द समूह में लघु वर्ण न के आगे संयुक्त वर्ण त्व आने से और वर्ण दृ के आगे संयुक्त वर्ण ष्ट्व आने से वर्ण न और दृ की लघु मात्राएँ दीर्घ सिद्ध हुई हैं.
4. मुच्चैः शब्द में लघु वर्ण मु के आगे संयुक्त वर्ण च्च आने से वर्ण मु की लघु मात्रा दीर्घ सिद्ध हुई है.

5. मुक्ताजालग्रथितमलकं शब्द समूह में लघु वर्ण मु के आगे संयुक्त वर्ण क्त आने से और वर्ण ल के आगे संयुक्त वर्ण ग्र आने से वर्ण मु और ल की लघु मात्राएँ दीर्घ सिद्ध हुई हैं।

6. वृन्द शब्द में लघु वर्ण वृ के आगे संयुक्त वर्ण न्द आने से वर्ण वृ की लघु मात्रा दीर्घ सिद्ध हुई है।

(अलका)

दोहा०   चप्पा-चप्पा देख लो, कैलास का विशाल ।
        महादेव का स्थान है, अवलोकनीय त्रिकाल ।।

        गंगारूपी शाटिका, खिसक नग्न जो देह ।
        बैठी है वो गोद में, कैलास की सनेह ।।

        कैलासा की प्रेमिका, अलकापुरी महान ।
        कामविलासी मेघ! तुम, झट लोगे पहिचान ।।

        जाना तुमने है वहाँ, तोयद मेघ! सुजान ।
        वर्षा ऋतु में तोय से, करो हरित वह स्थान ।।

        गिरे जभी वर्षा झड़ी, जल बिंदु की कतार ।
        पत्तों पर ऐसी लगे, जैसी मौक्तिक धार ।।

        मोती माला से सजे, जिस देवी के केश ।
        अलका है वह कामिनी, पहनी सुंदर वेश ।।

पूर्वमेघ

मेघदूत

२

उत्तरमेघ

मन्दाक्रान्ता छंद

1.

विद्युत्वन्तं ललितवनिता: सेन्द्रचापं सचित्रा:
सङ्गीताय प्रहतमुरजा: स्निग्धगम्भीरघोषम् ।
अन्तस्तोयं मणिमयभुवस्तुङ्गमभ्रंलिहाग्रा:
प्रासादास्त्वां तुलयितुमलं यत्र तैस्तैर्विशेषै: ।।

विद्युत्व[1]	न्तंलिलि	तवनि	ता:सेन्द्र	चापंस	चित्रा:[2]
ऽ ऽ ऽ	ऽ । ।	। । ।	ऽ ऽ ।	ऽ ऽ ।	ऽ ऽ
सङ्गीता[3]	यप्रह[3]	तमुर	जा:स्निग्ध[4]	गम्भीर[5]	घोषम्
ऽ ऽ ऽ	ऽ । ।	। । ।	ऽ ऽ ।	ऽ ऽ ।	ऽ ऽ
अन्तस्तो[6]	यंमणि	मयभु	वस्तुङ्ग[7]	मभ्रंलि[7]	हाग्रा:
ऽ ऽ ऽ	ऽ । ।	। । ।	ऽ ऽ ।	ऽ ऽ ।	ऽ ऽ
प्रासादा	स्त्वांतुल	यितुम	लंयत्र[8]	तैस्तैर्वि	शेषै:
ऽ ऽ ऽ	ऽ । ।	। । ।	ऽ ऽ ।	ऽ ऽ ।	ऽ ऽ

पाद टिप्पणियाँ :

1. विद्युत्वन्तम् शब्द में लघु वर्ण वि के आगे संयुक्त वर्ण द्य आने से, वर्ण द्यु के आगे संयुक्त वर्ण त्व आने से और वर्ण त्व के आगे संयुक्त वर्ण न्त आने से वर्ण वि, द्यु और वर्ण त्व की लघु मात्राएँ दीर्घ सिद्ध हुई हैं.
2. चित्रा: शब्द में लघु वर्ण चि के आगे संयुक्त वर्ण त्र आने से वर्ण चि की लघु मात्रा दीर्घ सिद्ध हुई है.
3. सङ्गीताय प्रहतमुरजा: शब्द समूह में लघु वर्ण स के आगे संयुक्त वर्ण ङ्ग आने से और वर्ण य के आगे संयुक्त वर्ण प्र आने से वर्ण स और प्र की लघु मात्राएँ दीर्घ सिद्ध हुई हैं.
4. स्निग्ध शब्द में लघु वर्ण स्नि के आगे संयुक्त वर्ण ग्ध आने से वर्ण स्नि की लघु मात्रा दीर्घ सिद्ध हुई है.
5. गम्भीर शब्द में लघु वर्ण ग के आगे संयुक्त वर्ण म्भ आने से वर्ण ग की लघु मात्रा दीर्घ सिद्ध हुई है.
6. अन्तस्तोयं शब्द समूह में लघु वर्ण अ के आगे संयुक्त वर्ण न्त आने से और वर्ण न्त के आगे संयुक्त वर्ण स्त आने से वर्ण अ और न्त की लघु मात्राएँ दीर्घ सिद्ध हुई हैं.
7. मणिमयभुवस्तुङ्गमभ्रंलिहाग्रा: शब्द समूह में लघु वर्ण व के आगे संयुक्त वर्ण स्त आने से, वर्ण स्तु के आगे संयुक्त वर्ण ङ्ग आने से और वर्ण म के आगे संयुक्त वर्ण भ्र आने से वर्ण व, स्तु और वर्ण म की लघु मात्राएँ दीर्घ सिद्ध हुई हैं.
8. यत्र शब्द में लघु वर्ण य के आगे संयुक्त वर्ण त्र आने से वर्ण य की लघु मात्रा दीर्घ सिद्ध हुई है.

(अलकापुरी)

दोहा॰ **बड़े-बड़े प्रासाद से, अलकापुरी ललाम ।**
सब गुण से संपन्न है, तुम्हीं समान सकाम ।।

बिजली तुमरी है सखी, वहाँ छबीलीं नार ।
इंद्रधनुष तुमको मिला, सप्त रंग सुकुमार ।।

उन महलों में चित्र हैं, नाना रंग फुहार ।
मोहित होगा देख कर, प्रेमल चित्त तुम्हार ।।

गर्जन तुमरी रम्य हो, मधुर तथा गंभीर ।
उनके पास मृदंग हैं, लय संगीत सुधीर ।।

तुमरे भीतर है भरा, शीतल निर्मल नीर ।
महलों में मणिफर्श हैं, चमकीली तसवीर ।।

तुम ऊँचे आकाश में, करते स्वैर विहार ।
महल गगन को चूमते, सुंदर हैं आकार ।।

2.

हस्ते लीलाकमलमलके बालकुन्दानुविद्धं
नीता लोध्रप्रसवरजसा पाण्डुतामानने श्री: ।
चूडापाशे नवकुरवकं चारु कर्णे शिरीष:
सीमन्ते च त्वदुपगमजं यत्र नीपं वधूनाम् ।।

हस्तेली[1]	लाकम	लमल	केबाल	कुन्दानु[2]	विद्धम्[2]
ऽ ऽ ऽ	ऽ । ।	। । ।	ऽ ऽ ।	ऽ ऽ ।	ऽ ऽ
नीतालो	ध्रप्रस[3]	वरज	सापाण्डु	तामान	नेश्री:
ऽ ऽ ऽ	ऽ । ।	। । ।	ऽ ऽ ।	ऽ ऽ ।	ऽ ऽ
चूडापा	शेनव	कुरव	कंचारु	कर्णेशि[4]	रीष:
ऽ ऽ ऽ	ऽ । ।	। । ।	ऽ ऽ ।	ऽ ऽ ।	ऽ ऽ
सीमन्ते[5]	चत्वदु[6]	पगम	जंयत्र[7]	नीपंव	धूनाम्

ऽ ऽ ऽ	ऽ । ।	। । ।	ऽ ऽ ।	ऽ ऽ ।	ऽ ऽ

पाद टिप्पणियाँ :

1. हस्ते शब्द में लघु वर्ण ह के आगे संयुक्त वर्ण स्त आने से वर्ण ह की लघु मात्रा दीर्घ सिद्ध हुई है.
2. बालकुन्दानुविद्धम् शब्द समूह में लघु वर्ण कु के आगे संयुक्त वर्ण न्द आने से और वर्ण वि के आगे संयुक्त वर्ण द्ध आने से वर्ण कु और वि की लघु मात्राएँ दीर्घ सिद्ध हुई हैं.
3. लोध्रप्रसवरजसा शब्द समूह में लघु वर्ण ध्र के आगे संयुक्त वर्ण प्र आने से वर्ण ध्र की लघु मात्रा दीर्घ सिद्ध हुई है.
4. कर्णे शब्द में लघु वर्ण क के आगे संयुक्त वर्ण र्ण आने से वर्ण क की लघु मात्रा दीर्घ सिद्ध हुई है.
5. सीमन्ते शब्द में लघु वर्ण म के आगे संयुक्त वर्ण न्त आने से वर्ण म की लघु मात्रा दीर्घ सिद्ध हुई है.
6. च त्वत् शब्द समूह में लघु वर्ण च के आगे संयुक्त वर्ण त्व आने से वर्ण च की लघु मात्रा दीर्घ सिद्ध हुई है.
7. यत्र शब्द में लघु वर्ण य के आगे संयुक्त वर्ण त्र आने से वर्ण य की लघु मात्रा दीर्घ सिद्ध हुई है.

(हे मेघराज!)

दोहा॰ **अलकापुर की दुलहनें, करती षड्-श्रृंगार ।**
छह ऋतुओं के पुष्प के, छह तरह अलंकार ।।

पुष्प पद्म के <u>शरद</u> में, हस्तलीलारविंद ।
केश-वेश <u>हेमंत</u> में, टटके बालमुकुंद ।।

लोध्र मंजरी <u>शिशिर</u> में, जिनका पीत पराग ।
वर्धन करता काँति है, और बढ़े अनुराग ।।

3.

आनन्दोत्थं नयनसलिलं यत्र नान्यैर्निमित्तैः
नान्यस्तापः कुसुमशरजादिष्टसंयोगसाध्यात् ।
नाप्यन्यस्मात्प्रणयकलहाद्विप्रयोगप्रपत्तिः
वित्तेशानां न च खलु वयो यौवनादन्यदस्ति ॥

आनन्दो[1]	त्थंनय	नसलि	लंयत्र[2]	नान्यैर्नि	मित्तैः[3]
ऽ ऽ ऽ	ऽ । ।	। । ।	ऽ ऽ ।	ऽ ऽ ।	ऽ ऽ
नान्यस्ता[4]	पःकुसु	मशर	जादिष्ट[5]	संयोग	साध्यात्
ऽ ऽ ऽ	ऽ । ।	। । ।	ऽ ऽ ।	ऽ ऽ ।	ऽ ऽ
नाप्यन्य[6]	स्मात्प्रण	यकल	हाद्रिप्र[7]	योगप्र[7]	पत्तिः[7]
ऽ ऽ ऽ	ऽ । ।	। । ।	ऽ ऽ ।	ऽ ऽ ।	ऽ ऽ
वित्तेशा[8]	नांनच	खलुव	योयौव	नादन्य[9]	दस्ति *[9]
ऽ ऽ ऽ	ऽ । ।	। । ।	ऽ ऽ ।	ऽ ऽ ।	ऽ ऽ

* अंतिम 17 वीं लघु (।) मात्रा भी गुरु (ऽ) मानी गयी है.

पाद टिप्पणियाँ :

1. आनन्द शब्द में लघु वर्ण न के आगे संयुक्त वर्ण न्द आने से वर्ण ह की लघु मात्रा दीर्घ सिद्ध हुई है.
2. यत्र शब्द में लघु वर्ण य के आगे संयुक्त वर्ण त्र आने से वर्ण य की लघु मात्रा दीर्घ सिद्ध हुई है.
3. निमित्तैः शब्द में लघु वर्ण मि के आगे संयुक्त वर्ण त्त आने से वर्ण नि की लघु मात्रा दीर्घ सिद्ध हुई है.
4. नान्यस्तापाः शब्द समूह में लघु वर्ण न्य के आगे संयुक्त वर्ण स्त आने से वर्ण न्य की लघु मात्रा दीर्घ सिद्ध हुई है.
5. कुसुमशरजादिष्ट शब्द समूह में लघु वर्ण दि के आगे संयुक्त वर्ण ष्ट आने से वर्ण दि की लघु मात्रा दीर्घ सिद्ध हुई है.
6. नाप्यन्यस्मात् शब्द समूह में लघु वर्ण प्य के आगे संयुक्त वर्ण न्य आने से और वर्ण न्य के आगे संयुक्त वर्ण स्म आने से वर्ण प्य और न्य की लघु मात्राएँ दीर्घ सिद्ध हुई हैं.
7. कलहाद्रिप्रयोगप्रपत्तिः शब्द समूह में लघु वर्ण द्रि के आगे संयुक्त वर्ण प्र आने से, वर्ण ग के आगे भी संयुक्त वर्ण प्र आने से और वर्ण प के आगे संयुक्त वर्ण त्त आने से वर्ण द्रि, ग और वर्ण प की लघु मात्राएँ दीर्घ सिद्ध हुई हैं.
8. वित्तेशानां शब्द में लघु वर्ण वि के आगे संयुक्त वर्ण त्त आने से वर्ण वि की लघु मात्रा दीर्घ सिद्ध हुई है.
9. यौवनादन्यदस्ति शब्द समूह में प्रथम लघु वर्ण द के आगे संयुक्त वर्ण न्य आने से और दूसरे वर्ण द के आगे संयुक्त वर्ण स्त आने से वर्ण दोनों द वर्णों की लघु मात्राएँ दीर्घ सिद्ध हुई हैं.

दोहा० **कुरबक कुसुम वसंत में, जूड़े में अभिराम ।**
सुमन सिरस के ग्रीष्म में, कानन-कुण्डल काम ।।

पीले फूल कदंब के, वर्षा ऋतु की मांग ।

ललनाएँ अलकापुरी, ललित सजातीं माँग ।।

मेघराज! तुम बरस कर, खूब खिलाओ फूल ।
वर्षा ऋतु आनंद दे, गरमी जाए भूल ।।

4.

यस्यां यक्षा: सितमणिमयान्येत्य हर्म्यस्थलानि
ज्योतिश्छायाकुसुमरचितान्युत्तमस्त्रीसहाया: ।
आसेवन्ते मधु रतिफलं कल्पवृक्षप्रसूतं
त्वद्गम्भीरध्वनिषु शनकै: पुष्करेष्वाहतेषु ।।

यस्यांय [1]	क्षा:सित	मणिम	यान्येत्य	हर्म्यस्थ [1]	लानि *
ऽ ऽ ऽ	ऽ । ।	। । ।	ऽ ऽ ।	ऽ ऽ ।	ऽ ऽ
ज्योतिश्छा [3]	याकुसु	मरचि	तान्युत्त [4]	मस्त्रीस [4]	हाया:
ऽ ऽ ऽ	ऽ । ।	। । ।	ऽ ऽ ।	ऽ ऽ ।	ऽ ऽ
आसेव [5]	न्तेमधु	रतिफ	लंकल्प [6]	वृक्षप्र [6]	सूतम्
ऽ ऽ ऽ	ऽ । ।	। । ।	ऽ ऽ ।	ऽ ऽ ।	ऽ ऽ
त्वद्गम्भी [7]	रध्वनि [7]	षुशन	कै:पुष्क [8]	रेष्वाह	तेषु *
ऽ ऽ ऽ	ऽ । ।	। । ।	ऽ ऽ ।	ऽ ऽ ।	ऽ ऽ

* अंतिम 17 वीं लघु (।) मात्रा भी गुरु (ऽ) मानी गयी है.

पाद टिप्पणियाँ :

1. यस्यां यक्षा: शब्द समूह में पहले लघु वर्ण य के आगे संयुक्त वर्ण स्य आने से और दूसरे वर्ण य के आगे संयुक्त वर्ण क्ष आने से दोनों वर्ण य की लघु मात्राएँ दीर्घ सिद्ध हुई हैं.
2. हर्म्यस्थलानि शब्द समूह में लघु वर्ण ह के आगे संयुक्त वर्ण र्म्य आने से और वर्ण र्म्य के आगे संयुक्त वर्ण स्थ आने से वर्ण ह और र्म्य की लघु मात्राएँ दीर्घ सिद्ध हुई हैं.
3. ज्योतिश्छाया शब्द में लघु वर्ण ति के आगे संयुक्त वर्ण श्छ आने से वर्ण ति की लघु मात्रा दीर्घ सिद्ध हुई है.
4. चितान्युत्तमस्त्रीसहाया: शब्द समूह में लघु वर्ण न्यु के आगे संयुक्त वर्ण त्त आने से और वर्ण म के आगे संयुक्त वर्ण स्त्र आने से वर्ण न्यु और म की लघु मात्राएँ दीर्घ सिद्ध हुई हैं.
5. आसेवन्ते शब्द में लघु वर्ण व के आगे संयुक्त वर्ण न्त आने से वर्ण व की लघु मात्रा दीर्घ सिद्ध हुई है.
6. कल्पवृक्षप्रसूतम् शब्द समूह में लघु वर्ण क के आगे संयुक्त वर्ण ल्प आने से, वर्ण वृ के आगे संयुक्त वर्ण क्ष आने से और वर्ण क्ष के आगे संयुक्त वर्ण प्र आने से वर्ण क, वृ और क्ष की लघु

मात्राएँ दीर्घ सिद्ध हुई हैं.

7. त्वद्गम्भीरध्वनिषु शब्द समूह में लघु वर्ण त्व के आगे संयुक्त वर्ण द्ग आने से, वर्ण द्ग के आगे संयुक्त वर्ण म्भ आने से और वर्ण र के आगे संयुक्त वर्ण ध्व आने से वर्ण त्व, द्ग और र की लघु मात्राएँ दीर्घ सिद्ध हुई हैं.
8. पुष्कर शब्द में लघु वर्ण पु के आगे संयुक्त वर्ण ष्क आने से वर्ण पु की लघु मात्रा दीर्घ सिद्ध हुई है.

(और)

दोहा० **अलका नगरी में वहाँ, विशाल हैं प्रासाद ।**
संगमर्मरी अट्ट हैं, श्रेष्ठ न जिनके बाद ।।

उनमें झिलमिल रोशनी, तारों की सुकुमार ।
फूलों जैसी महकती, मन मोहक सुखकार ।।

यहाँ यक्ष विराजते, कामिनियों के साथ ।
सबको मिलता प्रेम है, कोई नहीं अनाथ ।।

सबके नैनन मोद के, आँसू सदा विराज ।
कोई रूठे ना कभी, न ही विरह का साज ।।

सबके मन आनंद है, सब हैं श्रद्धावान ।
कभी उन्हें न थकान है, रहते सदा जवान ।।

वृक्ष यहाँ के फूलते, फलते सारा साल ।
हरेभरे पादप सदा, छाया देत त्रिकाल ।।

कमल यहाँ तालाब में, खिलते बारह मास ।
तोते हंस मयूर खग, गाते रच कर रास ।।

रहे सदा ही पुर्णिमा, उज्ज्वल चंद्र प्रकाश ।
कुदरत की किरपा यहाँ, कभी न होती नाश ।।

बादल के ध्वनि के नुमा, बज कर पुष्कर साज ।

देता दंपति युगल को, रतिफल का अंदाज ।।

5.

मन्दाकिन्या: सलिलशिशरै: सेव्यमाना मरुद्भि-
र्मन्दाराणामनुतटरुहां छायया वारितोष्णा: ।
अन्वेष्टव्यै: कनकसिकतामुष्टिनिक्षेपगूढै:
संक्रीडन्ते मणिभिरमरप्रार्थिता यत्र कन्या: ।।

मन्दाकि [1]	न्या:सलि	लशिश	रै:सेव्य	मानाम	रुद्भि: [2]
ऽ ऽ ऽ	ऽ । ।	। । ।	ऽ ऽ ।	ऽ ऽ ।	ऽ ऽ
मन्दारा [3]	णामनु	तटरु	हांछाय	यावारि	तोष्णा:
ऽ ऽ ऽ	ऽ । ।	। । ।	ऽ ऽ ।	ऽ ऽ ।	ऽ ऽ
अन्वेष्ट [4]	व्यै:कन	कसिक	तामुष्टि [5]	निक्षेप [5]	गूढै:
ऽ ऽ ऽ	ऽ । ।	। । ।	ऽ ऽ ।	ऽ ऽ ।	ऽ ऽ
संक्रीड [6]	न्तेमणि	भिरम	रप्रार्थि [7]	तायत्र [8]	कन्या: [9]
ऽ ऽ ऽ	ऽ । ।	। । ।	ऽ ऽ ।	ऽ ऽ ।	ऽ ऽ

पाद टिप्पणियाँ :

1. मन्दाकिन्या: शब्द समूह में लघु वर्ण म के आगे संयुक्त वर्ण न्द आने से और वर्ण कि के आगे संयुक्त वर्ण न्य आने से वर्ण म और कि की लघु मात्राएँ दीर्घ सिद्ध हुई हैं.
2. मरुद्भि: शब्द में लघु वर्ण रु के आगे संयुक्त वर्ण द्भ आने से वर्ण रु की लघु मात्रा दीर्घ सिद्ध हुई है.
3. मन्दाराणाम् शब्द में लघु वर्ण म के आगे संयुक्त वर्ण न्द आने से वर्ण म की लघु मात्रा दीर्घ सिद्ध हुई है.
4. अन्वेष्टव्य शब्द समूह में लघु वर्ण अ के आगे संयुक्त वर्ण न्व आने से और वर्ण ष्ट के आगे संयुक्त वर्ण व्य आने से वर्ण अ और ष्ट की लघु मात्राएँ दीर्घ सिद्ध हुई हैं.
5. सिकतामुष्टिनिक्षेप शब्द समूह में लघु वर्ण मु के आगे संयुक्त वर्ण ष्ट आने से और वर्ण नि के आगे संयुक्त वर्ण क्ष आने से वर्ण मु और नि की लघु मात्राएँ दीर्घ सिद्ध हुई हैं.
6. संक्रीडन्ते शब्द में लघु वर्ण ड के आगे संयुक्त वर्ण न्त आने से वर्ण ड की लघु मात्रा दीर्घ सिद्ध हुई है.
7. अमरप्रार्थिता शब्द समूह में लघु वर्ण र के आगे संयुक्त वर्ण प्र आने से वर्ण र की लघु मात्रा दीर्घ सिद्ध हुई है.
8. यत्र शब्द में लघु वर्ण य के आगे संयुक्त वर्ण त्र आने से वर्ण य की लघु मात्रा दीर्घ सिद्ध हुई है.

9. कन्या: शब्द में लघु वर्ण क के आगे संयुक्त वर्ण न्य आने से वर्ण क की लघु मात्रा दीर्घ सिद्ध हुई है.

(यक्ष परियाँ)

दोहा॰

यक्षों की परियाँ यहाँ, कन्या सुंदर रूप ।
देव-देवता चाहते, उनका रम्य स्वरूप ।।

अमृत जल मंदाकिनी, उन्हें पिलाती रोज ।
जिससे सुघटित ललित हैं, उनके कलित उरोज ।।

नदी किनारे बालुका, लसित सुनहरा रंग ।
चंद्र सूर्य भी देख कर, रह जाते हैं दंग ।।

नदी किनारे हो जहाँ, मंदारों की छाँव ।
वहाँ रेत पर बैठ कर, चले खेल के दाँव ।।

रत्न छिपा कर रेत में, कन्याएँ चुपचाप ।
उन्हें ढूँढ कर खोजती, करने स्नेह मिलाप ।।

6.

नीवीबन्धोच्छ्वसितशिथिलं यत्र बिम्बाधाराणां
क्षौमं रागादनिभृतकरेष्वाक्षिपत्सु प्रियेषु ।
अर्चिस्तुङ्गानभिमुखमपि प्राप्तरत्नप्रदीपान्
ह्रीमूढानां भवति विफलप्रेरणच्चूर्णमुष्टि: ।।

नीवीब [1]	न्धोच्छ्वसि	तशिथि	लंयत्र [2]	बिम्बाधा	राणाम्
ऽ ऽ ऽ	ऽ । ।	। । ।	ऽ ऽ ।	ऽ ऽ ।	ऽ ऽ
क्षौमंरा	गादनि	भृतक	रेष्वाक्षि	पत्सुप्रि [3]	येषु *
ऽ ऽ ऽ	ऽ । ।	। । ।	ऽ ऽ ।	ऽ ऽ ।	ऽ ऽ
अर्चिस्तु [4]	ङ्गानाभि	मुखम	पिप्राप्त [5]	रत्नप्र [6]	दीपान्
ऽ ऽ ऽ	ऽ । ।	। । ।	ऽ ऽ ।	ऽ ऽ ।	ऽ ऽ
ह्रीमूढा	नांभव	तिविफ	लप्रेर [7]	णच्चूर्ण [7]	मुष्टि: [7]

ऽ ऽ ऽ	ऽ । ।	। । ।	ऽ ऽ ।	ऽ ऽ ।	ऽ ऽ

* अंतिम 17 वीं लघु (।) मात्रा भी गुरु (ऽ) मानी गयी है.

पाद टिप्पणियाँ :

1. बन्ध शब्द में लघु वर्ण ब के आगे संयुक्त वर्ण न्ध आने से वर्ण ब की लघु मात्रा दीर्घ सिद्ध हुई है.
2. यत्र शब्द में लघु वर्ण य के आगे संयुक्त वर्ण त्र आने से वर्ण य की लघु मात्रा दीर्घ सिद्ध हुई है.
3. आक्षिपत्सु प्रियेषु शब्द समूह में लघु वर्ण प के आगे संयुक्त वर्ण त्स आने से और वर्ण त्सु के आगे संयुक्त वर्ण प्र आने से वर्ण प और त्सु की लघु मात्राएँ दीर्घ सिद्ध हुई हैं.
4. अर्चिस्तुङ्गान् शब्द समूह में लघु वर्ण अ के आगे संयुक्त वर्ण र्च आने से, वर्ण र्चि के आगे संयुक्त वर्ण स्त आने से और वर्ण स्तु के आगे संयुक्त वर्ण ङ्ग आने से वर्ण अ, र्चि और स्तु की लघु मात्राएँ दीर्घ सिद्ध हुई हैं.
5. अभिमुखमपि प्राप्त शब्द समूह में लघु वर्ण पि के आगे संयुक्त वर्ण प्र आने से वर्ण पि की लघु मात्रा दीर्घ सिद्ध हुई है.
6. रत्नप्रदीपान् शब्द समूह में लघु वर्ण र के आगे संयुक्त वर्ण त्न आने से और वर्ण त्न के आगे संयुक्त वर्ण प्र आने से वर्ण र और त्न की लघु मात्राएँ दीर्घ सिद्ध हुई हैं.
7. विफलप्रेरणच्चूर्णमुष्टि: शब्द समूह में लघु वर्ण ल के आगे संयुक्त वर्ण प्र आने से, वर्ण ण के आगे संयुक्त वर्ण च्च आने से और वर्ण मु के आगे संयुक्त वर्ण ष्ट आने से वर्ण ल, ण और मु की लघु मात्राएँ दीर्घ सिद्ध हुई हैं.

(और)

दोहा० **अलका नगरी की स्त्रियाँ, अधर सजीले लाल ।**
प्रीतम पर माया किए, डालत रति का जाल ।।

खींच रेशमी वस्त्र को, पिया उन्हें धर पाय ।
लज्जा की मारी हुईं, नारी मन मुसकाय ।।

रत्नदीप के सामने, बैठी सुंदर नार ।
कुंकुम भरती माँग में, सर्व श्रेष्ठ शृंगार ।।

7.

नेत्रा नीता: सततगतिना यद्विमानाग्रभूमी-
रालेख्यानां नवजलकणैर्दोषमुत्पाद्य सद्य: ।

शङ्कास्पृष्टा इव जलमुचस्त्वादृशा जालमार्गै-
र्धूमोद्गारानुकृतिनिपुणा जर्जरा निष्पतन्ति ।।

नेत्रानी	ता:सत	तगति	नायद्वि[1]	मानाग्र	भूमीः
ऽ ऽ ऽ	ऽ । ।	। । ।	ऽ ऽ ।	ऽ ऽ ।	ऽ ऽ
ओलेख्या	नांनव	जलक	णैर्दोष	मुत्पाद्या[2]	सद्य:[3]
ऽ ऽ ऽ	ऽ । ।	। । ।	ऽ ऽ ।	ऽ ऽ ।	ऽ ऽ
शङ्कास्पृ[4]	ष्टाइव	जलमु	चस्त्वादृ[5]	शाजाल	मार्गैः
ऽ ऽ ऽ	ऽ । ।	। । ।	ऽ ऽ ।	ऽ ऽ ।	ऽ ऽ
धूमोद्गा	रानुकृ	तिनिपु	णाजर्ज[6]	रानिष्प[7]	तन्ति[7] *[1]
ऽ ऽ ऽ	ऽ । ।	। । ।	ऽ ऽ ।	ऽ ऽ ।	ऽ ऽ

* अंतिम 17 वीं लघु (।) मात्रा भी गुरु (ऽ) मानी गयी है.

<u>पाद टिप्पणियाँ :</u>

1. यद्विमानाग्रभूमि: शब्द समूह में लघु वर्ण य के आगे संयुक्त वर्ण द्व आने से वर्ण य की लघु मात्रा दीर्घ सिद्ध हुई है.
2. दोषमुत्पाद्य शब्द समूह में लघु वर्ण मु के आगे संयुक्त वर्ण त्प आने से वर्ण मु की लघु मात्रा दीर्घ सिद्ध हुई है.
3. सद्य: शब्द में लघु वर्ण स के आगे संयुक्त वर्ण द्य आने से वर्ण स की लघु मात्रा दीर्घ सिद्ध हुई है.
4. शङ्कास्पृष्टा शब्द समूह में लघु वर्ण श के आगे संयुक्त वर्ण ङ्क आने से और वर्ण स्पृ के आगे संयुक्त वर्ण ष्ट आने से वर्ण श और स्पृ की लघु मात्राएँ दीर्घ सिद्ध हुई हैं.
5. जलमुचस्त्वादृशा शब्द समूह में लघु वर्ण च के आगे संयुक्त वर्ण स्त्व आने से वर्ण च की लघु मात्रा दीर्घ सिद्ध हुई है.
6. जर्जरा शब्द में लघु वर्ण ज के आगे संयुक्त वर्ण र्ज आने से वर्ण ज की लघु मात्रा दीर्घ सिद्ध हुई है.
7. निष्पतन्ति शब्द में लघु वर्ण नि के आगे संयुक्त वर्ण ष्प आने से और वर्ण त के आगे संयुक्त वर्ण न्त आने से वर्ण ष्प और त की लघु मात्राएँ दीर्घ सिद्ध हुई हैं.

(और भी)

दोहा॰ अलका नगरी के सजे, महल बहुत मनहार ।
सतखंडे प्रासाद की, अटारियाँ सृकदार ।।

चंचल झोंक गवाक्ष से, भीतर घुस कर चोर ।

भीत्तिचित्र रस चूसते, बिना मचाए शोर ।।

सुंदर कला बिगाड़ कर, नमी वहीं पर छोड़ ।
वातायन से भागते, छली मेघ बेजोड़ ।।

8.

यत्र स्त्रीणां प्रियतमभुजालिङ्गनोच्छ्वासिताना-
मङ्गग्लानिं सुरतजनितां तन्तुजालावलम्बाः ।
त्वत्संरोधापगमविशदैश्चन्द्रपादैर्निशीथे
व्यालुम्पन्ति स्फुटजललवस्यन्दिनश्चन्द्रकान्ताः ।।

यत्रस्त्री [1]	णांप्रिय	तमभु	जालिङ्ग [2]	नोच्छ्वासि	तानाम्
ऽ ऽ ऽ	ऽ । ।	। । ।	ऽ ऽ ।	ऽ ऽ ।	ऽ ऽ
अङ्गग्ला [3]	निंसुर	तजनि	तांतन्तु [4]	जालाव	लम्बाः [5]
ऽ ऽ ऽ	ऽ । ।	। । ।	ऽ ऽ ।	ऽ ऽ ।	ऽ ऽ
त्वत्संरो [6]	धापग	मविश	दैश्चन्द्र [7]	पादैर्नि	शीथे
ऽ ऽ ऽ	ऽ । ।	। । ।	ऽ ऽ ।	ऽ ऽ ।	ऽ ऽ
व्यालुम्प [8]	न्तिस्फुट [8]	जलल	वस्यन्दि [8]	नश्चन्द्र [8]	कान्ताः
ऽ ऽ ऽ	ऽ । ।	। । ।	ऽ ऽ ।	ऽ ऽ ।	ऽ ऽ

पाद टिप्पणियाँ :

1. यत्र स्त्रीणां शब्द समूह में लघु वर्ण य के आगे संयुक्त वर्ण त्र आने से और वर्ण त्र के आगे संयुक्त वर्ण स्त्र आने से वर्ण य और त्र की लघु मात्राएँ दीर्घ सिद्ध हुई हैं.
2. भुजालिङ्गन शब्द में लघु वर्ण लि के आगे संयुक्त वर्ण ङ्ग आने से वर्ण लि की लघु मात्रा दीर्घ सिद्ध हुई है.
3. अङ्गग्लानिं शब्द समूह में लघु वर्ण अ के आगे संयुक्त वर्ण ङ्ग आने से और वर्ण ङ्ग के आगे संयुक्त वर्ण ग्ल आने से वर्ण अ और ङ्ग की लघु मात्राएँ दीर्घ सिद्ध हुई हैं.
4. तन्तु शब्द समूह में लघु वर्ण त के आगे संयुक्त वर्ण न्त आने से वर्ण त की लघु मात्रा दीर्घ सिद्ध हुई है.
5. जालावलम्बाः शब्द समूह में लघु वर्ण ल के आगे संयुक्त वर्ण म्ब आने से वर्ण ल की लघु मात्रा दीर्घ सिद्ध हुई है.
6. त्वत्संरोध शब्द समूह में लघु वर्ण त्व के आगे संयुक्त वर्ण त्स आने से वर्ण त्व की लघु मात्रा दीर्घ सिद्ध हुई है.

5. विशदैश्चन्द्रपादैः शब्द समूह में लघु वर्ण श्च के आगे संयुक्त वर्ण न्द्र आने से वर्ण श्च की लघु मात्रा दीर्घ सिद्ध हुई है.
6. व्यालुम्पन्ति स्फुटजललवस्यन्दिनश्चन्द्रकान्ताः पंक्ति के शब्द समूह में लघु वर्ण लु के आगे संयुक्त वर्ण म्प आने से, वर्ण म्प के आगे संयुक्त वर्ण न्त आने से, वर्ण न्त के आगे संयुक्त वर्ण स्फ आने से, वर्ण व के आगे संयुक्त वर्ण स्य आने से, वर्ण स्य के आगे संयुक्त वर्ण न्द आने से, वर्ण न के आगे संयुक्त वर्ण श्च आने से और वर्ण श्च के आगे संयुक्त वर्ण न्द्र आने से वर्ण लु, म्प, न्ति, व, स्य, न और श्च की लघु मात्राएँ दीर्घ सिद्ध हुई हैं.

(कामिनियाँ)

दोहा॰ **सूनी आधी रात में, निरभ्र जब आकाश ।**
पूर्ण चंद्र की चाँदनी, डाले शुभ्र प्रकाश ।।

किरणें मणियों पर पड़े, सप्त वर्ण के संग ।
फुहार चूती बिंदु की, इंद्रधनुष सा रंग ।।

कामिनियाँ उन बिंदु से, पाती मधु मुसकान ।
आलिंगन से अंग की, होती दूर थकान ।।

9.

अक्षय्यान्तर्भवननिधयः प्रत्यहं रक्तकण्ठै-
रुद्गायद्भिर्धनपतियशः किन्नरैर्यत्र सार्धम् ।
वैभ्राजाख्यं विबुधवनितावारमुख्यासहाया
बद्धालापा बहिरुपवनं कामिनो निर्विशन्ति ।।

अक्षय्या[1]	न्तर्भव[1]	ननिध	यः प्रत्य[2]	हंरक्त[3]	कण्ठैः[3]
ऽ ऽ ऽ	ऽ । ।	। । ।	ऽ ऽ ।	ऽ ऽ ।	ऽ ऽ
उद्गाय[4]	द्भिर्धन[4]	पतिय	शःकिन्न[5]	रैर्यत्र[5]	सार्धम्
ऽ ऽ ऽ	ऽ । ।	। । ।	ऽ ऽ ।	ऽ ऽ ।	ऽ ऽ
वैभ्राजा	ख्यंबिबु	धवनि	तावार	मुख्यास[6]	हाया
ऽ ऽ ऽ	ऽ । ।	। । ।	ऽ ऽ ।	ऽ ऽ ।	ऽ ऽ
बद्धाला[7]	पाबहि	रुपव	नंकामि	नोनिर्वि[8]	शन्ति *[8]
ऽ ऽ ऽ	ऽ । ।	। । ।	ऽ ऽ ।	ऽ ऽ ।	ऽ ऽ

* अंतिम 17 वीं लघु (।) मात्रा भी गुरु (ऽ) मानी गयी है.

पाद टिप्पणियाँ :

1. अक्षय्यान्तर्भवननिधय: शब्द समूह में लघु वर्ण अ के आगे संयुक्त वर्ण क्ष आने से, वर्ण क्ष के आगे संयुक्त वर्ण य्य आने से और वर्ण न्त के आगे संयुक्त वर्ण र्भ आने से वर्ण अ, क्ष और न्त की लघु मात्राएँ दीर्घ सिद्ध हुई हैं.
2. प्रत्यहं शब्द समूह में लघु वर्ण प्र के आगे संयुक्त वर्ण त्य आने से वर्ण प्र की लघु मात्रा दीर्घ सिद्ध हुई है.
3. रक्तकण्ठै: शब्द में लघु वर्ण र के आगे संयुक्त वर्ण क्त आने से और वर्ण क के आगे संयुक्त वर्ण ण्ठ आने से वर्ण र और क की लघु मात्राएँ दीर्घ सिद्ध हुई हैं.
4. उद्गायद्भिर्धनपतियश: शब्द समूह में लघु वर्ण उ के आगे संयुक्त वर्ण द्ग आने से, वर्ण य के आगे संयुक्त वर्ण द्भ आने से और वर्ण द्भि के आगे संयुक्त वर्ण र्ध आने से वर्ण उ, य और द्भि की लघु मात्राएँ दीर्घ सिद्ध हुई हैं.
5. किन्नरैर्यत्र शब्द समूह में लघु वर्ण कि के आगे संयुक्त वर्ण न्न आने से और वर्ण र्य के आगे संयुक्त वर्ण त्र आने से वर्ण कि और र्य की लघु मात्राएँ दीर्घ सिद्ध हुई हैं.
6. मुख्यासहाया शब्द समूह में लघु वर्ण मु के आगे संयुक्त वर्ण ख्य आने से वर्ण मु की लघु मात्रा दीर्घ सिद्ध हुई है.
7. बद्धालापा शब्द में लघु वर्ण ब के आगे संयुक्त वर्ण द्ध आने से वर्ण ब की लघु मात्रा दीर्घ सिद्ध हुई है.
8. निर्विशन्ति शब्द में लघु वर्ण नि के आगे संयुक्त वर्ण र्व आने से और वर्ण श के आगे संयुक्त वर्ण न्त आने से वर्ण नि और श की लघु मात्राएँ दीर्घ सिद्ध हुई हैं.

(ऐश्वर्य)

दोहा० **अलका नगरी के सभी, महलों में धन रास ।**
अखूट दौलत है भरी, हर नारी के पास ।।

सुंदर सुरवारांगना, करती प्रेमालाप ।
किन्नर यक्ष–कुबेर के, गाते छंद अमाप ।।

कुबेर करते हैं जहाँ, उद्यान में विहार ।
यश गाते गंधर्व हैं, करके स्तुति सत्कार ।।

10.

गत्युत्कम्पादलकपतितैर्यत्र मन्दारपुष्पै:
पत्रच्छेदै: कनककमलै: कर्णविभ्रंशिभिश्च ।

मुक्ताजालैः स्तनपरिसरश्छिन्नसूत्रैश्च हारै-
नैंशो मार्गः सवितुरुदये सूच्यते कामिनीनाम् ।।

गत्युत्क [1]	म्पादल	कपति	तैर्यत्र [1]	मन्दार [2]	पुष्पैः [3]
ऽ ऽ ऽ	ऽ । ।	। । ।	ऽ ऽ ।	ऽ ऽ ।	ऽ ऽ
पत्रच्छे [4]	दैःकन	ककम	लैःकर्ण [5]	विभ्रंशि [5]	भिश्च * [5]
ऽ ऽ ऽ	ऽ । ।	। । ।	ऽ ऽ ।	ऽ ऽ ।	ऽ ऽ
मुक्ताजा [6]	लैःस्तन	परिस	रश्छिन्न [7]	सूत्रैश्च	हारैः
ऽ ऽ ऽ	ऽ । ।	। । ।	ऽ ऽ ।	ऽ ऽ ।	ऽ ऽ
नैशोमा	र्गःसवि	तुरुद	येसूच्य	तेकामि	नीनाम्
ऽ ऽ ऽ	ऽ । ।	। । ।	ऽ ऽ ।	ऽ ऽ ।	ऽ ऽ

* अंतिम 17 वीं लघु (।) मात्रा भी गुरु (ऽ) मानी गयी है.

पाद टिप्पणियाँ :

1. गत्युत्कम्पादलकपतितैर्यत्र शब्द समूह में लघु वर्ण ग के आगे संयुक्त वर्ण त्य आने से, वर्ण त्यु के आगे संयुक्त वर्ण त्क आने से, वर्ण त्क के आगे संयुक्त वर्ण म्प आने से और वर्ण र्य के आगे संयुक्त वर्ण त्र आने से वर्ण ग, त्यु, त्क और र्य की लघु मात्राएँ दीर्घ सिद्ध हुई हैं.
2. मन्दार शब्द में लघु वर्ण म के आगे संयुक्त वर्ण न्द आने से वर्ण म की लघु मात्रा दीर्घ सिद्ध हुई है.
3. पुष्प शब्द में लघु वर्ण पु के आगे संयुक्त वर्ण ष्प आने से वर्ण पु की लघु मात्रा दीर्घ सिद्ध हुई है.
4. पत्रच्छेदैः शब्द में लघु वर्ण प के आगे संयुक्त वर्ण त्र आने से और वर्ण त्र के आगे संयुक्त वर्ण च्छ आने से वर्ण प और त्र की लघु मात्राएँ दीर्घ सिद्ध हुई हैं.
5. कर्णविभ्रंशिभिश्च शब्द समूह में लघु वर्ण क के आगे संयुक्त वर्ण र्ण आने से, वर्ण वि के आगे संयुक्त वर्ण भ्र आने से और वर्ण भि के आगे संयुक्त वर्ण श्च आने से वर्ण क, वि और भि की लघु मात्राएँ दीर्घ सिद्ध हुई हैं.
6. मुक्तजालैः शब्द में लघु वर्ण मु के आगे संयुक्त वर्ण क्त आने से वर्ण मु की लघु मात्रा दीर्घ सिद्ध हुई है.
7. स्तनपरिसरश्छिन्नसूत्रैश्च शब्द समूह में लघु वर्ण र के आगे संयुक्त वर्ण श्छ आने से और वर्ण श्छि के आगे संयुक्त वर्ण न्न आने से वर्ण र और श्छि की लघु मात्राएँ दीर्घ सिद्ध हुई हैं.

(और फिर)

दोहा॰ प्रातः में अलकापुरी, सुर्योदय के काल ।
रतिमय माया रात की, खो देती तत्काल ।।

कामिनियों का रात भर, प्रणय मग्न अभिसार ।
बालों से खिसके हुए, पुष्प गुच्छ मंदार; ।।

कानों से सरके हुए, झूमर पत्तेदार ।
जूड़े में गूथे हुए, टूटे मौक्तिक हार; ।।

उरोज से फिसली हुई, लड़ियाँ लच्छेदार ।
हाल बताती रात का, यौवन मदन सवार ।।

11.

मत्वा देवं धनपतिसखं यत्र साक्षाद्वसन्तं
प्रायश्चापं न वहति भयान्मन्मथ: षट्पदज्यम् ।
सभ्रूभङ्गप्रहितनयनै: कामिलक्ष्येष्वामोघै-
स्तस्यारम्भश्चतुरवनिताविभ्रमैरेव सिद्ध: ।।

मत्वादे[1]	वंधन	पतिस	खंयत्र[2]	साक्षाद्व	सन्तम्[3]
ऽ ऽ ऽ	ऽ । ।	। । ।	ऽ ऽ ।	ऽ ऽ ।	ऽ ऽ
प्रायश्चा[4]	पंनव	हतिभ	यान्मन्म[5]	थ:षट्प[6]	दज्यम्[6]
ऽ ऽ ऽ	ऽ । ।	। । ।	ऽ ऽ ।	ऽ ऽ ।	ऽ ऽ
सभ्रूभ[7]	ङ्गप्रहि[7]	तनय	नै:कामि	लक्ष्येष्वा[8]	मोघै:
ऽ ऽ ऽ	ऽ । ।	। । ।	ऽ ऽ ।	ऽ ऽ ।	ऽ ऽ
तस्यार[9]	म्भश्चतु[9]	रवनि	ताविभ्र[10]	मैरेव	सिद्ध:[11]
ऽ ऽ ऽ	ऽ । ।	। । ।	ऽ ऽ ।	ऽ ऽ ।	ऽ ऽ

पाद टिप्पणियाँ :

1. मत्वा शब्द में लघु वर्ण म के आगे संयुक्त वर्ण त्व आने से वर्ण म की लघु मात्रा दीर्घ सिद्ध हुई है।

2. यत्र शब्द में लघु वर्ण य के आगे संयुक्त वर्ण त्र आने से वर्ण य की लघु मात्रा दीर्घ सिद्ध हुई है।

3. साक्षाद्वसन्तम् शब्द समूह में लघु वर्ण स के आगे संयुक्त वर्ण न्त आने से वर्ण स की लघु मात्रा दीर्घ सिद्ध हुई है।

4. प्रायश्चापम् शब्द समूह में लघु वर्ण य के आगे संयुक्त वर्ण श्च आने से वर्ण य की लघु मात्रा दीर्घ सिद्ध हुई है।

5. भयान्मन्मथ: शब्द में लघु वर्ण न्म के आगे दूसरा संयुक्त वर्ण न्म आने से प्रथम वर्ण न्म की लघु मात्रा दीर्घ सिद्ध हुई है.
6. षट्पदज्यम् शब्द में लघु वर्ण ष के आगे संयुक्त वर्ण ट्प आने से और लघु वर्ण द के आगे संयुक्त वर्ण ज्य आने से वर्ण ष और द वर्णों की लघु मात्राएँ दीर्घ सिद्ध हुई हैं.
7. सभ्रूभङ्गप्रहित शब्द समूह में लघु वर्ण स के आगे संयुक्त वर्ण भ्र आने से, वर्ण भ के आगे संयुक्त वर्ण ङ्ग आने से और वर्ण ङ्ग के आगे संयुक्त वर्ण प्र आने से वर्ण स, भ और ङ्ग की लघु मात्राएँ दीर्घ सिद्ध हुई हैं.
8. कामिलक्ष्येषु शब्द में लघु वर्ण ल के आगे संयुक्त वर्ण क्ष्य आने से प्रथम वर्ण ल की लघु मात्रा दीर्घ सिद्ध हुई है.
9. विभ्रमै: शब्द में लघु वर्ण वि के आगे संयुक्त वर्ण भ्र आने से प्रथम वर्ण वि की लघु मात्रा दीर्घ सिद्ध हुई है.
10. सिद्ध शब्द में लघु वर्ण सि के आगे संयुक्त वर्ण द्ध आने से प्रथम वर्ण सि की लघु मात्रा दीर्घ सिद्ध हुई है.

(कामदेव)

दोहा॰ अलकानगरीमेंबसे,कुबेरजीकेमित्र।
शिवशंकर को देख कर, कामदेव हत गात्र ।।

अनंग अपने धनुष पर, बाण चढ़ाने मात्र ।
प्रत्यंचा को खींचने, रहता तभी अपात्र ।।

कामीजन उसके लिए, होते सरल शिकार ।
नारी की तिरछी नजर, उसका शर आधार ।।

12.

वासश्चित्रं मधु नयनयोर्विभ्रमादेशदक्षं
पुष्पोद्भेदं सह किसलयैर्भूषणानां विकल्पान् ।
लाक्षारागं चरणकमलन्यासयोग्यं च यस्या-
मेक: सूते सकलमबलामण्डनं कल्पवृक्ष: ।।

वासश्चि[1]	त्रंमधु	नयन	योर्विभ्र[2]	मादेश	दक्षम्[3]
ऽ ऽ ऽ	ऽ । ।	। । ।	ऽ ऽ ।	ऽ ऽ ।	ऽ ऽ
पुष्पोद्भे[4]	दंसह	किसल	यैर्भूष	णानांवि	कल्पान्[5]
ऽ ऽ ऽ	ऽ । ।	। । ।	ऽ ऽ ।	ऽ ऽ ।	ऽ ऽ

लाक्षारा	गंचर	णकम	लन्यास[6]	योग्यंच	यस्याम्[7]
ऽ ऽ ऽ	ऽ । ।	। । ।	ऽ ऽ ।	ऽ ऽ ।	ऽ ऽ
एक:सू	तेसक	लमब	लामण्ड[8]	नंकल्प[9]	वृक्ष:[10]
ऽ ऽ ऽ	ऽ । ।	। । ।	ऽ ऽ ।	ऽ ऽ ।	ऽ ऽ

पाद टिप्पणियाँ :

1. वासश्चित्रं शब्द में लघु वर्ण स के आगे संयुक्त वर्ण श्च आने से और लघु वर्ण श्चि के आगे संयुक्त वर्ण त्र आने से वर्ण स और श्चि वर्णों की लघु मात्राएँ दीर्घ सिद्ध हुई हैं.
2. विभ्रम शब्द में लघु वर्ण वि के आगे संयुक्त वर्ण भ्र आने से प्रथम वर्ण वि की लघु मात्रा दीर्घ सिद्ध हुई है.
3. दक्ष शब्द में लघु वर्ण द के आगे संयुक्त वर्ण क्ष आने से प्रथम वर्ण द की लघु मात्रा दीर्घ सिद्ध हुई है.
4. पुष्प शब्द में लघु वर्ण पु के आगे संयुक्त वर्ण ष्प आने से वर्ण पु की लघु मात्रा दीर्घ सिद्ध हुई है.
5. कल्प शब्द में लघु वर्ण क के आगे संयुक्त वर्ण ल्प आने से वर्ण क की लघु मात्रा दीर्घ सिद्ध हुई है.
6. चरणकमलन्यास शब्द समूह में लघु वर्ण ल के आगे संयुक्त वर्ण न्य आने से प्रथम वर्ण ल की लघु मात्रा दीर्घ सिद्ध हुई है.
7. यस्याम् शब्द में लघु वर्ण य के आगे संयुक्त वर्ण स्य आने से वर्ण य की लघु मात्रा दीर्घ सिद्ध हुई है.
8. मण्डनम् शब्द में लघु वर्ण म के आगे संयुक्त वर्ण ण्ड आने से वर्ण म की लघु मात्रा दीर्घ सिद्ध हुई है.
9. कल्प शब्द में लघु वर्ण क के आगे संयुक्त वर्ण ल्प आने से वर्ण क की लघु मात्रा दीर्घ सिद्ध हुई है.
10. वृक्ष: शब्द में लघु वर्ण वृ के आगे संयुक्त वर्ण क्ष आने से वर्ण वृ की लघु मात्रा दीर्घ सिद्ध हुई है.

(शृंगार)

दोहा॰ **अलका नगरी में वहाँ, सबका वस्त्र विलास ।**
रेशम नाना रंग के, ज़री कशीदा खास ।।

नैना कजरारे किए, चंचल चटक हसीन ।
सजे महावर पैर पर, चरणकमल रंगीन ।।

पुषित गहने अंग पर, रंग-गंध पर्याप्त ।
सामग्री श्रृंगार की, कल्पवृक्ष से प्राप्त ।।

13.

तत्रागारं धनपतिगृहानुत्तरेणास्मदीयं
दूराल्लक्ष्यं सुरपतिधनुश्चारुणा तोरणेन ।
यस्योपान्ते कृतकतनय: कान्तया वर्धितो मे
हस्तप्राप्यस्तबकनमितो बालमन्दारवृक्ष: ।।

तत्रागा [1]	रंधन	पतिगृ	हानुत्त [2]	रेणास्म	दीयम्
ऽ ऽ ऽ	ऽ । ।	। । ।	ऽ ऽ ।	ऽ ऽ ।	ऽ ऽ
दूराल्ल [3]	क्ष्यंसुर	पतिध	नुश्चारु [4]	णातोर	णेन *
ऽ ऽ ऽ	ऽ । ।	। । ।	ऽ ऽ ।	ऽ ऽ ।	ऽ ऽ
यस्योपा [5]	न्तेकृत	कतन	य:कान्त	यावर्धि [6]	तोमे
ऽ ऽ ऽ	ऽ । ।	। । ।	ऽ ऽ ।	ऽ ऽ ।	ऽ ऽ
हस्तप्रा [7]	प्यस्तब [7]	कनमि	तोबाल	मन्दार [8]	वृक्ष: [8]
ऽ ऽ ऽ	ऽ । ।	। । ।	ऽ ऽ ।	ऽ ऽ ।	ऽ ऽ

* अंतिम 17 वीं लघु (।) मात्रा भी गुरु (ऽ) मानी गयी है.

<u>पाद टिप्पणियाँ :</u>

1. तत्रागारम् शब्द समूह में लघु वर्ण त के आगे संयुक्त वर्ण त्र आने से वर्ण त की लघु मात्रा दीर्घ सिद्ध हुई है.
2. गृहानुत्तरेण शब्द समूह में लघु वर्ण नु के आगे संयुक्त वर्ण त्त आने से वर्ण नु की लघु मात्रा दीर्घ सिद्ध हुई है.
3. दूराल्लक्षम् शब्द समूग में लघु वर्ण ल्ल के आगे संयुक्त वर्ण क्ष आने से वर्ण ल्ल की लघु मात्रा दीर्घ सिद्ध हुई है.
4. धनुश्चारुणा शब्द समूह में लघु वर्ण नु के आगे संयुक्त वर्ण श्च आने से वर्ण नु की लघु मात्रा दीर्घ सिद्ध हुई है.
5. यस्योपान्ते शब्द समूह में लघु वर्ण य के आगे संयुक्त वर्ण स्य आने से वर्ण य की लघु मात्रा दीर्घ सिद्ध हुई है.
6. वर्धितो शब्द में लघु वर्ण व के आगे संयुक्त वर्ण र्ध आने से वर्ण व की लघु मात्रा दीर्घ सिद्ध हुई है.
7. हस्तप्राप्यस्तबकनमितो शब्द समूह में लघु वर्ण ह के आगे संयुक्त वर्ण स्त आने से, वर्ण स्त के

आगे संयुक्त वर्ण प्र आने से और वर्ण प्य के आगे संयुक्त वर्ण स्त आने से वर्ण ह, स्त और प्य की लघु मात्राएँ दीर्घ सिद्ध हुई हैं.

8. वृक्ष: शब्द में लघु वर्ण वृ के आगे संयुक्त वर्ण क्ष आने से वर्ण वृ की लघु मात्रा दीर्घ सिद्ध हुई है.

8. मन्दारवृक्ष: शब्द में लघु वर्ण म के आगे संयुक्त वर्ण न्द आने से और लघु वर्ण वृ के आगे संयुक्त वर्ण क्ष आने से वर्ण म और वृ वर्णों की लघु मात्राएँ दीर्घ सिद्ध हुई हैं.

(यक्ष-यक्षिणी आवास)

दोहा॰ अलका नगरी में उसी, मेरा है आवास ।
जिसके दक्षिण में बना, कुबेर जी का वास ।।

मेरे घर के सामने, तोरण चंद्र कमान ।
इंद्र धनुष सा द्वार है, सुबोध है पहिचान ।।

घर के आगे वृक्ष है, मंदार का महान ।
मेरी पत्नी ने जिसे, पाला पुत्र समान ।।

पुष्पित रहता है सदा, प्रसून गुच्छेदार ।
हाथ बढ़ा कर चुन सको, झुकी हुई हर डार ।।

14.

वापी चास्मिन्मरकतशिलाबद्धसोपानमार्गा
हैमैश्छन्ना विकचकमलैः स्निग्धवैदूर्यनालैः ।
यस्यास्तोये कृतवसतयो मानसं सन्निकृष्टं
न ध्यास्यन्ति व्यपगतशुचस्त्वामपि प्रेक्ष्य हंसाः ।।

वापीचा	स्मिन्मर[1]	कतशि	लाबद्ध[2]	सोपान	मार्गा
ऽ ऽ ऽ	ऽ । ।	। । ।	ऽ ऽ ।	ऽ ऽ ।	ऽ ऽ
हैमैश्छ[3]	न्नाविक	चकम	लैःस्निग्ध[3]	वैदूर्य	नालैः
ऽ ऽ ऽ	ऽ । ।	। । ।	ऽ ऽ ।	ऽ ऽ ।	ऽ ऽ
यस्यास्तो[4]	येकृत	वसत	योमान	संसन्नि[5]	कृष्टम्[5]
ऽ ऽ ऽ	ऽ । ।	। । ।	ऽ ऽ ।	ऽ ऽ ।	ऽ ऽ

नध्यास्य [6]	न्तिव्यप [6]	गतशु	चस्त्वाम [7]	पिप्रेक्ष्य [8]	हंसाः
ऽ ऽ ऽ	ऽ । ।	। । ।	ऽ ऽ ।	ऽ ऽ ।	ऽ ऽ

पाद टिप्पणियाँ :

1. अस्मिन्मरकत शब्द समूह में लघु वर्ण स्मि के आगे संयुक्त वर्ण न्म आने से वर्ण स्मि की लघु मात्रा दीर्घ सिद्ध हुई है।

2. बद्ध शब्द में लघु वर्ण ब के आगे संयुक्त वर्ण द्ध आने से वर्ण ब की लघु मात्रा दीर्घ सिद्ध हुई है।

3. हैमैश्छन्ना शब्द में लघु वर्ण श्छ के आगे संयुक्त वर्ण न्न आने से वर्ण श्छ की लघु मात्रा दीर्घ सिद्ध हुई है।

4. स्निग्ध शब्द में लघु वर्ण स्नि के आगे संयुक्त वर्ण ग्ध आने से वर्ण स्नि की लघु मात्रा दीर्घ सिद्ध हुई है।

5. सन्निकृष्टम् शब्द में लघु वर्ण स के आगे संयुक्त वर्ण न्न आने से और लघु वर्ण कृ के आगे संयुक्त वर्ण ष्ट आने से वर्ण स और कृ वर्णों की लघु मात्राएँ दीर्घ सिद्ध हुई हैं।

6. न ध्यास्यन्ति व्यपगतशुच: शब्द समूह में लघु वर्ण न के आगे संयुक्त वर्ण ध्य आने से और लघु वर्ण न्ति के आगे संयुक्त वर्ण व्य आने से वर्ण न और न्ति वर्णों की लघु मात्राएँ दीर्घ सिद्ध हुई हैं।

7. शुचस्त्वाम् शब्द समूह में लघु वर्ण च के आगे संयुक्त वर्ण स्त्व आने से वर्ण च की लघु मात्रा दीर्घ सिद्ध हुई है।

8. अपि प्रेक्षहंसा: शब्द समूह में लघु वर्ण पि के आगे संयुक्त वर्ण प्र आने से वर्ण पि की लघु मात्रा दीर्घ सिद्ध हुई है।

(सुंदरता)

दोहा॰   घर के भीतर बावड़ी, जीवन करे प्रदान ।
        नीचे जाने के लिए, उसमें है सोपान ।।

        पौड़ी पर पन्ना जड़ा, बिल्लौरी है फर्श ।
        कमल बने हैं कनक के, चिकना जिनका स्पर्श ।।

        हंस वहाँ के नीर में, इतने हैं संतुष्ट ।
        मानस सरवर भी उन्हें, नहीं करे आकृष्ट ।।

15.

तस्यास्तीरे रचितशिखर: पेशलैरिन्द्रनीलै:
क्रीडाशैल: कनककदलीवेष्टनप्रेक्षणीय: ।
मद्द्रोहिन्या: प्रिय इति सखे चेतसा कातरेण
प्रेक्ष्योपान्तस्फुरिततडितं त्वां तमेव स्मरामि ।।

तस्यास्ती[1]	रेरचि	तशिख	र:पेश	लैरिन्द्र[2]	नीलै:
S S S	S ।।	।।।	S S ।	S S ।	S S
क्रीडाशै	ल:कन	ककद	लीवेष्ट	नप्रेक्ष[3]	णीय:
S S S	S ।।	।।।	S S ।	S S ।	S S
मद्द्रोहि[4]	न्या:प्रिय	इतिस	खेचेत	साकात	रेण *
S S S	S ।।	।।।	S S ।	S S ।	S S
प्रेक्ष्योपा	न्तस्फुरि[5]	ततडि	तंत्वांत	मेवस्म[6]	रामि *
S S S	S ।।	।।।	S S ।	S S ।	S S

* अंतिम 17 वीं लघु (।) मात्रा भी गुरु (S) मानी गयी है।

पाद टिप्पणियाँ :

1. तस्यास्तीरे शब्द समूह में लघु वर्ण त के आगे संयुक्त वर्ण स्य आने से वर्ण त की लघु मात्रा दीर्घ सिद्ध हुई है।

2. पेशलैरिन्द्रनीलै: शब्द समूह में लघु वर्ण रि के आगे संयुक्त वर्ण न्द्र आने से वर्ण रि की लघु मात्रा दीर्घ सिद्ध हुई है।

3. वेष्टनप्रेक्षणीय: शब्द समूह में लघु वर्ण न के आगे संयुक्त वर्ण प्र आने से वर्ण न की लघु मात्रा दीर्घ सिद्ध हुई है।

4. मद्द्रोहिन्या: शब्द समूह में लघु वर्ण म के आगे संयुक्त वर्ण द्र आने से और लघु वर्ण हि के आगे संयुक्त वर्ण न्य आने से वर्ण म और हि वर्णों की लघु मात्राएँ दीर्घ सिद्ध हुई हैं।

5. प्रेक्ष्योपान्तस्फुरित शब्द समूह में लघु वर्ण न्त के आगे संयुक्त वर्ण स्फ आने से वर्ण न्त की लघु मात्रा दीर्घ सिद्ध हुई है।

6. तमेव स्मरामि शब्द समूह में लघु वर्ण व के आगे संयुक्त वर्ण स्म आने से वर्ण व की लघु मात्रा दीर्घ सिद्ध हुई है।

(नीलम शैल)

दोहा०   उसी नीर के तीर पर, बना हुआ है कूट ।
जिसकी चोटी पर मढ़े, नीलम रत्न अखूट ।।

मेरी पत्नी ने इसे, बनवाया था खास ।
जा कर बैठे वो वहाँ, जब भी होत उदास ।।

उसके चारों ओर हैं, कदली सुवर्ण रंग ।
उन पेड़ों को देखने, सबको रहे उमंग ।।

16.

रक्ताशोकश्चलकिसलय: केसरश्चात्र कान्त:
प्रत्यासन्नौ कुरबकवृतेर्माधवीमण्डपस्य ।
एक: सख्यास्तव सह मया वामपादाभिलाषी
काङ्क्षत्वन्यो वदनमदिरां दोहदच्छद्मनास्या: ।।

रक्ताशो[1]	कश्चल[1]	किसल	य:केस	रश्चात्र[2]	कान्त:
ऽ ऽ ऽ	ऽ । ।	। । ।	ऽ ऽ ।	ऽ ऽ ।	ऽ ऽ
प्रत्यास[3]	न्नौकुर	बकवृ	तेर्माध	वीमण्ड[4]	पस्य *[4]
ऽ ऽ ऽ	ऽ । ।	। । ।	ऽ ऽ ।	ऽ ऽ ।	ऽ ऽ
एक:स[5]	ख्यास्तव	सहम	यावाम	पादाभि	लाषी
ऽ ऽ ऽ	ऽ । ।	। । ।	ऽ ऽ ।	ऽ ऽ ।	ऽ ऽ
काङ्क्षत्व[6]	न्योवद	नमदि	रांदोह	दच्छद्म[7]	नास्या:
ऽ ऽ ऽ	ऽ । ।	। । ।	ऽ ऽ ।	ऽ ऽ ।	ऽ ऽ

* अंतिम 17 वीं लघु (।) मात्रा भी गुरु (ऽ) मानी गयी है ।

पाद टिप्पणियाँ :

1. रक्ताशोकश्चलकिसलय: शब्द समूह में लघु वर्ण र के आगे संयुक्त वर्ण क्त आने से और लघु वर्ण क के आगे संयुक्त वर्ण श्च आने से वर्ण र और क वर्णों की लघु मात्राएँ दीर्घ सिद्ध हुई हैं ।

2. केसरश्चात्र शब्द समूह में लघु वर्ण र के आगे संयुक्त वर्ण श्च आने से वर्ण र की लघु मात्रा दीर्घ सिद्ध हुई है ।

3. प्रत्यासन्नौ शब्द समूह में लघु वर्ण प्र के आगे संयुक्त वर्ण त्य आने से और लघु वर्ण स के आगे संयुक्त वर्ण न्न आने से वर्ण प्र और स वर्णों की लघु मात्राएँ दीर्घ सिद्ध हुई हैं ।

4. मण्डपस्य शब्द में लघु वर्ण म के आगे संयुक्त वर्ण ण्ड आने से और लघु वर्ण प के आगे संयुक्त वर्ण स्य आने से वर्ण म और प वर्णों की लघु मात्राएँ दीर्घ सिद्ध हुई हैं ।

5. सख्यास्तव शब्द समूह में लघु वर्ण स के आगे संयुक्त वर्ण ख्य आने से वर्ण स की लघु मात्रा दीर्घ सिद्ध हुई है ।

6. काङ्क्षत्वन्यो शब्द समूह में लघु वर्ण ङ्क्ष के आगे संयुक्त वर्ण त्व आने से और लघु वर्ण त्व के आगे संयुक्त वर्ण न्य आने से वर्ण ङ्क्ष और त्व वर्णों की लघु मात्राएँ दीर्घ सिद्ध हुई हैं.
7. दोहदच्छद्मनास्या: शब्द समूह में लघु वर्ण द के आगे संयुक्त वर्ण च्छ आने से और लघु वर्ण च्छ के आगे संयुक्त वर्ण द्म आने से वर्ण द और च्छ वर्णों की लघु मात्राएँ दीर्घ सिद्ध हुई हैं.

(मणि मंडप)

दोहा० **उस नीलम के शैल पर, मोती–मंडप कांत ।**
कुरबक तरु से है घिरा, परिसर है अति शांत ।।

मंडप के दोनों तरफ, दो हैं पेड़ विशिष्ट ।
दाईं ओर अशोक है, लाल फूल उत्कृष्ट ।।

मौलसिरी बाईं तरफ, बकुल जिसे है नाम ।
दोनों मिल कर करत हैं, हमरे बिगड़े काम ।।

17.

तन्मध्ये च स्फटिकफलका काञ्चनी वासयष्टि-
मूर्ले बद्धा मणिभिरनतिप्रौढवंशप्रकाशै: ।
तालै: शिञ्जावलयसुभगैर्नर्तित: कान्तया मे
यामध्यास्ते दिवसविगमे नीलकण्ठ: सुहृद्व: ।।

तन्मध्ये[1]	चस्फटि[2]	कफल	काकाञ्च	नीवास	यष्टि:[3]
ऽ ऽ ऽ	ऽ । ।	। । ।	ऽ ऽ ।	ऽ ऽ ।	ऽ ऽ
मूलेब[4]	द्धामणि	भिरन	तिप्रौढ[5]	वंशप्र[5]	काशै:
ऽ ऽ ऽ	ऽ । ।	। । ।	ऽ ऽ ।	ऽ ऽ ।	ऽ ऽ
तालै:शि[6]	ञ्जावल	यसुभ	गैर्नर्ति[7]	त:कान्त	यामे
ऽ ऽ ऽ	ऽ । ।	। । ।	ऽ ऽ ।	ऽ ऽ ।	ऽ ऽ
यामध्या[8]	स्तेदिव	सविग	मेनील	कण्ठ:सु[9]	हृद्व:[10]
ऽ ऽ ऽ	ऽ । ।	। । ।	ऽ ऽ ।	ऽ ऽ ।	ऽ ऽ

पाद टिप्पणियाँ :

1. तन्मध्ये शब्द में लघु वर्ण त के आगे संयुक्त वर्ण न्म आने से वर्ण त की लघु मात्रा दीर्घ सिद्ध हुई है.

2. च स्फटिकफलका शब्द समूह में लघु वर्ण च के आगे संयुक्त वर्ण स्फ आने से वर्ण च की लघु मात्रा दीर्घ सिद्ध हुई है.
3. वासयष्टि: शब्द में लघु वर्ण य के आगे संयुक्त वर्ण ष्ट आने से वर्ण य की लघु मात्रा दीर्घ सिद्ध हुई है.
4. बद्धा शब्द में लघु वर्ण ब के आगे संयुक्त वर्ण द्ध आने से वर्ण ब की लघु मात्रा दीर्घ सिद्ध हुई है.
5. मणिभिरनतिप्रौढवंशप्रकाशै: शब्द समूह में लघु वर्ण ति के आगे संयुक्त वर्ण प्र आने से और लघु वर्ण श के आगे भी संयुक्त वर्ण प्र आने से वर्ण ति और श वर्णों की लघु मात्राएँ दीर्घ सिद्ध हुई हैं.
6. शिञ्जावलय शब्द में लघु वर्ण शि के आगे संयुक्त वर्ण ञ्ज आने से वर्ण शि की लघु मात्रा दीर्घ सिद्ध हुई है.
7. सुभगैर्नर्तित: शब्द समूह में लघु वर्ण र्न के आगे संयुक्त वर्ण र्त आने से वर्ण र्न की लघु मात्रा दीर्घ सिद्ध हुई है.
8. यामध्यास्ते शब्द समूह में लघु वर्ण म के आगे संयुक्त वर्ण ध्य आने से वर्ण म की लघु मात्रा दीर्घ सिद्ध हुई है.
9. नीलकण्ठ: शब्द में लघु वर्ण क के आगे संयुक्त वर्ण ण्ठ आने से वर्ण क की लघु मात्रा दीर्घ सिद्ध हुई है.
10. सुहृद्: शब्द समूह में लघु वर्ण हृ के आगे संयुक्त वर्ण द्व आने से वर्ण हृ की लघु मात्रा दीर्घ सिद्ध हुई है.

(सुवर्ण छत्र)

दोहा॰ **दो वृक्षों के बीच में, सुवर्ण का है छत्र ।**
भास्वर मणियों से बना, ऊपर मरकत पत्र ।।

इस छत्री पर शाम को, नील कंठ का मोर ।
आकर प्रतिदिन बैठता, पत्नी का चित चोर ।।

मेरी पत्नी ने उसे, सिखा दिया है नाच ।
ठुमकत नाचे ताल पर, हिला-हिला कर चोंच ।।

18.

एभि: साधो हृदयनिहितैर्लक्षणैर्लक्षयेथा
द्वारोपान्ते लिखितवपुषौ शङ्खपद्मौ च दृष्ट्वा ।
क्षामच्छायं भवनमधुना मद्वियोगेन नूनं

सूर्यापाये न खलु कमलं पुष्यति स्वामभिख्याम् ।।

एभि:सा	धोह्द	यनिहि	तैर्लक्ष[1]	णैर्लक्ष[1]	येथा
ऽ ऽ ऽ	ऽ । ।	। । ।	ऽ ऽ ।	ऽ ऽ ।	ऽ ऽ
द्वारोपा	न्तेलिखि	तवपु	षौशङ्ख[2]	पद्मौच[2]	दृष्ट्वा[3]
ऽ ऽ ऽ	ऽ । ।	। । ।	ऽ ऽ ।	ऽ ऽ ।	ऽ ऽ
क्षामच्छा[4]	यंभव	नमधु	नामद्वि[5]	योगेन	नूनम्
ऽ ऽ ऽ	ऽ । ।	। । ।	ऽ ऽ ।	ऽ ऽ ।	ऽ ऽ
सूर्यापा	येनख	लुकम	लंपुष्य[6]	तिस्वाम[6]	भिख्याम्[6]
ऽ ऽ ऽ	ऽ । ।	। । ।	ऽ ऽ ।	ऽ ऽ ।	ऽ ऽ

पाद टिप्पणियाँ :

1. निहितैर्लक्षणैर्लक्षयेथा शब्द समूह में दोनों र्ल वर्णों के आगे संयुक्त वर्ण क्ष आने से दोनों र्ल वर्णों की लघु मात्राएँ दीर्घ सिद्ध हुई हैं.
2. लिखितवपुषौ शङ्खपद्मौ शब्द समूह में लघु वर्ण श के आगे संयुक्त वर्ण ङ्ख आने से और लघु वर्ण प के आगे संयुक्त वर्ण द्म आने से वर्ण श और प की लघु मात्राएँ दीर्घ सिद्ध हुई हैं.
3. दृष्ट्वा शब्द में लघु वर्ण दृ के आगे संयुक्त वर्ण ष्ट्व आने से वर्ण दृ की लघु मात्रा दीर्घ सिद्ध हुई है.
4. क्षामच्छायं शब्द में लघु वर्ण म के आगे संयुक्त वर्ण च्छ आने से वर्ण म की लघु मात्रा दीर्घ सिद्ध हुई है.
5. मद्वियोगेन शब्द समूह में लघु वर्ण म के आगे संयुक्त वर्ण द्व आने से वर्ण म की लघु मात्रा दीर्घ सिद्ध हुई है.
6. पुष्यति स्वामभिख्याम् शब्द समूह में लघु वर्ण पु के आगे संयुक्त वर्ण ष्य आने से, वर्ण ति के आगे संयुक्त वर्ण स्व आने से और वर्ण भि के आगे संयुक्त वर्ण ख्य आने से वर्ण पु, ति और भि की लघु मात्राएँ दीर्घ सिद्ध हुई हैं.

(और, हे बादल)

दोहा॰ रहे याद में, मेघ! ये, कही हुई सब बात ।
लक्षण सब उस मार्ग के, कर लो मन में ज्ञात ।।

मेरे घर के द्वार पर, बने कमल अरु शंख ।
उस घर की पहचान हैं, नील मोर के पंख ।।

मेरे बिन अब तो वहाँ, सूनी होगी सेज ।

सूरज की आभा बिना, पद्म पुष्प निस्तेज ।।

19.

गत्वा सद्य: कलभतनुतां शीघ्रसम्पातहेतो:
क्रीडाशैले प्रथमकथिते रम्यसानौ निषण्णा: ।
अर्हस्यन्तर्भवनपतितां कर्तुमल्पाल्यभासं
खद्योतालीविलसितनिभां विद्युदुन्मेषदृष्टिम् ।।

गत्वास[1]	द्य:कल	भतनु	तांशीघ्र	सम्पात[2]	हेतो:
ऽ ऽ ऽ	ऽ । ।	। । ।	ऽ ऽ ।	ऽ ऽ ।	ऽ ऽ
क्रीडाशै	लेप्रथ	मकथि	तेरम्य[3]	सानौनि	षण्णा:[4]
ऽ ऽ ऽ	ऽ । ।	। । ।	ऽ ऽ ।	ऽ ऽ ।	ऽ ऽ
अर्हस्य[5]	न्तर्भव[5]	नपति	तांकर्तु[6]	मल्पाल्य[6]	भासम्
ऽ ऽ ऽ	ऽ । ।	। । ।	ऽ ऽ ।	ऽ ऽ ।	ऽ ऽ
खद्योता[7]	लीविल	सितनि	भांविद्यु[8]	दुन्मेष[8]	दृष्टिम्[8]
ऽ ऽ ऽ	ऽ । ।	। । ।	ऽ ऽ ।	ऽ ऽ ।	ऽ ऽ

पाद टिप्पणियाँ :

1. गत्वा सद्य: शब्द समूह में लघु वर्ण ग के आगे संयुक्त वर्ण त्व आने से और लघु वर्ण स के आगे संयुक्त वर्ण द्य आने से वर्ण ग और स की लघु मात्राएँ दीर्घ सिद्ध हुई हैं.
2. सम्पात शब्द में लघु वर्ण स के आगे संयुक्त वर्ण म्प आने से वर्ण स की लघु मात्रा दीर्घ सिद्ध हुई है.
3. रम्यसानौ शब्द में लघु वर्ण र के आगे संयुक्त वर्ण म्य आने से वर्ण र की लघु मात्रा दीर्घ सिद्ध हुई है.
4. निषण्णा: शब्द में लघु वर्ण ष के आगे संयुक्त वर्ण ण्ण आने से वर्ण ष की लघु मात्रा दीर्घ सिद्ध हुई है.
5. अर्हस्यन्तर्भवनपतितां शब्द समूह में लघु वर्ण अ के आगे संयुक्त वर्ण र्ह आने से, वर्ण र्ह के आगे संयुक्त वर्ण स्य आने से, वर्ण स्य के आगे संयुक्त वर्ण न्त आने से और वर्ण न्त के आगे संयुक्त वर्ण र्भ आने से वर्ण अ, र्ह, स्य और न्त की लघु मात्राएँ दीर्घ सिद्ध हुई हैं.
6. कर्तुमल्पाल्यभासं शब्द समूह में लघु वर्ण क के आगे संयुक्त वर्ण र्तु आने से और लघु वर्ण म के आगे संयुक्त वर्ण ल्प आने से वर्ण क और म की लघु मात्राएँ दीर्घ सिद्ध हुई हैं.
7. खद्योत शब्द में लघु वर्ण ख के आगे संयुक्त वर्ण द्य आने से वर्ण ख की लघु मात्रा दीर्घ सिद्ध हुई है.

8. विद्युदुन्मेषदृष्टिम् शब्द समूह में लघु वर्ण वि के आगे संयुक्त वर्ण द्य आने से, वर्ण दु के आगे संयुक्त वर्ण न्म आने से और वर्ण दृ के आगे संयुक्त वर्ण ष्ट आने से वर्ण वि, दु और दृ की लघु मात्राएँ दीर्घ सिद्ध हुई हैं.

(जुगनू दृष्टि)

दोहा॰ **सुन कर सारी बात ये, करना पहला काम ।**
बालक–हाथी रूप में, जाना मेरे धाम ।।

हे बादल! तुम गगन से, नीचे अब तत्काल ।
अलका नगरी में चलो, बाल–हस्ति की चाल ।।

नीलम–पर्बत पर रुको, करने को आराम ।
सुंदर शिखर पहाड़ का, दे तुमको विश्राम ।।

निहारने को रात में, जब हो अंधःकार ।
जुगनू वाली दृष्टि से, देख सकोगे द्वार ।।

बिजली रूपी नजर से, करके पैनी औख ।
अंदर आकर द्वार से, देखो घर में झाँक ।।

20.

तन्वी श्यामा शिखरिदशना पक्वबिम्बाधरोष्ठी
मध्ये क्षामा चकितहरिणीप्रेक्षणा निम्ननाभिः ।
श्रोणीभारादलसगमना स्तोकनम्रा स्तनाभ्यां
या तत्र स्याद्युवतिविषये सृष्टिराद्येव धातुः ।।

तन्वीश्या [1]	माशिख	रिदश	नापक्व [2]	बिम्बाध [3]	रोष्ठी
ऽ ऽ ऽ	ऽ । ।	। । ।	ऽ ऽ ।	ऽ ऽ ।	ऽ ऽ
मध्येक्षा [4]	माचकि	तहरि	णीप्रेक्ष	णानिम्न [5]	नाभिः
ऽ ऽ ऽ	ऽ । ।	। । ।	ऽ ऽ ।	ऽ ऽ ।	ऽ ऽ
श्रोणीभा	रादल	सगम	नास्तोक	नम्रास्त [6]	नाभ्याम्
ऽ ऽ ऽ	ऽ । ।	। । ।	ऽ ऽ ।	ऽ ऽ ।	ऽ ऽ
यातत्र [7]	स्याद्युव	तिविष	येसृष्टि [8]	राद्येव	धातुः

ऽ ऽ ऽ	ऽ । ।	। । ।	ऽ ऽ ।	ऽ ऽ ।	ऽ ऽ

पाद टिप्पणियाँ :

1. तन्वी शब्द में लघु वर्ण त के आगे संयुक्त वर्ण न्व आने से वर्ण त की लघु मात्रा दीर्घ सिद्ध हुई है.
2. पक्व शब्द में लघु वर्ण प के आगे संयुक्त वर्ण क्व आने से वर्ण प की लघु मात्रा दीर्घ सिद्ध हुई है.
3. बिम्ब शब्द में लघु वर्ण बि के आगे संयुक्त वर्ण म्ब आने से वर्ण बि की लघु मात्रा दीर्घ सिद्ध हुई है.
4. निम्न शब्द में लघु वर्ण नि के आगे संयुक्त वर्ण म्न आने से वर्ण नि की लघु मात्रा दीर्घ सिद्ध हुई है.
5. नम्र शब्द में लघु वर्ण न के आगे संयुक्त वर्ण म्र आने से वर्ण न की लघु मात्रा दीर्घ सिद्ध हुई है.
6. तत्र स्यात् शब्द समूह में लघु वर्ण त के आगे संयुक्त वर्ण त्र आने से और वर्ण त्र के आगे संयुक्त वर्ण स्य आने से वर्ण त और त्र की लघु मात्राएँ दीर्घ सिद्ध हुई हैं.
7. सृष्टि शब्द में लघु वर्ण सृ के आगे संयुक्त वर्ण ष्ट आने से वर्ण सृ की लघु मात्रा दीर्घ सिद्ध हुई है.

(अपूर्व सुंदरी)

दोहा॰

तुम्हें दिखेगी सुंदरी, दुबली-पतली नार ।
इंद्रधनुष के रंग के, वस्त्र रेशमी धार ।।

लोचन उसके पद्म से, मौक्तिक पंक्ति दाँत ।
ओठों पर लाली सजी, गौर वर्ण का गात ।।

पतली जिसकी कमर है, नितंब करत कमाल ।
झुकी स्तनों के भार से, चलती धीमी चाल ।।

मंगल मूरत ब्रह्म ने, करके यह निर्माण ।
अलका नगरी में मिला, उसको अव्वल स्थान ।।

युवती सुंदर अप्सरा, जिसकी है पहिचान ।
मेरी पत्नी है वही, लेना तुम यह जान ।।

21.

तां जानीथा: परिमितकथां जीवितं मे द्वितीयं
दूरीभूते मयि सहचरे चक्रवाकीमिवैकाम् ।
गाढोत्कण्ठां गुरुषु दिवसेष्वेषु गच्छत्सु बालां
जातां मन्ये शिशिरमथितां पद्मिनीं वान्यरूपाम् ।।

तांजानी	था:परि	मितक	थांजीवि	तंमेद्वि	तीयम्
ऽ ऽ ऽ	ऽ । ।	। । ।	ऽ ऽ ।	ऽ ऽ ।	ऽ ऽ
दूरीभू	तेमयि	सहच	रेचक्र[1]	वाकीमि	वैकाम्
ऽ ऽ ऽ	ऽ । ।	। । ।	ऽ ऽ ।	ऽ ऽ ।	ऽ ऽ
गाढोत्क[2]	ण्ठांगुरु	षुदिव	सेष्वेषु	गच्छत्सु[3]	बालाम्
ऽ ऽ ऽ	ऽ । ।	। । ।	ऽ ऽ ।	ऽ ऽ ।	ऽ ऽ
जातांम[4]	न्येशिशि	रमथि	तांपद्मि[5]	नींवान्य	रूपाम्
ऽ ऽ ऽ	ऽ । ।	। । ।	ऽ ऽ ।	ऽ ऽ ।	ऽ ऽ

पाद टिप्पणियाँ :

1. चक्र शब्द में लघु वर्ण च के आगे संयुक्त वर्ण क्र आने से वर्ण च की लघु मात्रा दीर्घ सिद्ध हुई है.
2. गाढोत्कण्ठाम् शब्द समूह में लघु वर्ण त्क के आगे संयुक्त वर्ण ण्ठ आने से वर्ण त्क की लघु मात्रा दीर्घ सिद्ध हुई है.
3. गच्छत्सु शब्द समूह में लघु वर्ण ग के आगे संयुक्त वर्ण च्छ आने से और वर्ण च्छ के आगे संयुक्त वर्ण त्स आने से वर्ण ग और च्छ की लघु मात्राएँ दीर्घ सिद्ध हुई हैं.
4. जातां मन्ये शब्द समूह में लघु वर्ण म के आगे संयुक्त वर्ण न्य आने से वर्ण म की लघु मात्रा दीर्घ सिद्ध हुई है.
5. पद्मीनीं शब्द में लघु वर्ण प के आगे संयुक्त वर्ण द्म आने से वर्ण प की लघु मात्रा दीर्घ सिद्ध हुई है.

(लेकिन)

दोहा॰ **लेकिनमेरेविरहमें,बदलगयाहोरूप।**
उदास हो बैठी हुई, फिर भी लगे अनूप ।।

जमी हुई जो कमलिनी, लग कर तुषार ठंड ।
खिल उठती है धूप से, लेकर छटा अखंड ।।

अब जो बहुत उदास है, और जिसे संताप ।
वह भी फिर मुसकायगी, जभी मिलोगे आप ।।

22.

नूनं तस्या: प्रबलरुदितोच्छूननेत्रं प्रियाया
नि:श्वासानामशिशिरतया भिन्नवर्णाधरोष्ठम् ।
हस्तन्यस्तं मुखमसकलव्यक्ति लम्बालकत्वा-
दिन्दोर्दैन्यं त्वदनुसरणक्लिष्टकान्तेर्बिभर्ति ।।

नूनंत[1]	स्या:प्रब	लरुदि	तोच्छून	नेत्रंप्रि	याया
ऽ ऽ ऽ	ऽ । ।	। । ।	ऽ ऽ ।	ऽ ऽ ।	ऽ ऽ
नि:श्वासा	नामशि	शिरत	याभिन्न[2]	वर्णाध[3]	रोष्ठम्
ऽ ऽ ऽ	ऽ । ।	। । ।	ऽ ऽ ।	ऽ ऽ ।	ऽ ऽ
हस्तन्य[4]	स्तंमुख	मसक	लव्यक्ति[5]	लम्बाल[6]	कत्वात्[6]
ऽ ऽ ऽ	ऽ । ।	। । ।	ऽ ऽ ।	ऽ ऽ ।	ऽ ऽ
इन्दोर्दै[7]	न्यंत्वद	नुसर	णक्लिष्ट[8]	कान्तेर्बि	भर्ति *[9]
ऽ ऽ ऽ	ऽ । ।	। । ।	ऽ ऽ ।	ऽ ऽ ।	ऽ ऽ

* अंतिम 17 वीं लघु (।) मात्रा भी गुरु (ऽ) मानी गयी है.

पाद टिप्पणियाँ :

1. नूनं तस्या: शब्द समूह में लघु वर्ण त के आगे संयुक्त वर्ण स्य आने से वर्ण त की लघु मात्रा दीर्घ सिद्ध हुई है.

2. भिन्न शब्द में लघु वर्ण भि के आगे संयुक्त वर्ण न्न आने से वर्ण भि की लघु मात्रा दीर्घ सिद्ध हुई है.

3. वर्ण शब्द में लघु वर्ण व के आगे संयुक्त वर्ण र्ण आने से वर्ण व की लघु मात्रा दीर्घ सिद्ध हुई है.

4. हस्तन्यस्तं शब्द समूह में लघु वर्ण ह के आगे संयुक्त वर्ण स्त आने से, वर्ण स्त के आगे संयुक्त वर्ण न्य आने से और वर्ण न्य के आगे भी संयुक्त वर्ण स्त आने से वर्ण ह, स्त और न्य की लघु मात्राएँ दीर्घ सिद्ध हुई हैं.

5. मुखमसकलव्यक्ति शब्द समूह में लघु वर्ण ल के आगे संयुक्त वर्ण व्य आने से और वर्ण व्य के आगे संयुक्त वर्ण क्त आने से वर्ण ल और व्य की लघु मात्राएँ दीर्घ सिद्ध हुई हैं.

6. लम्बकत्वात् शब्द में लघु वर्ण ल के आगे संयुक्त वर्ण म्ब आने से और वर्ण क के आगे संयुक्त वर्ण त्व आने से वर्ण ल और क की लघु मात्राएँ दीर्घ सिद्ध हुई हैं.

7. इन्दोर्दैन्यं शब्द समूह में लघु वर्ण इ के आगे संयुक्त वर्ण न्द आने से वर्ण इ की लघु मात्रा दीर्घ सिद्ध हुई है.
8. अनुसरणक्लिष्ट शब्द समूह में लघु वर्ण ण के आगे संयुक्त वर्ण क्ल आने से और वर्ण क्लि के आगे संयुक्त वर्ण ष्ट आने से वर्ण ण और क्लि की लघु मात्राएँ दीर्घ सिद्ध हुई हैं.
9. बिभर्ति शब्द में लघु वर्ण भ के आगे संयुक्त वर्ण र्त आने से वर्ण भ की लघु मात्रा दीर्घ सिद्ध हुई है.

(मेरी सजनी)

दोहा॰ नेत्र होगए लाल हों, रो-रो कर दिन-रात ।
गर्म साँस से होगया, होगा चेहरा क्लांत ।।

मुख पर लटके केश से, मुखड़ा काँति विहीन ।
होगी मेरी साजनी, जल के बाहर मीन ।।

ढक कर चंदा, मेघ से, ओझल दृष्टि अतीत ।
चिंता में व्याकुल हुई, होगी मेरी प्रीत ।।

23.

आलोके ते निपतति पुरा सा बलिव्याकुला वा
मत्सादृश्यं विरहतनु वा भावगम्यं लिखन्ती ।
पृच्छन्ती वा मधुरवचनां सारिकां पञ्जरस्थां
कच्चिद्भर्तुः स्मरसि रसिके त्वं हि तस्य प्रियेति ।।

आलोके	तेनिप	ततिपु	रासाब	लिव्याकु[1]	लावा
ऽ ऽ ऽ	ऽ । ।	। । ।	ऽ ऽ ।	ऽ ऽ ।	ऽ ऽ
मत्साद्[2]	श्यंविर	हतनु	वाभाव	गम्यंलि[3]	खन्ती[4]
ऽ ऽ ऽ	ऽ । ।	। । ।	ऽ ऽ ।	ऽ ऽ ।	ऽ ऽ
पृच्छन्ती[5]	वामधु	रवच	नांसारि	कांपञ्[6]	रस्थाम्[6]
ऽ ऽ ऽ	ऽ । ।	। । ।	ऽ ऽ ।	ऽ ऽ ।	ऽ ऽ
कच्चिद्भ[7]	र्तुःस्मर	सिरसि	केत्वंहि	तस्यप्रि[8]	येति *
ऽ ऽ ऽ	ऽ । ।	। । ।	ऽ ऽ ।	ऽ ऽ ।	ऽ ऽ

* अंतिम 17 वीं लघु (।) मात्रा भी गुरु (ऽ) मानी गयी है.

पाद टिप्पणियाँ :

1. बलिव्याकुला शब्द समूह में लघु वर्ण लि के आगे संयुक्त वर्ण व्य आने से वर्ण लि की लघु मात्रा दीर्घ सिद्ध हुई है.
2. मत्सादृश्यम् शब्द समूह में लघु वर्ण म के आगे संयुक्त वर्ण त्स आने से और वर्ण दृ के आगे संयुक्त वर्ण श्य आने से वर्ण म और दृ की लघु मात्राएँ दीर्घ सिद्ध हुई हैं.
3. भावगम्यं शब्द में लघु वर्ण ग के आगे संयुक्त वर्ण म्य आने से वर्ण ग की लघु मात्रा दीर्घ सिद्ध हुई है.
4. लिखन्ति शब्द में लघु वर्ण ख के आगे संयुक्त वर्ण न्त आने से वर्ण ख की लघु मात्रा दीर्घ सिद्ध हुई है.
5. पृच्छन्ती शब्द समूह में लघु वर्ण पृ के आगे संयुक्त वर्ण च्छ आने से और वर्ण च्छ के आगे संयुक्त वर्ण न्त आने से वर्ण पृ और च्छ की लघु मात्राएँ दीर्घ सिद्ध हुई हैं.
6. पञ्जरस्थाम् शब्द में लघु वर्ण प के आगे संयुक्त वर्ण ञ्ज आने से और वर्ण र के आगे संयुक्त वर्ण स्थ आने से वर्ण प और र की लघु मात्राएँ दीर्घ सिद्ध हुई हैं.
7. कश्चिद्भर्तुः शब्द समूह में लघु वर्ण क के आगे संयुक्त वर्ण श्चि आने से, वर्ण श्चि के आगे संयुक्त वर्ण द्भ आने से और वर्ण द्भ के आगे संयुक्त वर्ण र्त आने से वर्ण क, श्चि और द्भ की लघु मात्राएँ दीर्घ सिद्ध हुई हैं.
8. तस्य प्रियेति शब्द समूह में लघु वर्ण त के आगे संयुक्त वर्ण स्य आने से और वर्ण स्य के आगे संयुक्त वर्ण प्र आने से वर्ण त और स्य की लघु मात्राएँ दीर्घ सिद्ध हुई हैं.

(और, हे वारिद!)

दोहा॰ **हे वारिद! मेरी प्रिया, पूजा में हो लीन ।**
या बिरहा के क्लेश से, बहुत हुई हो क्षीण ।।

विरह भुलाने के लिए, करती मुझको याद ।
या फिर मेरे चित्र से, करती हो संवाद ।।

पिंजड़े की भी सारिका, उससे करती बात ।
मैना मेरी लाड़ली, वियोग में दिन–रात ।।

24.

उत्सङ्गे वा मलिनवसने सौम्य निक्षिप्य वीणां
मद्गोत्राङ्कं विरचितपदं गेयमुद्गातुकामा ।
तन्त्रीमार्द्रां नयनसलिलैः सारयित्वा कथञ्चि-
द्भूयो भूयः स्वयमपि कृतां मूर्च्छनां विस्मरन्ती ।।

उत्सङ्गे[1]	वामलि	नवस	नेसौम्य	निक्षिप्य[2]	वीणाम्
ऽ ऽ ऽ	ऽ । ।	। । ।	ऽ ऽ ।	ऽ ऽ ।	ऽ ऽ
मद्गोत्रा[3]	ङ्कंविर	चितप	दंगेय	मुद्गातु[4]	कामा
ऽ ऽ ऽ	ऽ । ।	। । ।	ऽ ऽ ।	ऽ ऽ ।	ऽ ऽ
तन्त्रीमा[5]	द्रांनय	नसलि	लै:सार	यित्वाक[6]	थञ्चिद्[7]
ऽ ऽ ऽ	ऽ । ।	। । ।	ऽ ऽ ।	ऽ ऽ ।	ऽ ऽ
भूयोभू	य:स्वय	मपिकृ	तांमूर्च्छ	नांविस्म[8]	रन्ती[8]
ऽ ऽ ऽ	ऽ । ।	। । ।	ऽ ऽ ।	ऽ ऽ ।	ऽ ऽ

पाद टिप्पणियाँ :

1. उत्सङ्गे शब्द में लघु वर्ण उ के आगे संयुक्त वर्ण त्स आने से और वर्ण त्स के आगे संयुक्त वर्ण ङ्ग आने से वर्ण उ और त्स की लघु मात्राएँ दीर्घ सिद्ध हुई हैं.
2. निक्षिप्य शब्द में लघु वर्ण नि के आगे संयुक्त वर्ण क्ष आने से और वर्ण क्षि के आगे संयुक्त वर्ण प्य आने से वर्ण नि और क्षि की लघु मात्राएँ दीर्घ सिद्ध हुई हैं.
3. मद्गोत्राङ्कम् शब्द में लघु वर्ण म के आगे संयुक्त वर्ण द्ग आने से वर्ण म की लघु मात्रा दीर्घ सिद्ध हुई है.
4. गेयमुद्गातुकामा: शब्द समूह में लघु वर्ण मु के आगे संयुक्त वर्ण द्ग आने से वर्ण मु की लघु मात्रा दीर्घ सिद्ध हुई है.
5. तन्त्रीमार्द्रां शब्द समूह में लघु वर्ण त के आगे संयुक्त वर्ण न्त्र आने से वर्ण त की लघु मात्रा दीर्घ सिद्ध हुई है.
6. सारयित्वा शब्द में लघु वर्ण यि के आगे संयुक्त वर्ण त्व आने से वर्ण यि की लघु मात्रा दीर्घ सिद्ध हुई है.
7. कथञ्चित् शब्द में लघु वर्ण थ के आगे संयुक्त वर्ण ञ्च आने से वर्ण थ की लघु मात्रा दीर्घ सिद्ध हुई है.
8. विस्मरन्ति शब्द में लघु वर्ण वि के आगे संयुक्त वर्ण स्म आने से और वर्ण र के आगे संयुक्त वर्ण न्त आने से वर्ण वि और र की लघु मात्राएँ दीर्घ सिद्ध हुई हैं.

(व्याकुलता)

दोहा० **बैठी हो मेरी प्रिया, लेकर मन में दाह ।**
मलीन होंगे वस्त्र भी, खो कर सब उत्साह ।।

वीणा लेकर गोद में, गाती होगी गीत ।
गाने मेरे नाम के, जिनसे उसको प्रीत ।।

भूल गई हो स्वर लिपी, इतने दिन के बाद ।
जो थी पत्नी ने रची, रखने मुझको याद ।।

भीगी वीणा अश्रु से, पोंछत बारंबार ।
बज ना पाती ठीक हो, गीले होके तार ।।

सधे हुए सुर के सभी, चढ़ान और उतार ।
बंदिश की भी बेसुधी, उसे गई हो मार ।।

25.

शेषान्मासान्विरहदिवसस्थापितस्यावधेर्वा
विन्यस्यन्ती भुवि गणनया देहलीदत्तपुष्पै: ।
मत्सङ्गं वा हृदयनिहितारम्भमास्वादयन्ती
प्रायेणैते रमणविरहेष्वाङ्गनानां विनोदा: ।।

शेषान्मा	सान्विर	हदिव	सस्थापि[1]	तस्याव[1]	धेर्वा
ऽ ऽ ऽ	ऽ । ।	। । ।	ऽ ऽ ।	ऽ ऽ ।	ऽ ऽ
विन्यस्य[2]	न्तीभुवि	गणन	यादेह	लीदत्त[3]	पुष्पै:[3]
ऽ ऽ ऽ	ऽ । ।	। । ।	ऽ ऽ ।	ऽ ऽ ।	ऽ ऽ
मत्सङ्गं[4]	वाहृद	यनिहि	तारम्भ[5]	मास्वाद	यन्ती[6]
ऽ ऽ ऽ	ऽ । ।	। । ।	ऽ ऽ ।	ऽ ऽ ।	ऽ ऽ
प्रायेणै	तेरम	णविर	हेष्वाङ्ग	नानांवि	नोदा:
ऽ ऽ ऽ	ऽ । ।	। । ।	ऽ ऽ ।	ऽ ऽ ।	ऽ ऽ

पाद टिप्पणियाँ :

1. विरहदिवसस्थापितस्य शब्द समूह में लघु वर्ण स के आगे संयुक्त वर्ण स्थ आने से और वर्ण त के आगे संयुक्त वर्ण स्य आने से वर्ण स और त की लघु मात्राएँ दीर्घ सिद्ध हुई हैं.
2. विन्यस्यन्ती शब्द में लघु वर्ण वि के आगे संयुक्त वर्ण न्य आने से, वर्ण न्य के आगे संयुक्त वर्ण स्य आने से और वर्ण स्य के आगे संयुक्त वर्ण न्त आने से वर्ण वि, न्य और स्य की लघु मात्राएँ दीर्घ सिद्ध हुई हैं.
3. दत्तपुष्पै: शब्द में लघु वर्ण द के आगे संयुक्त वर्ण त्त आने से और वर्ण पु के आगे संयुक्त वर्ण ष्प आने से वर्ण द और पु की लघु मात्राएँ दीर्घ सिद्ध हुई हैं.

4. मत्सङ्गम् शब्द समूह में लघु वर्ण म के आगे संयुक्त वर्ण त्स आने से और वर्ण त्स के आगे संयुक्त वर्ण ङ्ग आने से वर्ण म और त्स की लघु मात्राएँ दीर्घ सिद्ध हुई हैं.
5. आरम्भ शब्द में लघु वर्ण र के आगे संयुक्त वर्ण म्भ आने से वर्ण र की लघु मात्रा दीर्घ सिद्ध हुई है.
6. आस्वादयन्ति शब्द में लघु वर्ण य के आगे संयुक्त वर्ण न्त आने से वर्ण य की लघु मात्रा दीर्घ सिद्ध हुई है.

(जुदाई)

दोहा॰ **जुदाहुएमुझसेअभी,दिनकितनेहैंशेष।**
हिसाब रखती हो प्रिया, प्यारे दिवस विशेष ।।

पूजा करने के लिए, रोज चढ़ा कर फूल ।
गिनती हो दहलीज पर, अवधि न जाए भूल ।।

मिलन प्रतीक्ष है उसे, चातक जैसी प्यास ।
काम दशा संकल्प से, आलिंगन की आस ।।

भँति-भाँति रति सुख उसे, स्मरण पुराने खास ।
उस रस के मधु पान को, बचे हैं कितने मास ।।

स्वामी-प्रेम वियोगिनी, करने मन-बहलाव ।
दिन में सपने देखना, होगा उसे लगाव ।।

26.

सव्यापारामहनि न तथा पीडयेन्मद्वियोग:
शङ्के रात्रौ गुरुतरशचं निर्विनोदां सखीं ते ।
मत्संदेशै: सुखयितुमलं पश्य साध्वीं निशीथे
तामुन्निद्रामवनिशयनां सौधवातायनस्थ: ।।

सव्यापा[1]	रामह्	निनत	थापीड	येन्मद्वि[2]	योग:
ऽ ऽ ऽ	ऽ । ।	। । ।	ऽ ऽ ।	ऽ ऽ ।	ऽ ऽ
शङ्केरा[3]	त्रौगुरु	तरश	चंनिर्वि[4]	नोदांस	खींते
ऽ ऽ ऽ	ऽ । ।	। । ।	ऽ ऽ ।	ऽ ऽ ।	ऽ ऽ

मत्संदे[5]	शै:सुख	यितुम	लंपश्य[6]	साध्वींनि	शीथे
ऽ ऽ ऽ	ऽ । ।	। । ।	ऽ ऽ ।	ऽ ऽ ।	ऽ ऽ
तामुन्नि[7]	द्रामव	निशय	नांसौध	वाताय	नस्थ:[8]
ऽ ऽ ऽ	ऽ । ।	। । ।	ऽ ऽ ।	ऽ ऽ ।	ऽ ऽ

पाद टिप्पणियाँ :

1. सव्यापारामहनि शब्द में लघु वर्ण स के आगे संयुक्त वर्ण व्य आने से वर्ण स की लघु मात्रा दीर्घ सिद्ध हुई है.
2. मद्वियोग शब्द समूह में लघु वर्ण म के आगे संयुक्त वर्ण द्व आने से वर्ण म की लघु मात्रा दीर्घ सिद्ध हुई है.
3. शङ्के शब्द में लघु वर्ण श के आगे संयुक्त वर्ण ङ्क आने से वर्ण श की लघु मात्रा दीर्घ सिद्ध हुई है.
4. निर्विनोदां शब्द में लघु वर्ण नि के आगे संयुक्त वर्ण र्व आने से वर्ण नि की लघु मात्रा दीर्घ सिद्ध हुई है.
5. मत्सन्दशै शब्द समूह में लघु वर्ण त्स के आगे संयुक्त वर्ण न्द आने से वर्ण त्स की लघु मात्रा दीर्घ सिद्ध हुई है.
6. पश्य शब्द में लघु वर्ण प के आगे संयुक्त वर्ण श्य आने से वर्ण प की लघु मात्रा दीर्घ सिद्ध हुई है.
7. तामुन्निद्रां शब्द समूह में लघु वर्ण मु के आगे संयुक्त वर्ण न्न आने से और वर्ण न्नि के आगे संयुक्त वर्ण द्र आने से वर्ण मु और न्नि की लघु मात्राएँ दीर्घ सिद्ध हुई हैं.
8. वातायनस्थ: शब्द में लघु वर्ण न के आगे संयुक्त वर्ण स्थ आने से वर्ण न की लघु मात्रा दीर्घ सिद्ध हुई है.

(व्रतचारिणी)

दोहा॰ चित्रांकन, संगीत वा, पूजा-पाठ त्रिकाल ।
विरह अकेले काटने, करती हो जप-माल ।।

फिर भी बिछोह काटता, होगा उसको खूब ।
दुख सागर में आतमा, उसकी जाए डूब ।।

मन रंजन का रात में, कोई न हो उपाय ।
बिना पिया के रात भर, किया न कुछ भी जाय ।।

लेटी ठंडे फर्श पर, रह कर सारी रात ।

करती होगी नींद में, अपने से ही बात ।।

सोयी कच्ची नींद में, होगी मेरी दार ।
खटखट करना मत, सखे! आगे वाला द्वार ।।

पतिव्रता वह यों पड़ी, रहती हो बेहाल ।
खिड़की में ही बैठ कर, निहारना तुम हाल ।।

27.

आधिक्षामां विरहशयने संनिषण्णैकपार्श्वां
प्राचीमूले तनुमिव कलामात्रशेषां हिमांशो: ।
नीता रात्रि: क्षण इव मया सार्धमिच्छारतैर्या
तामेवोष्णैर्विरहमहतीमश्रुभिर्यापयन्तीम् ।।

आधिक्षा[1]	मांविर	हशय	नेसंनि	षण्णैक[2]	पार्श्वाम्
ऽ ऽ ऽ	ऽ । ।	। । ।	ऽ ऽ ।	ऽ ऽ ।	ऽ ऽ
प्राचीमू	लेतनु	मिवक	लामात्र	शेषांहि	मांशो:
ऽ ऽ ऽ	ऽ । ।	। । ।	ऽ ऽ ।	ऽ ऽ ।	ऽ ऽ
नीतारा	त्रि:क्षण	इवम	यासार्ध	मिच्छार[3]	तैर्या
ऽ ऽ ऽ	ऽ । ।	। । ।	ऽ ऽ ।	ऽ ऽ ।	ऽ ऽ
तामेवो	ष्णैर्विर	हमह	तीमश्रु[4]	भिर्याप[4]	यन्तीम्[4]
ऽ ऽ ऽ	ऽ । ।	। । ।	ऽ ऽ ।	ऽ ऽ ।	ऽ ऽ

पाद टिप्पणियाँ :

1. आधिक्षामां शब्द में लघु वर्ण धि के आगे संयुक्त वर्ण क्ष आने से वर्ण धि की लघु मात्रा दीर्घ सिद्ध हुई है.
2. निषण्ण शब्द में लघु वर्ण नि के आगे संयुक्त वर्ण ण्ण आने से वर्ण नि की लघु मात्रा दीर्घ सिद्ध हुई है.
3. सार्धमिच्छारतै: शब्द समूह में लघु वर्ण मि के आगे संयुक्त वर्ण च्छ आने से वर्ण मि की लघु मात्रा दीर्घ सिद्ध हुई है.
4. महतीमश्रुभिर्यापयन्तीम् शब्द समूह में लघु वर्ण म के आगे संयुक्त वर्ण श्र आने से, वर्ण भि के आगे संयुक्त वर्ण र्य आने से और वर्ण य के आगे संयुक्त वर्ण न्त आने से वर्ण म, भि और य की लघु मात्राएँ दीर्घ सिद्ध हुई हैं.

(विरहिणी)

दोहा॰ निहारती वह रात भर, एक टक किसी ओर ।
मनोजात अवसाद से, होगी वह कमजोर ।।

जैसी प्राची क्षितिज पर, चंदरमा की कोर ।
मुश्किल में भी ढाढसी, उस चातक की तौर ।।

मेरे प्रणय विलास में, डूबी लंबी रात ।
क्षण में ही थी गुजरती, बड़े प्रेम के साथ ।।

मगर विरह की आग में, क्षण भी लगता साल ।
आँसू बहती रात में, केसे बीते काल ।।

27.

पादानिन्दोरमृतशिशिराञ्जालमार्गप्रविष्टान्
पूर्वप्रीत्या गतमभिमुखं संनिवृत्तं तथैव ।
चक्षु: खेदात्सलिलगुरुभि: पक्ष्मभिश्छादयन्तीं
साभ्रेऽह्नीव स्थलकमलिनीं न प्रबुद्धां न सुप्ताम् ।।

पादानि[1]	न्दोरमृ	तशिशि	राञ्जाल	मार्गप्र[2]	विष्टान्[2]
ऽ ऽ ऽ	ऽ । ।	। । ।	ऽ ऽ ।	ऽ ऽ ।	ऽ ऽ
पूर्वप्री	त्यागत	मभिमु	खंसंनि	वृत्तंत[3]	थैव *
ऽ ऽ ऽ	ऽ । ।	। । ।	ऽ ऽ ।	ऽ ऽ ।	ऽ ऽ
चक्षु:खे[4]	दात्सलि	लगुरु	भि:पक्ष्म[5]	भिश्छाद[5]	यन्तीम्[5]
ऽ ऽ ऽ	ऽ । ।	। । ।	ऽ ऽ ।	ऽ ऽ ।	ऽ ऽ
साभ्रेऽह्नी	वस्थल[6]	कमलि	नींनप्र[7]	बुद्धांन[7]	सुप्ताम्[8]
ऽ ऽ ऽ	ऽ । ।	। । ।	ऽ ऽ ।	ऽ ऽ ।	ऽ ऽ

* अंतिम 17 वीं लघु (।) मात्रा भी गुरु (ऽ) मानी गयी है.

पाद टिप्पणियाँ :

1. पादानिन्दोर शब्द में लघु वर्ण नि के आगे संयुक्त वर्ण न्द आने से वर्ण नि की लघु मात्रा दीर्घ सिद्ध हुई है.

2. मार्गप्रविष्टान् शब्द समूह में लघु वर्ण र्ग के आगे संयुक्त वर्ण प्र आने से और वर्ण वि के आगे संयुक्त वर्ण ष्ट आने से वर्ण र्ग और वि की लघु मात्राएँ दीर्घ सिद्ध हुई हैं.
3. संन्निवृत्तम् शब्द में लघु वर्ण वृ के आगे संयुक्त वर्ण त्त आने से वर्ण वृ की लघु मात्रा दीर्घ सिद्ध हुई है.
4. चक्षुः शब्द में लघु वर्ण च के आगे संयुक्त वर्ण क्ष आने से वर्ण च की लघु मात्रा दीर्घ सिद्ध हुई है.
5. पक्ष्मभिच्छादयन्तीम् शब्द समूह में लघु वर्ण प के आगे संयुक्त वर्ण क्ष्म आने से, वर्ण भि के आगे संयुक्त वर्ण च्छ आने से और वर्ण य के आगे संयुक्त वर्ण न्त आने से वर्ण प, भि और य की लघु मात्राएँ दीर्घ सिद्ध हुई हैं.
6. साभ्रेऽह्नीव स्थलकमलिनीं शब्द समूह में लघु वर्ण व के आगे संयुक्त वर्ण स्थ आने से वर्ण व की लघु मात्रा दीर्घ सिद्ध हुई है.
7. न प्रबुद्धां शब्द समूह में लघु वर्ण न के आगे संयुक्त वर्ण प्र आने से और वर्ण बु के आगे संयुक्त वर्ण द्ध आने से वर्ण न और बु की लघु मात्राएँ दीर्घ सिद्ध हुई हैं.
8. सुप्ताम् शब्द में लघु वर्ण सु के आगे संयुक्त वर्ण प्त आने से वर्ण सु की लघु मात्रा दीर्घ सिद्ध हुई है.

(मेरी चाँदनी)

दोहा॰ **चंदा की जो चाँदनी, भीतर पाती झाँक ।**
खिड़की से उस किरण को, निहार पाती आँख ।।

रश्मि में जो स्नेह है, मन को देता चैन ।
आँसू वाले नैन से, वंचित रहती रैन ।।

आँसू ढकते दृष्टि को, करके दूभर नैन ।
यथा वृष्टि में सारिका, खोल न पाती डैन ।।

29.

निःश्वासेनाधरकिसलयक्लेशिना विक्षिपन्तीं
शुद्धस्नानात्परुषमलकं नूनमागण्डलम्बम् ।
मत्सम्भोगः कथमुपनयेत्स्वप्नजोपीति निद्रा-
माकाङ्क्षन्तीं नयनसलिलोत्पीडरुद्धात्वकाशाम् ।।

निःश्वासे	नाधर	किसल	यक्लेशि [1]	नाविक्षि [2]	पन्तीम् [2]
ऽ ऽ ऽ	ऽ । ।	। । ।	ऽ ऽ ।	ऽ ऽ ।	ऽ ऽ

शुद्धस्ना[3]	नात्परु	षमल	कंनून	मागण्ड[4]	लम्बम्[4]
ऽ ऽ ऽ	ऽ । ।	। । ।	ऽ ऽ ।	ऽ ऽ ।	ऽ ऽ
मत्सम्भो[5]	गःकथ	मुपन	येत्स्वप्न[6]	जोपीति	निद्राम्[7]
ऽ ऽ ऽ	ऽ । ।	। । ।	ऽ ऽ ।	ऽ ऽ ।	ऽ ऽ
आकाङ्क्ष[8]	न्तींनय	नसलि	लोत्पीड	रूद्धात्व	काशाम्
ऽ ऽ ऽ	ऽ । ।	। । ।	ऽ ऽ ।	ऽ ऽ ।	ऽ ऽ

पाद टिप्पणियाँ :

1. किसलयक्लेशिना शब्द में लघु वर्ण य के आगे संयुक्त वर्ण क्ल आने से वर्ण य की लघु मात्रा दीर्घ सिद्ध हुई है.
2. विक्षिपन्तीम् शब्द में लघु वर्ण वि के आगे संयुक्त वर्ण क्ष आने से और वर्ण प के आगे संयुक्त वर्ण न्त आने से वर्ण क्ष और प की लघु मात्राएँ दीर्घ सिद्ध हुई हैं.
3. शुद्धस्नानात् शब्द में लघु वर्ण शु के आगे संयुक्त वर्ण द्ध आने से और वर्ण द्ध के आगे संयुक्त वर्ण स्न आने से वर्ण शु और द्ध की लघु मात्राएँ दीर्घ सिद्ध हुई हैं.
4. नूनमागण्डलम्बम् शब्द समूह में लघु वर्ण ग के आगे संयुक्त वर्ण ण्ड आने से और वर्ण ल के आगे संयुक्त वर्ण म्ब आने से वर्ण ग और ल की लघु मात्राएँ दीर्घ सिद्ध हुई हैं.
5. मत्सम्भोगः शब्द में लघु वर्ण म के आगे संयुक्त वर्ण त्स आने से और वर्ण त्स के आगे संयुक्त वर्ण म्भ आने से वर्ण म और त्स की लघु मात्राएँ दीर्घ सिद्ध हुई हैं.
6. उपनयेत्स्वप्नजः शब्द समूह में लघु वर्ण त्स्व के आगे संयुक्त वर्ण प्न आने से वर्ण त्स्व की लघु मात्रा दीर्घ सिद्ध हुई है.
7. निद्राम् शब्द में लघु वर्ण नि के आगे संयुक्त वर्ण द्र आने से वर्ण नि की लघु मात्रा दीर्घ सिद्ध हुई है.
8. आकाङ्क्षन्तीम् शब्द में लघु वर्ण ङ्क्ष के आगे संयुक्त वर्ण न्त आने से वर्ण ङ्क्ष की लघु मात्रा दीर्घ सिद्ध हुई है.

(वियोगिनी)

दोहा॰ रूखे वाले स्नान से, सूखे जिसके बाल ।
घुँघराली सी कुछ लटें, ढकतीं होगी गाल ।।

गरम-गरम सी फूँक से, हटाय बारंबार ।
जिद्दी घुँघराली लटें, मानेंगी ना हार ।।

सपनों भर का ही सही, लेने को आनंद ।
मेरे संग प्रणय का, पलकें करके बंद ।।

आँखों में आँसू भरे, निंद न आवे रात ।
बिना नींद सपने नहीं, बिन सपने ना काँत ।।

30.

आद्ये बद्धा विरहदिवसे या शिखा दाम हित्वा
शापस्यान्ते विगलितशुचा तां मयोद्वेष्टनीयाम् ।
स्पर्शक्लिष्टामयमितनखेनासकृत्सारयन्तीं
गण्डाभोगात्कठिनविषमामेकवेणीं करेण ।।

आद्येब [1]	द्धाविर	हदिव	सेयाशि	खादाम	हित्वा [2]
ऽ ऽ ऽ	ऽ । ।	। । ।	ऽ ऽ ।	ऽ ऽ ।	ऽ ऽ
शापस्या [3]	न्तेविग	लितशु	चातांम	योद्वेष्ट	नीयाम्
ऽ ऽ ऽ	ऽ । ।	। । ।	ऽ ऽ ।	ऽ ऽ ।	ऽ ऽ
स्पर्शक्लि [4]	ष्टामय	मितन	खेनास	कृत्सार [5]	यन्तीम् [5]
ऽ ऽ ऽ	ऽ । ।	। । ।	ऽ ऽ ।	ऽ ऽ ।	ऽ ऽ
गण्डाभो [6]	गात्कठि	नविष	मामेक	वेणींक	रेण *
ऽ ऽ ऽ	ऽ । ।	। । ।	ऽ ऽ ।	ऽ ऽ ।	ऽ ऽ

* अंतिम 17 वीं लघु (।) मात्रा भी गुरु (ऽ) मानी गयी है.

पाद टिप्पणियाँ :

1. बद्धा शब्द में लघु वर्ण ब के आगे संयुक्त वर्ण द्ध आने से वर्ण ब की लघु मात्रा दीर्घ सिद्ध हुई है.
2. हित्वा शब्द में लघु वर्ण हि के आगे संयुक्त वर्ण त्व आने से वर्ण हि की लघु मात्रा दीर्घ सिद्ध हुई है.
3. शापस्यान्ते शब्द समूह में लघु वर्ण प के आगे संयुक्त वर्ण स्य आने से वर्ण प की लघु मात्रा दीर्घ सिद्ध हुई है.
4. स्पर्शक्लिष्टाम् शब्द समूह में लघु वर्ण स्प के आगे संयुक्त वर्ण र्श आने से, वर्ण र्श के आगे संयुक्त वर्ण क्ल आने से और वर्ण क्लि के आगे संयुक्त वर्ण ष्ट आने से वर्ण स्प, र्श और क्लि की लघु मात्राएँ दीर्घ सिद्ध हुई हैं.
5. सत्कृत्सारयन्तीम् शब्द समूह में लघु वर्ण स के आगे संयुक्त वर्ण त्कृ आने से, वर्ण त्कृ के आगे संयुक्त वर्ण त्स आने से और वर्ण य के आगे संयुक्त वर्ण न्त आने से वर्ण स, त्कृ और य की लघु मात्राएँ दीर्घ सिद्ध हुई हैं.
6. गण्डाभोगात् शब्द में लघु वर्ण ग के आगे संयुक्त वर्ण ण्ड आने से वर्ण ग की लघु मात्रा दीर्घ सिद्ध हुई है.

(आकुलता)

दोहा० **जिस दिन मुझको था मिला, वर्ष–विरह का शाप ।**
उससे इक दिन पूर्व ही, घर पर था मैं आप ।।

पत्नी की मैं वेणिका, बिना चुटा कर केश ।
गूथी अपने हाथ से, सजाय उसका वेश ।।

शाप समय के अंत में, जाऊँगा जब गेह ।
खोलूँगा जूड़ा स्वयं, मैं ही समेत स्नेह ।।

पीड़ा देते हों उसे, छूते ही जो केश ।
विना पखारे खुरखुरे, पाती होगी क्लेश ।।

जब तुम देखोगे उसे, खुरच रही हो भाल ।
दूर हटाने के लिए, माथे पर से बाल ।।

सुध–बुध खोई दुःख में, बिन काटे नाखून ।
माथा खुरचाते हुए, निकल रहा हो खून ।।

31.

सा संन्यस्ताभरणमबला पेशलं धारयन्ती
शय्योत्सङ्गे निहितमसकृद्दुःखदुःखेन गात्रम् ।
त्वामप्यस्त्रं नवजलमयं मोचयिष्यत्यवश्यं
प्रायः सर्वो भवति करुणावृत्तिरार्द्रान्तरात्मा ।।

सासंन्य [1]	स्ताभर	णमब	लापेश	लंधार	यन्ती [2]
ऽ ऽ ऽ	ऽ । ।	। । ।	ऽ ऽ ।	ऽ ऽ ।	ऽ ऽ
शय्योत्स [3]	ङ्गेनिहि	तमस	कृद्दुःख [4]	दुःखेन	गात्रम्
ऽ ऽ ऽ	ऽ । ।	। । ।	ऽ ऽ ।	ऽ ऽ ।	ऽ ऽ
त्वामप्य [5]	स्त्रंनव	जलम	यंमोच	यिष्यत्य [6]	वश्यम् [6]
ऽ ऽ ऽ	ऽ । ।	। । ।	ऽ ऽ ।	ऽ ऽ ।	ऽ ऽ

प्राय:स[7]	वोंभव	तिकरु	णावृत्ति[8]	राद्रान्त	रात्मा
ऽ ऽ ऽ	ऽ । ।	। । ।	ऽ ऽ ।	ऽ ऽ ।	ऽ ऽ

पाद टिप्पणियाँ :

1. सन्यस्त शब्द में लघु वर्ण न्य के आगे संयुक्त वर्ण स्त आने से वर्ण न्य की लघु मात्रा दीर्घ सिद्ध हुई है.
2. धारयन्ती शब्द में लघु वर्ण य के आगे संयुक्त वर्ण न्त आने से वर्ण य की लघु मात्रा दीर्घ सिद्ध हुई है.
3. शय्योत्सङ्गे शब्द समूह में लघु वर्ण श के आगे संयुक्त वर्ण य्य आने से और वर्ण त्स के आगे संयुक्त वर्ण ङ्ग आने से वर्ण श और त्स की लघु मात्राएँ दीर्घ सिद्ध हुई हैं.
4. असकृद्दुःख शब्द में लघु वर्ण कृ के आगे संयुक्त वर्ण द्द आने से वर्ण कृ की लघु मात्रा दीर्घ सिद्ध हुई है.
5. त्वामप्यस्त्रम् शब्द समूह में लघु वर्ण म के आगे संयुक्त वर्ण प्य आने से और वर्ण प्य के आगे संयुक्त वर्ण स्त्र आने से वर्ण म और प्य की लघु मात्राएँ दीर्घ सिद्ध हुई हैं.
6. मोचयिष्यत्यवश्यम् शब्द समूह में लघु वर्ण यि के आगे संयुक्त वर्ण ष्य आने से, वर्ण ष्य के आगे संयुक्त वर्ण त्य आने से और वर्ण व के आगे संयुक्त वर्ण श्य आने से वर्ण यि, ष्य और व की लघु मात्राएँ दीर्घ सिद्ध हुई हैं.
7. सर्वो शब्द में लघु वर्ण स के आगे संयुक्त वर्ण र्व आने से वर्ण स की लघु मात्रा दीर्घ सिद्ध हुई है.
8. करुणावृत्तिः शब्द में लघु वर्ण वृ के आगे संयुक्त वर्ण त्त आने से वर्ण वृ की लघु मात्रा दीर्घ सिद्ध हुई है.

(यक्षिणी वियोग)

दोहा॰

आभूषण वह त्यागती, कम करने को भार ।
अबला नाजुक फूल सी, तन जिसका सुकुमार ।।

धरती पर यों ही पड़ी, अश्रु रही हो ढार ।
उसे देख कर इस दशा, रोना मत तुम, यार! ।।

आँसू तुमरे नैन से, उष्ण बिंदु की धार ।
निश्चित् बरसेगी, सखे! बेबस दो या चार ।।

कोमल जिनका हृदय है, माखन उनका चित्त ।
दुःख देख कर पिघलता, करुणा उनका वित्त ।।

32.

जाने सख्यास्तव मयि मन: संभृतस्नेहमस्मा-
दित्थंभूतां प्रथमविरहे तामहं तर्कयामि ।
वाचालं मां न खलु सुभगंमन्यभाव: करोति
प्रत्यक्षं ते निखिलमचिराद् भ्रातरुक्तं मया यत् ।।

जानेस [1]	ख्यास्तव	मयिम	न:संभृ	तस्नेह [2]	मस्मात् [2]
ऽ ऽ ऽ	ऽ । ।	। । ।	ऽ ऽ ।	ऽ ऽ ।	ऽ ऽ
इत्थंभू [3]	तांप्रथ	मविर	हेताम	हंतर्क [4]	यामि *
ऽ ऽ ऽ	ऽ । ।	। । ।	ऽ ऽ ।	ऽ ऽ ।	ऽ ऽ
वाचालं	मांनख	लुसुभ	गंमन्य [5]	भाव:क	रोति *
ऽ ऽ ऽ	ऽ । ।	। । ।	ऽ ऽ ।	ऽ ऽ ।	ऽ ऽ
प्रत्यक्षं [6]	तेनिखि	लमचि	राद्भ्रात	रुक्तंम [7]	यायत्
ऽ ऽ ऽ	ऽ । ।	। । ।	ऽ ऽ ।	ऽ ऽ ।	ऽ ऽ

* अंतिम 17 वीं लघु (।) मात्रा भी गुरु (ऽ) मानी गयी है.

पाद टिप्पणियाँ :

1. सख्यास्तव शब्द में लघु वर्ण स के आगे संयुक्त वर्ण ख्य आने से वर्ण स की लघु मात्रा दीर्घ सिद्ध हुई है.
2. संभृतस्नेहमस्मात् शब्द समूह में लघु वर्ण त के आगे संयुक्त वर्ण स्न आने से और वर्ण म के आगे संयुक्त वर्ण स्म आने से वर्ण त और म की लघु मात्राएँ दीर्घ सिद्ध हुई हैं.
3. इत्थंभूताम् शब्द में लघु वर्ण इ के आगे संयुक्त वर्ण त्थ आने से वर्ण इ की लघु मात्रा दीर्घ सिद्ध हुई है.
4. अहं तर्कयामि शब्द समूह में लघु वर्ण त के आगे संयुक्त वर्ण र्क आने से वर्ण त की लघु मात्रा दीर्घ सिद्ध हुई है.
5. सुभगंमन्यभाव: शब्द समूह में लघु वर्ण म के आगे संयुक्त वर्ण न्य आने से वर्ण म की लघु मात्रा दीर्घ सिद्ध हुई है.
6. प्रत्यक्षं शब्द में लघु वर्ण प्र के आगे संयुक्त वर्ण त्य आने से और वर्ण त्य के आगे संयुक्त वर्ण क्ष आने से वर्ण प्र और त्य की लघु मात्राएँ दीर्घ सिद्ध हुई हैं.

(सत्य कथन)

दोहा॰ उसके मन मेरे लिए, जितना संचित प्यार ।
मेरे मन उसके लिए, उतना ही दुखभार ।।

इसी लिए मैं जानता, उसका जो है हाल ।
बातें मेरी श्लाघ ना, मिर्च-मसाला डाल ।।

बातें मेरी सत्य हैं, जिनमें है परिताप ।
देखोगे जाकर स्वयं, हे बादल! तुम आप ।।

33.

रुध्दापाङ्गप्रसरमलकैरञ्जनस्नेहशून्यं
प्रत्यादेशादपि च मधुनो विस्मृतभ्रूविलासम् ।
त्वय्यासन्ने नयनमुपरिस्पन्दि शङ्के मृगाक्ष्या
मीनक्षोभाच्चलकुवलयश्रीतुलामेष्यतीति ।।

रुध्दापा[1]	ङ्गप्रस[1]	रमल	कैरञ्ज[1]	नस्नेह[1]	शून्यम्
ऽ ऽ ऽ	ऽ । ।	। । ।	ऽ ऽ ।	ऽ ऽ ।	ऽ ऽ
प्रत्यादे[2]	शादपि	चमधु	नोविस्मृ[3]	तभ्रूवि[3]	लासम्
ऽ ऽ ऽ	ऽ । ।	। । ।	ऽ ऽ ।	ऽ ऽ ।	ऽ ऽ
त्वय्यास[4]	न्नेनय	नमुप	रिस्पन्दि[5]	शङ्केमृ[6]	गाक्ष्या
ऽ ऽ ऽ	ऽ । ।	। । ।	ऽ ऽ ।	ऽ ऽ ।	ऽ ऽ
मीनक्षो[7]	भाच्चल	कुवल	यश्रीतु[8]	लामेष्य	तीति
ऽ ऽ ऽ	ऽ । ।	। । ।	ऽ ऽ ।	ऽ ऽ ।	ऽ ऽ

पाद टिप्पणियाँ :

1. रुध्दापाङ्गप्रसरमलकैरञ्जनस्नेहशून्यम् पंक्ति में लघु वर्ण रु के आगे संयुक्त वर्ण द्ध आने से, ङ्ग के आगे संयुक्त वर्ण प्र आने से, र के आगे संयुक्त वर्ण ञ्ज आने से और वर्ण न के आगे संयुक्त वर्ण स्न आने से वर्ण रु, ङ्ग, र और न की लघु मात्राएँ दीर्घ सिद्ध हुई हैं.
2. प्रत्यादेशादपि शब्द समूह में लघु वर्ण प्र के आगे संयुक्त वर्ण त्य आने से वर्ण प्र की लघु मात्रा दीर्घ सिद्ध हुई है.
3. विस्मृतभ्रूविलासम् शब्द समूह में लघु वर्ण वि के आगे संयुक्त वर्ण स्म आने से और वर्ण त के आगे संयुक्त वर्ण भ्र आने से वर्ण वि और त की लघु मात्राएँ दीर्घ सिद्ध हुई हैं.
4. त्वय्यासन्ने शब्द समूह में लघु वर्ण त्व के आगे संयुक्त वर्ण य्य आने से और वर्ण स के आगे संयुक्त वर्ण न्न आने से वर्ण त्व और स की लघु मात्राएँ दीर्घ सिद्ध हुई हैं.
5. उपरिस्पन्दि शब्द समूह में लघु वर्ण रि के आगे संयुक्त वर्ण स्प आने से और वर्ण स्प के आगे संयुक्त वर्ण न्द आने से वर्ण रि और स्प की लघु मात्राएँ दीर्घ सिद्ध हुई हैं.

6. शङ्के शब्द में लघु वर्ण श के आगे संयुक्त वर्ण ङ्क आने से वर्ण श की लघु मात्रा दीर्घ सिद्ध हुई है.
7. मीनक्षोभा शब्द में लघु वर्ण न के आगे संयुक्त वर्ण क्ष आने से वर्ण न की लघु मात्रा दीर्घ सिद्ध हुई है.
8. कुवलयश्रीतुलाम् शब्द समूह में लघु वर्ण य के आगे संयुक्त वर्ण श्र आने से वर्ण य की लघु मात्रा दीर्घ सिद्ध हुई है.

(जल के बाहर मीना)

दोहा॰ मुँह पर लटके केश जो, चितवन देते रोक ।
काजल की मृदु स्निग्धता, उन्हें न पाती टोक ।।

वियोग के संताप में, त्याग दिया मधुपान ।
भौंहों ने भी तज दिया, चंचलता अभियान ।।

आँसू से काजल बहा, दिखे गाल पर चिह्न ।
जाओ तब तुमको दिखे, वाम फड़कता नैन ।।

जैसी मीना नीर में, करके मंद तरंग ।
करे सुशोभित पद्म को, जल का नीला रंग ।।

34.

वामश्चास्या: कररुहपदैर्मुच्यमानो मदीयै-
र्मुक्ताजालं चिरपरिचितं त्याजितो दैवगत्या।
सम्भोगान्ते मम समुचितो हस्तसंवाहनानां
यास्यत्यूरु: सरसकदलीस्तम्भगौरश्चलत्वम् ।।

वामश्चा[1]	स्या:कर	रुहप	दैर्मुच्य[2]	मानोम	दीयैः
ऽ ऽ ऽ	ऽ । ।	। । ।	ऽ ऽ ।	ऽ ऽ ।	ऽ ऽ
मुक्ताजा[3]	लंचिर	परिचि	तंत्याजि	तोदैव	गत्या[4]
ऽ ऽ ऽ	ऽ । ।	। । ।	ऽ ऽ ।	ऽ ऽ ।	ऽ ऽ
सम्भोगा[5]	न्तेमम	समुचि	तोहस्त[6]	संवाह	नानाम्
ऽ ऽ ऽ	ऽ । ।	। । ।	ऽ ऽ ।	ऽ ऽ ।	ऽ ऽ
यास्यत्यू[7]	रु:सर	सकद	लीस्तम्भ[8]	गौरश्च[9]	लत्वम्[9]

ऽ ऽ ऽ	ऽ । ।	। । ।	ऽ ऽ ।	ऽ ऽ ।	ऽ ऽ

पाद टिप्पणियाँ :

1. वामश्चास्या शब्द समूह में लघु वर्ण म के आगे संयुक्त वर्ण श्च आने से वर्ण म की लघु मात्रा दीर्घ सिद्ध हुई है.
2. पदैर्मुच्यमानो शब्द समूह में लघु वर्ण मु के आगे संयुक्त वर्ण च्य आने से वर्ण मु की लघु मात्रा दीर्घ सिद्ध हुई है.
3. मुक्ताजालं शब्द में लघु वर्ण मु के आगे संयुक्त वर्ण क्त आने से वर्ण मु की लघु मात्रा दीर्घ सिद्ध हुई है.
4. दैवगत्या शब्द में लघु वर्ण ग के आगे संयुक्त वर्ण त्य आने से वर्ण ग की लघु मात्रा दीर्घ सिद्ध हुई है.
5. सम्भोगान्ते शब्द में लघु वर्ण स के आगे संयुक्त वर्ण म्भ आने से वर्ण स की लघु मात्रा दीर्घ सिद्ध हुई है.
6. हस्त शब्द में लघु वर्ण ह के आगे संयुक्त वर्ण स्त आने से वर्ण ह की लघु मात्रा दीर्घ सिद्ध हुई है.
7. यास्यत्यूरु: शब्द समूह में लघु वर्ण स्य के आगे संयुक्त वर्ण त्य आने से वर्ण स्य की लघु मात्रा दीर्घ सिद्ध हुई है.
8. स्तम्भ शब्द में लघु वर्ण स्त के आगे संयुक्त वर्ण म्भ आने से वर्ण स्त की लघु मात्रा दीर्घ सिद्ध हुई है.
9. गौरश्चलत्वम् शब्द समूह में लघु वर्ण र के आगे संयुक्त वर्ण श्च आने से और वर्ण ल के आगे संयुक्त वर्ण त्व आने से वर्ण र और ल की लघु मात्राएँ दीर्घ सिद्ध हुई हैं.

(और, हे धाराधर!)

दोहा॰

हे धाराधर! और भी, रखियो रे! तुम याद ।
तुमने उससे प्रेम से, करना है संवाद ।।

जब तुम जाओगे वहाँ, उसकी बायीं जाँघ ।
गोरी चंचल हो उठे, आत्मनियम को लाँघ ।।

किसी समय पर मैं उसे, करने को संभोग ।
उठाय लाता खाट पर, ऐसा था संजोग ।।

आज विधाता ने उसे, दिया विरह का भोग ।
उतर गए शृंगार सब, पति वियोग का सोग ।।

35.

तस्मिन्काले जलद यदि सा लब्धनिद्रासुखा स्या-
दन्वास्यैनां स्तनितविमुखो याममात्रं सहस्व ।
मा भूदस्या: प्रणयिनि मयि स्वप्नलब्धे कथञ्चित्
सद्य: कण्ठच्युतभुजलताग्रन्थि गाढोपगूढम् ।।

तस्मिन्का [1]	लेजल	दयदि	सालब्ध [2]	निद्रासु [2]	खास्यात्
ऽ ऽ ऽ	ऽ । ।	। । ।	ऽ ऽ ।	ऽ ऽ ।	ऽ ऽ
अन्वास्यै [3]	नांस्तनि	तविमु	खोयाम	मात्रंस	हस्व * [4]
ऽ ऽ ऽ	ऽ । ।	। । ।	ऽ ऽ ।	ऽ ऽ ।	ऽ ऽ
माभूद [5]	स्या:प्रण	यिनिम	यिस्वप्न [6]	लब्धेक [6]	थञ्चित् * [7]
ऽ ऽ ऽ	ऽ । ।	। । ।	ऽ ऽ ।	ऽ ऽ ।	ऽ ऽ
सद्य:क [8]	ण्ठच्युत [8]	भुजल	ताग्रन्थि [9]	गाढोप	गूढम्
ऽ ऽ ऽ	ऽ । ।	। । ।	ऽ ऽ ।	ऽ ऽ ।	ऽ ऽ

* अंतिम 17 वीं लघु (।) मात्रा भी गुरु (ऽ) मानी गयी है.

पाद टिप्पणियाँ :

1. तस्मिन्काले शब्द समूह में लघु वर्ण त के आगे संयुक्त वर्ण स्म आने से और वर्ण स्मि के आगे संयुक्त वर्ण न्क आने से वर्ण त और स्मि की लघु मात्राएँ दीर्घ सिद्ध हुई हैं.
2. लब्धनिद्रासुखा स्यात् शब्द समूह में लघु वर्ण ल के आगे संयुक्त वर्ण ब्ध आने से और वर्ण नि के आगे संयुक्त वर्ण द्र आने से वर्ण ल और नि की लघु मात्राएँ दीर्घ सिद्ध हुई हैं.
3. अन्वास्यैनाम् शब्द में लघु वर्ण अ के आगे संयुक्त वर्ण न्व आने से वर्ण अ की लघु मात्रा दीर्घ सिद्ध हुई है.
4. सहस्व शब्द में लघु वर्ण ह के आगे संयुक्त वर्ण स्व आने से वर्ण ह की लघु मात्रा दीर्घ सिद्ध हुई है.
5. भूदस्या: शब्द में लघु वर्ण द के आगे संयुक्त वर्ण स्य आने से वर्ण द की लघु मात्रा दीर्घ सिद्ध हुई है.

6. मयि स्वप्नलब्धे शब्द समूह में लघु वर्ण यि के आगे संयुक्त वर्ण स्व आने से, स्व के आगे संयुक्त वर्ण प्न आने से और वर्ण ल के आगे संयुक्त वर्ण ब्ध आने से वर्ण यि, स्व और ल की लघु मात्राएँ दीर्घ सिद्ध हुई हैं.
7. कथञ्चित् शब्द में लघु वर्ण थ के आगे संयुक्त वर्ण ञ्च आने से वर्ण थ की लघु मात्रा दीर्घ सिद्ध हुई है.
8. सद्य: कण्ठच्युत शब्द समूह में लघु वर्ण स के आगे संयुक्त वर्ण द्य आने से, क के आगे संयुक्त वर्ण ण्ठ आने से और वर्ण ण्ठ के आगे संयुक्त वर्ण च्य आने से वर्ण स, क और ण्ठ की लघु

मात्राएँ दीर्घ सिद्ध हुई हैं.

9. ग्रन्थि शब्द में लघु वर्ण ग्र के आगे संयुक्त वर्ण न्थ आने से वर्ण ग्र की लघु मात्रा दीर्घ सिद्ध हुई है.

(और भी, हे वारिद!)

दोहा॰ हे वारिद! तुम जब वहाँ, जाओ उसके द्वार ।
अगर सो रही हो प्रिया, करना इंतेजार ।।

एक प्रहर रुकना, सखे! तकना उसकी बाट ।
नींद न उसकी मोड़ना, देगी तुमको डाँट ।।

गरज-बरसना मत, प्रभो! खुले न उसके नैन ।
राह देखना मौन से, मिट जाए ना चैन ।।

मेघ! न ऐसा हो कहीं, मुश्किल से जो ख्वाब ।
आया हो मेरा उसे, जिसमें रतिसुख लाभ ।।

आलिंगन घन डाल के, जोड़ कंठ से कंठ ।
बाहुपाश में धर मुझे, मिले होंठ से होंठ ।।

हे धाराधर! तुम अगर, आदत से लाचार ।
गरज पड़ोगे बीच में, रहे अधूरा प्यार ।।

36.

तामुत्थाप्य स्वजलकणिकाशीतलेनानिलेन
प्रत्याश्वास्तां सममभिनवैर्जालकैर्मालतीनाम् ।
विद्युद्गर्भ: स्तिमितनयनां त्वत्सनाथे गवाक्षे
वक्तुं धीर: स्तनितवचनैर्मानिनीं प्रक्रमेथा: ।।

तामुत्था[1]	प्यस्वज[1]	लकणि	काशीत	लेनानि	लेन *
ऽ ऽ ऽ	ऽ । ।	। । ।	ऽ ऽ ।	ऽ ऽ ।	ऽ ऽ
प्रत्याश्वा[2]	स्तांसम	मभिन	वैर्जाल	कैर्माल	तीनाम्
ऽ ऽ ऽ	ऽ । ।	। । ।	ऽ ऽ ।	ऽ ऽ ।	ऽ ऽ

विद्युद्[3]	र्भ:स्तिमि	तनय	नांत्वत्स[4]	नाथेग	वाक्षे
ऽ ऽ ऽ	ऽ । ।	। । ।	ऽ ऽ ।	ऽ ऽ ।	ऽ ऽ
वक्तुंधी[5]	र:स्तनि	तवच	नैर्मानि	नींप्रक्र[6]	मेथा:
ऽ ऽ ऽ	ऽ । ।	। । ।	ऽ ऽ ।	ऽ ऽ ।	ऽ ऽ

* अंतिम 17 वीं लघु (।) मात्रा भी गुरु (ऽ) मानी गयी है.

<u>पाद टिप्पणियाँ :</u>

1. तामुत्थाप्य स्वजल शब्द समूह में लघु वर्ण मु के आगे संयुक्त वर्ण त्थ आने से और वर्ण प्य के आगे संयुक्त वर्ण स्व आने से वर्ण मु और प्य की लघु मात्राएँ दीर्घ सिद्ध हुई हैं.
2. प्रत्याश्वास्तां शब्द में लघु वर्ण प्र के आगे संयुक्त वर्ण त्य आने से वर्ण प्र की लघु मात्रा दीर्घ सिद्ध हुई है.
3. विद्युद्गर्भ: शब्द में लघु वर्ण वि के आगे संयुक्त वर्ण द्य आने से, द्यु के आगे संयुक्त वर्ण द्ग आने से और वर्ण द्ग के आगे संयुक्त वर्ण र्भ आने से वर्ण वि, द्यु और द्ग की लघु मात्राएँ दीर्घ सिद्ध हुई हैं.
4. त्वत्सनाथे शब्द समूह में लघु वर्ण त्व के आगे संयुक्त वर्ण त्स आने से वर्ण त्व की लघु मात्रा दीर्घ सिद्ध हुई है.
5. वक्तुम् शब्द में लघु वर्ण व के आगे संयुक्त वर्ण क्त आने से वर्ण व की लघु मात्रा दीर्घ सिद्ध हुई है.
6. प्रक्रमेथा: शब्द में लघु वर्ण प्र के आगे संयुक्त वर्ण क्र आने से वर्ण प्र की लघु मात्रा दीर्घ सिद्ध हुई है.

(सुखद फुहार)

दोहा॰ **एक पहर तुम ठहर कर, अगर ना खुले नैन ।**
धीरे से तुम गरज कर, करना हलकी बैन ।।

शीत पवन से मंद तुम, करके सुखद फुहार ।
उसे जगाने प्रेम से, छिड़को स्नेह तुषार ।।

कमलनयन वह खोल कर, देगी मधु मुसकान ।
जैसी खिलती मालती, कलियाँ नन्ही जान ।।

खिड़की में बैठे तुम्हें, आश्चर्य से निहार ।
पूछेगी वह मानिनी, क्या है कपट तिहार ।।

बिजली को तुम सुप्त कर, कहना उसको बात ।

बड़े प्रेम से बोलना, कथन रंग में सात ।।

37.

भर्तुर्मित्रं प्रियमविधवे विद्धि मामम्बुवाहं
तत्सन्देशैर्हृदयनिहितैरागतं त्वत्समीपम् ।
यो वृन्दानि त्वरयति पथि श्राम्यतां प्रोषितानां
मन्द्रस्निग्धैर्ध्वनिभिरबलावेणिमोक्षोत्सुकानि ।।

भर्तुर्मि [1]	त्रंप्रिय	मविध	वेविद्धि [2]	मामम्बु [3]	वाहम्
ऽ ऽ ऽ	ऽ । ।	। । ।	ऽ ऽ ।	ऽ ऽ ।	ऽ ऽ
तत्सन्दे [4]	शैर्हृद	यनिहि	तैराग	तंत्वत्स	मीपम्
ऽ ऽ ऽ	ऽ । ।	। । ।	ऽ ऽ ।	ऽ ऽ ।	ऽ ऽ
योवृन्दा [5]	नित्वर [5]	यतिप	थिश्राम्य [6]	तांप्रोषि	तानाम्
ऽ ऽ ऽ	ऽ । ।	। । ।	ऽ ऽ ।	ऽ ऽ ।	ऽ ऽ
मन्द्रस्नि [7]	ग्धैर्ध्वनि	भिरब	लावेणि	मोक्षोत्सु	कानि *
ऽ ऽ ऽ	ऽ । ।	। । ।	ऽ ऽ ।	ऽ ऽ ।	ऽ ऽ

* अंतिम 17 वीं लघु (।) मात्रा भी गुरु (ऽ) मानी गयी है.

<u>पाद टिप्पणियाँ :</u>

1. भर्तुर्मित्रम् शब्द समूह में लघु वर्ण भ के आगे संयुक्त वर्ण र्त आने से, र्तु के आगे संयुक्त वर्ण र्म आने से और वर्ण र्मि के आगे संयुक्त वर्ण त्र आने से वर्ण भ, र्तु और र्मि की लघु मात्राएँ दीर्घ सिद्ध हुई हैं.
2. विद्धि शब्द में लघु वर्ण वि के आगे संयुक्त वर्ण द्ध आने से वर्ण वि की लघु मात्रा दीर्घ सिद्ध हुई है.
3. मामम्बुवाहम् शब्द में लघु वर्ण म के आगे संयुक्त वर्ण म्ब आने से वर्ण म की लघु मात्रा दीर्घ सिद्ध हुई है.
4. तत्सन्देशैः शब्द समूह में लघु वर्ण त के आगे संयुक्त वर्ण त्स आने से और वर्ण त्स के आगे संयुक्त वर्ण न्द आने से वर्ण त और त्स की लघु मात्राएँ दीर्घ सिद्ध हुई हैं.
5. वृन्दानि त्वरयति शब्द समूह में लघु वर्ण वृ के आगे संयुक्त वर्ण न्द आने से और वर्ण नि के आगे संयुक्त वर्ण त्व आने से वर्ण वृ और नि की लघु मात्राएँ दीर्घ सिद्ध हुई हैं.
6. पथि श्राम्यताम् शब्द समूह में लघु वर्ण थि के आगे संयुक्त वर्ण श्र आने से वर्ण थि की लघु मात्रा दीर्घ सिद्ध हुई है.
7. मन्द्रस्निग्धैः शब्द में लघु वर्ण म के आगे संयुक्त वर्ण न्द्र आने से, न्द्र के आगे संयुक्त वर्ण स्नि आने से और वर्ण स्नि के आगे संयुक्त वर्ण ग्ध आने से वर्ण म, न्द्र और स्नि की लघु मात्राएँ

दीर्घ सिद्ध हुई हैं.

(सौभाग्यशालिनी)

दोहा॰ अहो सौभाग्यशालिनी! पतिव्रता बड़भाग! ।
आज तिहारे जान लो, जाग पड़े हैं भाग ।।

तुमरे पति का मित्र मैं, मेघ सखा सुखकार ।
लाया हूँ संदेस को, करने तृप्ति तिहार ।।

मैं निज स्वर गंभीर से, करूँ उमंग प्रदान ।
पति जो घर से दूर हैं, लौटें शीघ्र मकान ।।

पति वे मुक्त वियोग से, विरहिणियों के केश ।
वेणी में गूथे हुए, खोलेंगे बिन क्लेश ।।

38.

इत्याख्याते पवनतनयं मैथिलीवोन्मुखी सा
त्वामुत्कण्ठोच्छवसितहृदया वीक्ष्य संभाव्य चैवम् ।
श्रोष्यत्यस्मात्परमवहिता सौम्य सीमन्तिनीनां
कान्तोदन्त: सुहृदुपनत: सङ्गमात्किंचिदून: ।।

इत्याख्या[1]	तेपव	नतन	यंमैथि	लीवोन्मु	खीसा
ऽ ऽ ऽ	ऽ । ।	। । ।	ऽ ऽ ।	ऽ ऽ ।	ऽ ऽ
त्वामुत्क[2]	ण्ठोच्छवसि	तहृद	यावीक्ष्य	संभाव्य	चैवम्
ऽ ऽ ऽ	ऽ । ।	। । ।	ऽ ऽ ।	ऽ ऽ ।	ऽ ऽ
श्रोष्यत्य[3]	स्मात्पर	मवहि	तासौम्य	सीमन्ति[4]	नीनाम्
ऽ ऽ ऽ	ऽ । ।	। । ।	ऽ ऽ ।	ऽ ऽ ।	ऽ ऽ
कान्तोद[5]	न्त:सुहृ	दुपन	त:सङ्ग[6]	मात्किंचि	दून:
ऽ ऽ ऽ	ऽ । ।	। । ।	ऽ ऽ ।	ऽ ऽ ।	ऽ ऽ

<u>पाद टिप्पणियाँ :</u>

1. इत्याख्याते शब्द में लघु वर्ण इ के आगे संयुक्त वर्ण त्य आने से वर्ण इ की लघु मात्रा दीर्घ सिद्ध हुई है.
2. त्वामुत्कण्ठोच्छ्वसितहृदया शब्द समूह में लघु वर्ण मु के आगे संयुक्त वर्ण त्क आने से और वर्ण त्क के आगे संयुक्त वर्ण ण्ठ आने से वर्ण मु और त्क की लघु मात्राएँ दीर्घ सिद्ध हुई हैं.
3. श्रोष्यत्यस्मात् शब्द समूह में लघु वर्ण ष्य के आगे संयुक्त वर्ण त्य आने से और वर्ण त्य के आगे संयुक्त वर्ण स्म आने से वर्ण ष्य और त्य की लघु मात्राएँ दीर्घ सिद्ध हुई हैं.
4. सीमन्तिनीनाम् शब्द समूह में लघु वर्ण म के आगे संयुक्त वर्ण न्त आने से वर्ण म की लघु मात्रा दीर्घ सिद्ध हुई है.
5. कान्तोदन्त: शब्द में लघु वर्ण द के आगे संयुक्त वर्ण न्त आने से वर्ण द की लघु मात्रा दीर्घ सिद्ध हुई है.
6. सङ्गम् शब्द समूह में लघु वर्ण स के आगे संयुक्त वर्ण ङ्ग आने से वर्ण स की लघु मात्रा दीर्घ सिद्ध हुई है.

(दूत हनुमान)

दोहा॰

सुन कर तुमरा कथन ये, उत्सुक उसके गात ।
देखेगी मेरी प्रिया, तुम्हें मान के साथ ।।

जैसे कपि हनुमान को, लख कर सीता मात ।
अन्वित थीं आनंद से, वैसे, बादल-तात! ।।

फिर सुनने संदेश को, होगी वह एकाग्र ।
ध्यान धरे वह योगिनी, चक्षु-केंद्र नासाग्र ।।

यही समय होगा सही, देने को संदेश ।
बैठी हो सुनने तुम्हें, परे रखे सब क्लेश ।।

स्वामी का संदेश जो, लाए उनका मित्र ।
स्वामी सम उस दूत का, होता हृदय पवित्र ।।

सुनेगी बड़े चाव से, मेघदूत की बात ।
प्रसन्न मन से यक्षिणी, अति आदर के साथ ।।

39.

तामायुष्मन्मम च वचनादात्मनश्चोपकर्तुं
ब्रूयादेवं तव सहचरो रामगिर्याश्रमस्थ: ।
अव्यापन्न: कुशलमबले पृच्छति त्वां वियुक्त:
पूर्वाभाष्यं सुलभविपदां प्राणिनामेतदेव ॥

तामायु[1]	ष्मन्मम[1]	चवच	नादात्म	नश्चोप[2]	कर्तुम्[2]
ऽ ऽ ऽ	ऽ । ।	। । ।	ऽ ऽ ।	ऽ ऽ ।	ऽ ऽ
ब्रूयादे	वंतव	सहच	रोराम	गिर्याश्र[3]	मस्थ:[3]
ऽ ऽ ऽ	ऽ । ।	। । ।	ऽ ऽ ।	ऽ ऽ ।	ऽ ऽ
अव्याप[4]	न्न:कुश	लमब	लेपृच्छ[5]	तित्वांवि[5]	युक्त:[6]
ऽ ऽ ऽ	ऽ । ।	। । ।	ऽ ऽ ।	ऽ ऽ ।	ऽ ऽ
पूर्वाभा	ष्यंसुल	भविप	दांप्राणि	नामेत	देव *
ऽ ऽ ऽ	ऽ । ।	। । ।	ऽ ऽ ।	ऽ ऽ ।	ऽ ऽ

* अंतिम 17 वीं लघु (।) मात्रा भी गुरु (ऽ) मानी गयी है.

पाद टिप्पणियाँ :

1. आयुष्मन्मम शब्द समूह में लघु वर्ण यु के आगे संयुक्त वर्ण ष्म आने से और वर्ण ष्म के आगे संयुक्त वर्ण न्म आने से वर्ण यु और ष्म की लघु मात्राएँ दीर्घ सिद्ध हुई हैं.
2. आत्मनश्चोपकर्तुम् शब्द समूह में लघु वर्ण न के आगे संयुक्त वर्ण श्च आने से और वर्ण क के आगे संयुक्त वर्ण र्त आने से वर्ण न और क की लघु मात्राएँ दीर्घ सिद्ध हुई हैं.
3. रामगिर्याश्रमस्थ: शब्द समूह में लघु वर्ण गि के आगे संयुक्त वर्ण र्य आने से और वर्ण म के आगे संयुक्त वर्ण स्थ आने से वर्ण गि और म की लघु मात्राएँ दीर्घ सिद्ध हुई हैं.
4. अव्यापन्न: शब्द में लघु वर्ण अ के आगे संयुक्त वर्ण व्य आने से और वर्ण प के आगे संयुक्त वर्ण न्न आने से वर्ण अ और प की लघु मात्राएँ दीर्घ सिद्ध हुई हैं.
5. पृच्छति त्वाम् शब्द समूह में लघु वर्ण पृ के आगे संयुक्त वर्ण च्छ आने से और वर्ण ति के आगे संयुक्त वर्ण त्व आने से वर्ण पृ और ति की लघु मात्राएँ दीर्घ सिद्ध हुई हैं.
6. युक्त: शब्द में लघु वर्ण यु के आगे संयुक्त वर्ण क्त आने से वर्ण यु की लघु मात्रा दीर्घ सिद्ध हुई है.

(हे वारिद!)

दोहा॰ हे वारिद! कल्याण का, देकर उसे सबूत ।

बोलो, पति का मित्र हूँ, परोपकारी दूत ।।

जीवित है पति आपका, कुबेर जी का दास ।
रामगिरी में कुशल है, रखियो मन विश्वास ।।

पूछत है तुमरी व्यथा, पति-वियोग में हाल ।
ऐसे आगत विपत् में, कथं बिताती काल ।।

आशा करता है यही, तुम हो सकुशल काय ।
ऐसे दुर्घट काल में, और न पूछा जाय ।।

दुख में धीरज से रहो, कहते पतझड़ पेड़ ।
होनी के परिमाण को, कोई सकै न छेड़ ।।

40.

अङ्गेनाङ्गं प्रतनु तनुना गाढतप्तेन तप्तं
सास्त्रेणाश्रुद्रुतमविरतोत्कण्ठमुत्कण्ठितेन ।
उष्णोच्छ्वासं समधिकतरोच्छ्वासिना दूरवर्ती
सङ्कल्पैस्तैर्विशति विधिना वैरिणा रुद्धमार्गः ।।

अङ्गेना[1]	ङ्गंप्रत	नुतनु	नागाढ	तप्तेन[2]	तप्तम्[3]
ऽ ऽ ऽ	ऽ । ।	। । ।	ऽ ऽ ।	ऽ ऽ ।	ऽ ऽ
सास्त्रेणा	श्रुद्रुत[4]	मविर	तोत्कण्ठ[5]	मुत्कण्ठि[5]	तेन *
ऽ ऽ ऽ	ऽ । ।	। । ।	ऽ ऽ ।	ऽ ऽ ।	ऽ ऽ
उष्णोच्छ्वा[6]	संसम	धिकत	रोच्छ्वासि	नादूर	वर्ती[7]
ऽ ऽ ऽ	ऽ । ।	। । ।	ऽ ऽ ।	ऽ ऽ ।	ऽ ऽ
सङ्कल्पै[8]	स्तैर्विश	तिविधि	नावैरि	णारुद्ध[9]	मार्गः
ऽ ऽ ऽ	ऽ । ।	। । ।	ऽ ऽ ।	ऽ ऽ ।	ऽ ऽ

* अंतिम 17 वीं लघु (।) मात्रा भी गुरु (ऽ) मानी गयी है.

पाद टिप्पणियाँ :

1. अङ्गेनाङ्गम् शब्द समूह में लघु वर्ण अ के आगे संयुक्त वर्ण ङ्ग आने से वर्ण अ की लघु मात्रा दीर्घ सिद्ध हुई है.
2. गाढतप्तेन शब्द समूह में लघु वर्ण त के आगे संयुक्त वर्ण प्त आने से वर्ण त की लघु मात्रा दीर्घ सिद्ध हुई है.
3. तप्तम् शब्द में भी लघु वर्ण त के आगे संयुक्त वर्ण प्त आने से वर्ण त की लघु मात्रा दीर्घ सिद्ध हुई है.
4. शास्त्रेणाश्रुद्रुतम् शब्द समूह में लघु वर्ण श्रु के आगे संयुक्त वर्ण द्र आने से वर्ण श्रु की लघु मात्रा दीर्घ सिद्ध हुई है.
5. अविरतोत्कण्ठमुत्कण्ठितेन शब्द समूह में पहले लघु वर्ण त्क के आगे संयुक्त वर्ण ण्ठ आने से, मु के आगे दूसरा संयुक्त वर्ण त्क आने से और दूसरे वर्ण त्क के आगे संयुक्त वर्ण ण्ठ आने से वर्ण प्रथम त्क, मु और द्वितीय त्क की लघु मात्राएँ दीर्घ सिद्ध हुई हैं.
6. उष्ण शब्द में लघु वर्ण उ के आगे संयुक्त वर्ण ष्ण आने से वर्ण उ की लघु मात्रा दीर्घ सिद्ध हुई है.
7. दूरवर्ती शब्द में लघु वर्ण व के आगे संयुक्त वर्ण र्त आने से वर्ण व की लघु मात्रा दीर्घ सिद्ध हुई है.
8. सङ्कल्पैः शब्द में लघु वर्ण स के आगे संयुक्त वर्ण ङ्क आने से और वर्ण ङ्क के आगे संयुक्त वर्ण ल्प आने से वर्ण स और ङ्क की लघु मात्राएँ दीर्घ सिद्ध हुई हैं.
9. रुद्धमार्गः शब्द में लघु वर्ण रु के आगे संयुक्त वर्ण द्ध आने से वर्ण रु की लघु मात्रा दीर्घ सिद्ध हुई है.

(और, हे अंबुद मेघ!)

दोहा॰ **हे अंबुद! कहना उसे, और काम की बात ।**
पति तुमरा दूरस्थ है, दुखी हृदय दिन–रात ।।

तुमरा सहचर शीघ्र ही, मन से तुमरे पास ।
आकर, दो तन एक हो, उसके मन है आस ।।

मगर विधाता ब्रह्म ने, दिया उसे है शोक ।
बैरी बन कर मार्ग में, उसे रखा है रोक ।।

फलतः इस संदेश के, माध्यम से पतिराज ।
भीतर तुमरे देह के, प्रवेश करता आज ।।

क्षीण हुआ है यक्ष वो, तुम हो जैसी क्षीण ।
तप्त विरह की आग में, दोनों तुम सुखहीन ।।

177
कालिदास के मेघदूत की छंद मीमांसा

नाथ उधर है रो रहा, लोचन उसके लाल ।
नैन तुम्हारे भी सदा, हरदम आँसू ढाल ।।

उसे निरंतर वेदना, विरह-क्लेश से व्याप्त ।
वियोग के अवसाद से, तुम भी पीड़ा प्राप्त ।।

लंबी साँसें ले रहा, होकर बहुत उदास ।
तुम भी इधर उचाट हो, तीव्र श्वास-निःश्वास ।।

करता तुम को याद वो, प्रतिपल दुख के साथ ।
तुम भी सुमिरण हर घड़ी, करती अपना नाथ ।।

41.

शब्दाख्येयं यदपि किल ते यः सखीनां पुरस्तात्-
कर्णे लोलः कथयितुमभूदाननस्पर्शलोभात् ।
सोतिक्रान्तः श्रवणविषयं लोचनाभ्यामदृष्ट-
स्त्वामुत्कण्ठाविरचितपदं मन्मुखेनेदमाह ।।

शब्दाख्ये[1]	यंयद	पिकिल	तेयःस	खीनांपु	रस्तात्[2]
ऽ ऽ ऽ	ऽ । ।	। । ।	ऽ ऽ ।	ऽ ऽ ।	ऽ ऽ
कर्णेलो[3]	लःकथ	यितुम	भूदान	नस्पर्श[4]	लोभात्
ऽ ऽ ऽ	ऽ । ।	। । ।	ऽ ऽ ।	ऽ ऽ ।	ऽ ऽ
सोतिक्रा[5]	न्तःश्रव	णविष	यंलोच	नाभ्याम	दृष्टः[6]
ऽ ऽ ऽ	ऽ । ।	। । ।	ऽ ऽ ।	ऽ ऽ ।	ऽ ऽ
त्वामुत्क[7]	ण्ठाविर	चितप	दंमन्मु[8]	खेनेद	माह *
ऽ ऽ ऽ	ऽ । ।	। । ।	ऽ ऽ ।	ऽ ऽ ।	ऽ ऽ

* अंतिम 17 वीं लघु (।) मात्रा भी गुरु (ऽ) मानी गयी है।

पाद टिप्पणियाँ :

1. शब्दाख्येयम् शब्द में लघु वर्ण श के आगे संयुक्त वर्ण ब्द आने से वर्ण श की लघु मात्रा दीर्घ सिद्ध हुई है।

2. पुरस्तात् शब्द में लघु वर्ण र के आगे संयुक्त वर्ण स्त आने से वर्ण र की लघु मात्रा दीर्घ सिद्ध हुई है.
3. कर्णे शब्द में लघु वर्ण क के आगे संयुक्त वर्ण र्ण आने से वर्ण क की लघु मात्रा दीर्घ सिद्ध हुई है.
4. आननस्पर्शलोभात् शब्द समूह में लघु वर्ण न के आगे संयुक्त वर्ण स्प आने से और वर्ण स्प के आगे संयुक्त वर्ण र्श आने से वर्ण न और स्प की लघु मात्राएँ दीर्घ सिद्ध हुई हैं.
5. सोतिक्रान्त: शब्द में लघु वर्ण ति के आगे संयुक्त वर्ण क्र आने से वर्ण ति की लघु मात्रा दीर्घ सिद्ध हुई है.
6. दृष्ट: शब्द में लघु वर्ण दृ के आगे संयुक्त वर्ण ष्ट आने से वर्ण दृ की लघु मात्रा दीर्घ सिद्ध हुई है.
7. त्वामुत्कण्ठाविरचितपदम् शब्द समूह में लघु वर्ण मु के आगे संयुक्त वर्ण त्क आने से और वर्ण त्क के आगे संयुक्त वर्ण ण्ठ आने से वर्ण मु और त्क की लघु मात्राएँ दीर्घ सिद्ध हुई हैं.
8. मन्मुखेन शब्द में लघु वर्ण म के आगे संयुक्त वर्ण न्म आने से वर्ण म की लघु मात्रा दीर्घ सिद्ध हुई है.

(हे प्रिये!)

दोहा० **धीरे से मैं कान में, कहता था जो बात ।**
समक्ष में फिर से कहूँ, दिन हो या फिर रात ।।

मुख से मुख के स्पर्श का, लोभी तुमरा नाथ ।
चुंबन लेकर कथन वो, करने तुमरे साथ ।।

मगर आज तुम दूर हो, करने ऐसे काम ।
भेज रहा हूँ दूत मैं, मेघ आपके धाम ।।

42.

श्यामास्वङ्गं चकितहरिणीप्रेक्षणे दृष्टिपातं
वक्त्रच्छायांशशिनि शिखिनां बर्हभारेषु केशान् ।
उत्पश्यामि प्रतनुषु नदीवीचिषु भ्रूविलासान्
हन्तैकस्मिन्क्वचिदपि न ते चण्डि सादृश्यमस्ति ।।

श्यामास्व[1]	ङ्गंचकि	तहरि	णीप्रेक्ष	णेदृष्टि[2]	पातम्
ऽ ऽ ऽ	ऽ । ।	। । ।	ऽ ऽ ।	ऽ ऽ ।	ऽ ऽ
वक्त्रच्छा[3]	यांशशि	निशिखि	नांबर्ह[4]	भारेषु	केशान्

ऽ ऽ ऽ	ऽ । ।	। । ।	ऽ ऽ ।	ऽ ऽ ।	ऽ ऽ
उत्पश्या[5]	मिप्रत[5]	नुषुन	दीवीचि	षुभ्रूवि[6]	लासान्
ऽ ऽ ऽ	ऽ । ।	। । ।	ऽ ऽ ।	ऽ ऽ ।	ऽ ऽ
हन्तैक[7]	स्मिन्क्वचि[7]	दपिन	तेचण्डि[8]	सादृश्य[9]	मस्ति *[9]
ऽ ऽ ऽ	ऽ । ।	। । ।	ऽ ऽ ।	ऽ ऽ ।	ऽ ऽ

* अंतिम 17 वीं लघु (।) मात्रा भी गुरु (ऽ) मानी गयी है.

पाद टिप्पणियाँ :

1. श्यामास्वङ्गम् शब्द में लघु वर्ण स्व के आगे संयुक्त वर्ण ङ्ग आने से वर्ण स्व की लघु मात्रा दीर्घ सिद्ध हुई है.
2. दृष्टिपातम् शब्द में लघु वर्ण दृ के आगे संयुक्त वर्ण ष्ट आने से वर्ण दृ की लघु मात्रा दीर्घ सिद्ध हुई है.
3. वक्रच्छायाम् शब्द समूह में लघु वर्ण व के आगे संयुक्त वर्ण क्र आने से और वर्ण क्र के आगे संयुक्त वर्ण च्छ आने से वर्ण व और क्र की लघु मात्राएँ दीर्घ सिद्ध हुई हैं.
4. बर्हभारेषु शब्द में लघु वर्ण ब के आगे संयुक्त वर्ण र्ह आने से वर्ण ब की लघु मात्रा दीर्घ सिद्ध हुई है.
5. उत्पश्यामि प्रतनुषु शब्द समूह में लघु वर्ण उ के आगे संयुक्त वर्ण त्प आने से, त्प के आगे संयुक्त वर्ण श्य आने से और वर्ण मि के आगे संयुक्त वर्ण प्र आने से वर्ण उ, त्प और मि की लघु मात्राएँ दीर्घ सिद्ध हुई हैं.
6. नदीवीचिषु भ्रूविलासान् शब्द समूह में लघु वर्ण षु के आगे संयुक्त वर्ण भ्र आने से वर्ण षु की लघु मात्रा दीर्घ सिद्ध हुई है.
7. हन्तैकस्मिन्क्वचिदपि शब्द समूह में लघु वर्ण ह के आगे संयुक्त वर्ण न्त आने से, क के आगे संयुक्त वर्ण स्म आने से और वर्ण स्मि के आगे संयुक्त वर्ण न्क्व आने से वर्ण ह, क और स्मि की लघु मात्राएँ दीर्घ सिद्ध हुई हैं.
8. चण्डि शब्द में लघु वर्ण च के आगे संयुक्त वर्ण ण्ड आने से वर्ण च की लघु मात्रा दीर्घ सिद्ध हुई है.
9. सादृश्यमस्ति शब्द समूह में लघु वर्ण दृ के आगे संयुक्त वर्ण श्य आने से और वर्ण म के आगे संयुक्त वर्ण स्त आने से वर्ण दृ और म की लघु मात्राएँ दीर्घ सिद्ध हुई हैं.

(और, हे शशिवदना!)

दोहा॰ **देह तिहारा मालती, जैसा भरा सुगंध ।**
हरिणी जैसे नैन हैं, देते हृदयानंद ।।

शशिवदना हो तुम, प्रिये! शीत काँति का तेज ।
कोमल केश मयूर से, बालकृष्ण की सेज ।।

भौंहे इतराती हुई, चंचल सरिता नीर ।
लहरें इठलाती हुई, नर्तन करत अधीर ।।

मगर, हाय रे! वो अदा, और गुणों के रत्न ।
और कहीं मिल ना सके, करके घोर प्रयत्न ।।

43.

त्वामालिख्य प्रणयकुंपितां धातुरागै: शिलाया-
मात्मानं ते चरणपतितं यावदिच्छामि कर्तुम् ।
अस्त्रैस्तावन्मुहुरुपचितैर्दृष्टिरालुप्यते मे
क्रूरस्तस्मिन्नपि न सहते सङ्गमं नौ कृतान्त: ।।

त्वामालि [1]	ख्यप्रण [1]	यकुंपि	तांधातु	रागै:शि	याम्
ऽ ऽ ऽ	ऽ । ।	। । ।	ऽ ऽ ।	ऽ ऽ ।	ऽ ऽ
आत्मानं	तेचर	णपति	तंयाव	दिच्छामि [2]	कर्तुम् [3]
ऽ ऽ ऽ	ऽ । ।	। । ।	ऽ ऽ ।	ऽ ऽ ।	ऽ ऽ
अस्त्रैस्ता [4]	वन्मुहु [5]	रुपचि	तैर्दृष्टि [6]	रालुप्य [7]	तेमे
ऽ ऽ ऽ	ऽ । ।	। । ।	ऽ ऽ ।	ऽ ऽ ।	ऽ ऽ
क्रूरस्त [8]	स्मिन्नपि [8]	नसह	तेसङ्ग	मंनौकृ	तान्त:
ऽ ऽ ऽ	ऽ । ।	। । ।	ऽ ऽ ।	ऽ ऽ ।	ऽ ऽ

पाद टिप्पणियाँ :

1. त्वामालिख्य प्रणयकुंपितां शब्द समूह में लघु वर्ण लि के आगे संयुक्त वर्ण ख्य आने से और वर्ण ख्य के आगे संयुक्त वर्ण प्र आने से वर्ण लि और ख्य की लघु मात्राएँ दीर्घ सिद्ध हुई हैं.
2. यावदिच्छामि शब्द में लघु वर्ण दि के आगे संयुक्त वर्ण च्छ आने से वर्ण दि की लघु मात्रा दीर्घ सिद्ध हुई है.
3. कर्तुम् शब्द में लघु वर्ण क के आगे संयुक्त वर्ण र्त आने से वर्ण क की लघु मात्रा दीर्घ सिद्ध हुई है.
4. अस्त्रै: शब्द में लघु वर्ण अ के आगे संयुक्त वर्ण स्त्र आने से वर्ण अ की लघु मात्रा दीर्घ सिद्ध हुई है.
5. तावन्मुहु: शब्द समूह में लघु वर्ण व के आगे संयुक्त वर्ण न्म आने से वर्ण व की लघु मात्रा दीर्घ सिद्ध हुई है.

6. उपचितै:र्दृष्टि: शब्द समूह में लघु वर्ण र्दृ के आगे संयुक्त वर्ण ष्ट आने से वर्ण र्दृ की लघु मात्रा दीर्घ सिद्ध हुई है.
7. आलुप्यते शब्द में लघु वर्ण लु के आगे संयुक्त वर्ण प्य आने से वर्ण लु की लघु मात्रा दीर्घ सिद्ध हुई है.
8. क्रूरस्तस्मिन्नपि शब्द समूह में लघु वर्ण र के आगे संयुक्त वर्ण स्त आने से, स्त के आगे संयुक्त वर्ण स्म आने से और वर्ण स्मि के आगे संयुक्त वर्ण न्न आने से वर्ण र, स्त और स्मि की लघु मात्राएँ दीर्घ सिद्ध हुई हैं.

(और भी, हे प्रिये!)

दोहा॰ पति–रति वंचित, हे प्रिये! पाने तुमरा संग ।
छवि तुमरी चट्टान पर, गेरूआ प्रिय रंग ।।

जभी बनाना चाहता, उत्कण्ठा के साथ ।
आँखे आँसू से भरीं, चलने देत न हाथ ।।

महिमा ही उस शाप की, बाधा बन कर आज ।
मिलने के हर यत्न का, बिगाड़ती है काज ।।

44.

मामाकाशप्रणिहितभुजं निर्दयाश्लेषहेतो-
र्लब्धायास्ते कथमपि मया स्वप्नसन्दर्शनेषु ।
पश्यन्तीनां न खलु बहुशो न स्थलीदेवतानां
मुक्तास्थूलास्तरुकिसलयेष्वाश्रुलेशा: पतन्ति ।।

मामाका	शप्रणि[1]	हितभु	जंनिर्द[2]	याश्लेष	हेतोः
ऽ ऽ ऽ	ऽ । ।	। । ।	ऽ ऽ ।	ऽ ऽ ।	ऽ ऽ
लब्धाया[3]	स्तेकथ	मपिम	यास्वप्र[4]	सन्दर्श[5]	नेषु
ऽ ऽ ऽ	ऽ । ।	। । ।	ऽ ऽ ।	ऽ ऽ ।	ऽ ऽ
पश्यन्ती[6]	नांनख	लुबहु	शोनस्थ[7]	लीदेव	तानाम्
ऽ ऽ ऽ	ऽ । ।	। । ।	ऽ ऽ ।	ऽ ऽ ।	ऽ ऽ
मुक्तास्थू[8]	लास्तरु	किसल	येष्वाश्रु	लेशा:प	तन्ति *[1]
ऽ ऽ ऽ	ऽ । ।	। । ।	ऽ ऽ ।	ऽ ऽ ।	ऽ ऽ

* अंतिम 17 वीं लघु (।) मात्रा भी गुरु (ऽ) मानी गयी है.

पाद टिप्पणियाँ :

1. आकाशप्रणिहित शब्द समूह में लघु वर्ण श के आगे संयुक्त वर्ण प्र आने से वर्ण श की लघु मात्रा दीर्घ सिद्ध हुई है.
2. निर्दय शब्द में लघु वर्ण नि के आगे संयुक्त वर्ण र्द आने से वर्ण नि की लघु मात्रा दीर्घ सिद्ध हुई है.
3. लब्धाया: शब्द में लघु वर्ण ल के आगे संयुक्त वर्ण ब्ध आने से वर्ण ल की लघु मात्रा दीर्घ सिद्ध हुई है.
4. स्वप्न शब्द में लघु वर्ण स्व के आगे संयुक्त वर्ण प्न आने से वर्ण स्व की लघु मात्रा दीर्घ सिद्ध हुई है.
5. सन्दर्शनेषु शब्द में लघु वर्ण स के आगे संयुक्त वर्ण न्द आने से और वर्ण न्द के आगे संयुक्त वर्ण र्श आने से वर्ण स और न्द की लघु मात्राएँ दीर्घ सिद्ध हुई हैं.
6. पश्यन्तीनाम् शब्द में लघु वर्ण प के आगे संयुक्त वर्ण श्य आने से और वर्ण श्य के आगे संयुक्त वर्ण न्त आने से वर्ण प और श्य की लघु मात्राएँ दीर्घ सिद्ध हुई हैं.
7. न स्थलीदेवतानाम् शब्द समूह में लघु वर्ण न के आगे संयुक्त वर्ण स्थ आने से वर्ण न की लघु मात्रा दीर्घ सिद्ध हुई है.
8. मुक्तास्थूला: शब्द में लघु वर्ण मु के आगे संयुक्त वर्ण क्त आने से वर्ण मु की लघु मात्रा दीर्घ सिद्ध हुई है.

(तथा ही, हे प्रिये!)

दोहा॰ **मुझको तुम, मेरी प्रिये! जभी स्वप्न के बीच ।**
जकड़ो निज भुजपाश में, अपनी आँखें मीच; ।।

मैं भी बाँह पसार कर, शून्य गगन की ओर ।
मेघदूत को देखता, प्यासे झष की तौर ।।

मुझे देख कर देवियाँ, पाती करुण स्वरूप ।
मोटी बूँदे अश्रु की, गिरती मोती रूप ।।

45.

भित्वा सद्य: किसलयपुटान्देवदारूद्रुमाणां
ये तत्क्षीरस्त्रुतिसुरभयो दक्षिणेन प्रवृत्ता: ।
आलिङ्ग्यन्ते गुणवति मया ते तुषाराद्रिवाता:
पूर्वस्पष्टं यदि किल भवेदङ्गमेभिस्तवेति ।।

भित्वास[1]	द्य:किस	लयपु	टान्देव	दारूद्रु	माणाम्
ऽ ऽ ऽ	ऽ । ।	। । ।	ऽ ऽ ।	ऽ ऽ ।	ऽ ऽ
येतत्क्षी[2]	रस्त्रुति[2]	सुरभ	योदक्षि[3]	णेनप्र[3]	वृत्ता:[3]
ऽ ऽ ऽ	ऽ । ।	। । ।	ऽ ऽ ।	ऽ ऽ ।	ऽ ऽ
आलिङ्ग्य[4]	न्तेगुण	वतिम	यातेतु	षाराद्रि	वाता:
ऽ ऽ ऽ	ऽ । ।	। । ।	ऽ ऽ ।	ऽ ऽ ।	ऽ ऽ
पूर्वस्प[5]	ष्टंयदि	किलभ	वेदङ्ग[6]	मेभिस्त[6]	वेति *
ऽ ऽ ऽ	ऽ । ।	। । ।	ऽ ऽ ।	ऽ ऽ ।	ऽ ऽ

* अंतिम 17 वीं लघु (।) मात्रा भी गुरु (ऽ) मानी गयी है.

पाद टिप्पणियाँ :

1. भित्वा सद्य: शब्द समूह में लघु वर्ण भि के आगे संयुक्त वर्ण त्व आने से और वर्ण स के आगे संयुक्त वर्ण द्य आने से वर्ण भि और स की लघु मात्राएँ दीर्घ सिद्ध हुई हैं.
2. तत्क्षीरस्त्रुतिसुरभयो् शब्द समूह में लघु वर्ण त के आगे संयुक्त वर्ण त्क्ष आने से और वर्ण र के आगे संयुक्त वर्ण स्त्र आने से वर्ण त और र की लघु मात्राएँ दीर्घ सिद्ध हुई हैं
3. दक्षिणेन प्रवृत्ता: शब्द समूह में लघु वर्ण द के आगे संयुक्त वर्ण क्ष आने से, वर्ण न के आगे संयुक्त वर्ण प्र आने से और वर्ण वृ के आगे संयुक्त वर्ण त्त आने से वर्ण द, न और वृ की लघु मात्राएँ दीर्घ सिद्ध हुई हैं.
4. आलिङ्ग्यन्ते शब्द में लघु वर्ण लि के आगे संयुक्त वर्ण ङ्ग्य आने से और वर्ण ङ्ग्य के आगे संयुक्त वर्ण न्त आने से वर्ण लि और ङ्ग्य की लघु मात्राएँ दीर्घ सिद्ध हुई हैं.
5. पूर्वस्पष्टम् शब्द में लघु वर्ण स्प के आगे संयुक्त वर्ण ष्ट आने से वर्ण स्प की लघु मात्रा दीर्घ सिद्ध हुई है.
6. भवेदङ्गमेभिस्तवेति् शब्द समूह में लघु वर्ण द के आगे संयुक्त वर्ण ङ्ग आने से और वर्ण भि के आगे संयुक्त वर्ण स्त आने से वर्ण द और भि की लघु मात्राएँ दीर्घ सिद्ध हुई हैं.

(तुम्हारा अंग स्पर्श)

दोहा॰ मोती कोंपल पर पड़े, देते उन्हें फुटाव ।
खुलते किसलय वृक्ष के, पाते पर्ण उठाव ।।

देवदारु के पात से, लेकर क्षीर सुगंध ।
हिमालया से वात वो, बहता है सानंद ।।

हो सकता उसने किये, स्पर्श तुम्हारे अंग ।
उस स्वच्छंद समीर से, भरता हूँ मैं अंक ।। 506

46.

संक्षिप्येत क्षण इव कथं दीर्घयामा त्रियामा
सर्वावस्थास्वहरपि कथं मन्दमन्दातपं स्यात् ।
इत्थं चेतश्चटुलनयने दुर्लभप्रार्थनं मे
गाढोष्माभि: कृतमशरणं त्वद्वियोगव्यथाभि: ।

संक्षिप्ये[1]	तक्षण[1]	इवक	थंदीर्घ	यामात्रि	यामा
ऽ ऽ ऽ	ऽ । ।	। । ।	ऽ ऽ ।	ऽ ऽ ।	ऽ ऽ
सर्वाव[2]	स्थास्वह	रपिक	थंमन्द[3]	मन्दात[3]	पंस्यात्
ऽ ऽ ऽ	ऽ । ।	। । ।	ऽ ऽ ।	ऽ ऽ ।	ऽ ऽ
इत्थंचे[4]	तश्चटु[5]	लनय	नेदुर्ल[6]	भप्रार्थ[6]	नंमे
ऽ ऽ ऽ	ऽ । ।	। । ।	ऽ ऽ ।	ऽ ऽ ।	ऽ ऽ
गाढोष्मा	भि:कृत	मशर	णंत्वद्वि[7]	योगव्य[7]	थाभि:
ऽ ऽ ऽ	ऽ । ।	। । ।	ऽ ऽ ।	ऽ ऽ ।	ऽ ऽ

पाद टिप्पणियाँ :

1. संक्षिप्येत क्षण इव शब्द समूह में लघु वर्ण क्षि के आगे संयुक्त वर्ण प्य आने से और वर्ण त के आगे संयुक्त वर्ण क्ष आने से वर्ण क्षि और त की लघु मात्राएँ दीर्घ सिद्ध हुई हैं।

2. सर्वावस्थास्वहरपि शब्द समूह में लघु वर्ण स के आगे संयुक्त वर्ण र्व आने से और वर्ण व के आगे संयुक्त वर्ण स्थ आने से वर्ण स और व की लघु मात्राएँ दीर्घ सिद्ध हुई हैं।

3. मन्दमन्दातपम् शब्द समूह में दोनों वर्ण म के आगे संयुक्त वर्ण न्द आने से दोनों म वर्णों की लघु मात्राएँ दीर्घ सिद्ध हुई हैं।

4. इत्थं शब्द में लघु वर्ण इ के आगे संयुक्त वर्ण त्थ आने से वर्ण इ की लघु मात्रा दीर्घ सिद्ध हुई है।

5. चेतश्चटुलनयने शब्द में लघु वर्ण त के आगे संयुक्त वर्ण श्च आने से वर्ण त की लघु मात्रा दीर्घ सिद्ध हुई है।

6. दुर्लभप्रार्थनम् शब्द समूह में लघु वर्ण दु के आगे संयुक्त वर्ण र्ल आने से और वर्ण भ के आगे संयुक्त वर्ण प्र आने से वर्ण दु और भ की लघु मात्राएँ दीर्घ सिद्ध हुई हैं।

7. त्वद्वियोगव्यथाभि: शब्द समूह में लघु वर्ण त्व के आगे संयुक्त वर्ण द्व आने से और वर्ण ग के आगे संयुक्त वर्ण व्य आने से वर्ण त्व और ग की लघु मात्राएँ दीर्घ सिद्ध हुई हैं।

(अरदास)

दोहा०   मन ही मन यों सोचता, करता हूँ अरदास ।

चंचल कनखी की प्रिये! लेकर गहरी साँस ।।

तीन सुविस्तृत याम की, वियोग वाली रात ।
कैसी बीते निमिष में, यही सोच कर बात ।।

दिन में हरदम विरह की, उठने वाली हूल ।
कैसे बिन संताप के, मन का कम हो शूल ।।

मेरी यह सब प्रार्थना, सुन कर वह अनजान ।
मेरी व्यथा वियोग की, ब्रह्मा करे न म्लान ।।

47.

नन्वात्मानं बहु विगणयन्नात्मनैवावलम्बे
तत्कल्याणि त्वमपि नितरां मा गमः कातरत्वम् ।
कस्यात्यन्तं सुखमुपनतं दुःखमेकान्ततो वा
नीचैर्गच्छत्युपरि च दशा चक्रनेमिक्रमेण ।।

नन्वात्मा [1]	नंबहु	विगण	यन्नात्म [2]	नैवाव	लम्बे [2]
ऽ ऽ ऽ	ऽ । ।	। । ।	ऽ ऽ ।	ऽ ऽ ।	ऽ ऽ
तत्कल्या [3]	णित्वम [3]	पिनित	रांमाग	मःकात	रत्वम् [4]
ऽ ऽ ऽ	ऽ । ।	। । ।	ऽ ऽ ।	ऽ ऽ ।	ऽ ऽ
कस्यात्य [5]	न्तंसुख	मुपन	तंदुःख	मेकान्त	तोवा
ऽ ऽ ऽ	ऽ । ।	। । ।	ऽ ऽ ।	ऽ ऽ ।	ऽ ऽ
नीचैर्ग [6]	च्छत्युप [6]	रिचद	शाचक्र [7]	नेमिक्र [7]	मेण *
ऽ ऽ ऽ	ऽ । ।	। । ।	ऽ ऽ ।	ऽ ऽ ।	ऽ ऽ

* अंतिम 17 वीं लघु (।) मात्रा भी गुरु (ऽ) मानी गयी है.

<u>पाद टिप्पणियाँ :</u>

1. नन्वात्मानम् शब्द समूह में लघु वर्ण न के आगे संयुक्त वर्ण न्व आने से वर्ण न की लघु मात्रा दीर्घ सिद्ध हुई है.
2. विगणयन्नात्मनैवावलम्बे शब्द समूह में लघु वर्ण य के आगे संयुक्त वर्ण न्न आने से और वर्ण ल के आगे संयुक्त वर्ण म्ब आने से वर्ण य और ल की लघु मात्राएँ दीर्घ सिद्ध हुई हैं.

3. तत्कल्याणि त्वमपि शब्द समूह में लघु वर्ण त के आगे संयुक्त वर्ण त्क आने से, वर्ण त्क के आगे संयुक्त वर्ण ल्य आने से और वर्ण णि के आगे संयुक्त वर्ण त्व आने से वर्ण त, त्क और णि की लघु मात्राएँ दीर्घ सिद्ध हुई हैं.
4. कातरत्वम् शब्द में लघु वर्ण र के आगे संयुक्त वर्ण त्व आने से वर्ण र की लघु मात्रा दीर्घ सिद्ध हुई है.
5. कस्यात्यन्तम् शब्द समूह में लघु वर्ण क के आगे संयुक्त वर्ण स्य आने से और वर्ण त्य के आगे संयुक्त वर्ण न्त आने से वर्ण क और त्य की लघु मात्राएँ दीर्घ सिद्ध हुई हैं.
6. नीचैर्गच्छत्युपरि शब्द समूह में लघु वर्ण र्ग के आगे संयुक्त वर्ण च्छ आने से और वर्ण च्छ के आगे संयुक्त वर्ण त्य आने से वर्ण र्ग और च्छ की लघु मात्राएँ दीर्घ सिद्ध हुई हैं.
7. चक्रनेमिक्रमेण शब्द समूह में लघु वर्ण च के आगे संयुक्त वर्ण क्र आने से और वर्ण मि के आगे भी संयुक्त वर्ण क्र आने से वर्ण च और मि की लघु मात्राएँ दीर्घ सिद्ध हुई हैं.

(और भी, हे प्रिये!)

दोहा॰ **सुनो और भी तुम, प्रिये, कहूँ पते की बात ।**
सकारात्मकी सोच ही, मेरी है सौगात ।।

जिस में मन को व्यस्त कर, रहता हूँ रममाण ।
धीरज से मैं जी रहा, तुष्ट रखे हैं प्राण ।।

हे सौभाग्यवती प्रिये! तुम भी अपना धीर ।
खो मत देना दुःख में, होकर दीन अधीर ।।

जग में ऐसा कौन है, सदैव जो सुखभाग ।
और भला वह कौन है, अविरल जो दुखभाग ।।

आते जाते हैं सदा, सुख-दुख चक्र समान ।
फिरते बारंबार हैं, ऊर्ध्व-तले अविराम ।।

47.

शापान्तो मे भुजगशयनादुत्थिते शाङ्र्गपाणौ
शेषान्मासान्गमय चतुरो लोचने मीलयित्वा ।
पश्चादावां विरहगुणितं तं तमात्माभिलाषं
निर्वेक्ष्याव: परिणतशरच्चन्द्रिकासु क्षपासु ।।

शापान्तो	मेभुज	गशय	नादुत्थि[1]	तेशाङ्र्ग	पाणौ
ऽ ऽ ऽ	ऽ । ।	। । ।	ऽ ऽ ।	ऽ ऽ ।	ऽ ऽ
शेषान्मा	सान्गम	यचतु	रोलोच	नेमील	यित्वा[2]
ऽ ऽ ऽ	ऽ । ।	। । ।	ऽ ऽ ।	ऽ ऽ ।	ऽ ऽ
पश्चादा[3]	वांविर	हगुणि	तंतंत	मात्माभि	लाषम्
ऽ ऽ ऽ	ऽ । ।	। । ।	ऽ ऽ ।	ऽ ऽ ।	ऽ ऽ
निर्वेक्ष्या[4]	व:परि	णतश	रच्चन्द्रि[5]	कासुक्ष[5]	पासु *
ऽ ऽ ऽ	ऽ । ।	। । ।	ऽ ऽ ।	ऽ ऽ ।	ऽ ऽ

* अंतिम 17 वीं लघु (।) मात्रा भी गुरु (ऽ) मानी गयी है.

पाद टिप्पणियाँ :

1. भुजगशयनादुत्थिते शब्द समूह में लघु वर्ण दु के आगे संयुक्त वर्ण त्थ आने से वर्ण दु की लघु मात्रा दीर्घ सिद्ध हुई है.
2. मीलयित्वा शब्द में लघु वर्ण यि के आगे संयुक्त वर्ण त्व आने से वर्ण यि की लघु मात्रा दीर्घ सिद्ध हुई है.
3. पश्चादावाम् शब्द समथ्ह में लघु वर्ण प के आगे संयुक्त वर्ण श्च आने से वर्ण प की लघु मात्रा दीर्घ सिद्ध हुई है.
4. निर्वेक्ष्याव: शब्द में लघु वर्ण नि के आगे संयुक्त वर्ण र्व आने से वर्ण नि की लघु मात्रा दीर्घ सिद्ध हुई है.
5. परिणतशरच्चन्द्रिकासु क्षपासु शब्द समूह में लघु वर्ण र के आगे संयुक्त वर्ण च्च आने से, च्च के आगे संयुक्त वर्ण न्द्र आने से और वर्ण सु के आगे संयुक्त वर्ण क्ष आने से वर्ण र, च्च और सु की लघु मात्राएँ दीर्घ सिद्ध हुई हैं.

(और सुनो, मेरी लाड़ली!)

दोहा० **देखो, मेरी लाड़ली! जभी विष्णु भगवान् ।**
शेषनाग की सेज से, कर लेंगे उत्थान; ।।

"देवउठन-एकादशी," होगा वह शुभ काल ।
बीतेगा तब शाप वो, दुखदायी चंडाल ।।

बचे हुए अब विरह के, पीड़ा दायक माह ।
आँख मूँद कर काट लो, यही सही है राह ।।

इस संकट के बाद हम, होंगे फिर से साथ ।

वियोग में सोची हुई, पूर्ण करेंगे बात ।।

जब हो कार्तिक मास की, हितकर उजली रात ।
अभिलाषा संपन्न हो, जोड़ गात से गात ।।

48.

भूयश्चाह त्वमपि शयने कण्ठलग्ना पुरा मे
निद्रां गत्वा किमपि रुदती सस्वनं विप्रबुद्धा ।
सान्तर्हासं कथितमसकृत्पृच्छतश्च त्वया मे
दृष्टः स्वप्ने कितव रमयन्कामपि त्वं मयेति ।।

भूयश्चा [1]	हत्वम [1]	पिशय	नेकण्ठ [2]	लग्नापु [2]	रामे
ऽ ऽ ऽ	ऽ । ।	। । ।	ऽ ऽ ।	ऽ ऽ ।	ऽ ऽ
निद्रांग [3]	त्वाकिम	पिरुद	तीसस्व [4]	नंविप्र [5]	बुद्धा [5]
ऽ ऽ ऽ	ऽ । ।	। । ।	ऽ ऽ ।	ऽ ऽ ।	ऽ ऽ
सान्तर्हा [6]	संकथि	तमस	कृत्पृच्छ [7]	तश्चत्व [7]	यामे
ऽ ऽ ऽ	ऽ । ।	। । ।	ऽ ऽ ।	ऽ ऽ ।	ऽ ऽ
दृष्टःस्व [8]	प्नेकित	वरम	यन्काम [9]	पित्वंम [9]	येति *
ऽ ऽ ऽ	ऽ । ।	। । ।	ऽ ऽ ।	ऽ ऽ ।	ऽ ऽ

* अंतिम 17 वीं लघु (।) मात्रा भी गुरु (ऽ) मानी गयी है.

पाद टिप्पणियाँ :

1. भूयश्चाह त्वमपि शब्द समूह में लघु वर्ण य के आगे संयुक्त वर्ण श्च आने से और वर्ण ह के आगे संयुक्त वर्ण त्व आने से वर्ण य और ह की लघु मात्राएँ दीर्घ सिद्ध हुई हैं.
2. कण्ठलग्ना शब्द में लघु वर्ण क के आगे संयुक्त वर्ण ण्ठ आने से और वर्ण ल के आगे संयुक्त वर्ण ग्न आने से वर्ण क और ल की लघु मात्राएँ दीर्घ सिद्ध हुई हैं.
3. निद्रां गत्वा शब्द समूह में लघु वर्ण नि के आगे संयुक्त वर्ण द्र आने से और वर्ण ग के आगे संयुक्त वर्ण त्व आने से वर्ण नि और ग की लघु मात्राएँ दीर्घ सिद्ध हुई हैं.
4. सस्वनम् शब्द समूह में लघु वर्ण स के आगे संयुक्त वर्ण स्व आने से वर्ण स की लघु मात्रा दीर्घ सिद्ध हुई है.
5. विप्रबुद्धा शब्द समूह में लघु वर्ण वि के आगे संयुक्त वर्ण प्र आने से और वर्ण बु के आगे संयुक्त वर्ण द्ध आने से वर्ण वि और बु की लघु मात्राएँ दीर्घ सिद्ध हुई हैं.

6. सान्तर्हासम् शब्द में लघु वर्ण न्त के आगे संयुक्त वर्ण र्ह आने से वर्ण न्त की लघु मात्रा दीर्घ सिद्ध हुई है.
7. कथितमसकृत्पृच्छतश्च त्वया शब्द समूह में लघु वर्ण कृ के आगे संयुक्त वर्ण त्प आने से, वर्ण त्पृ के आगे संयुक्त वर्ण च्छ आने से, वर्ण त के आगे संयुक्त वर्ण श्च आने से और वर्ण श्च के आगे संयुक्त वर्ण त्व आने से वर्ण कृ, त्पृ, त और श्च की लघु मात्राएँ दीर्घ सिद्ध हुई हैं.
8. दृष्टः स्वप्ने शब्द समूह में लघु वर्ण दृ के आगे संयुक्त वर्ण ष्ट आने से और वर्ण स्व के आगे संयुक्त वर्ण प्न आने से वर्ण दृ और स्व की लघु मात्राएँ दीर्घ सिद्ध हुई हैं.
9. रमयन्कामपि त्वं शब्द समूह में लघु वर्ण य के आगे संयुक्त वर्ण न्क आने से और वर्ण पि के आगे संयुक्त वर्ण त्व आने से वर्ण न्क और पि की लघु मात्राएँ दीर्घ सिद्ध हुई हैं.

(स्वप्न दृष्टांत)

(मेघदूत उवाच)

दोहा॰ **और सुनो, पति ने कही, एक बार की बात ।**
आलिंगन में सुप्त थे, तुम दोनों उस रात ।।

भीगी थी तुम स्वेद से, काँप रहे थे गात ।
जाग पड़ी तुम स्वप्न से, भयभीत अकस्मात ।।

पति ने पूछा क्या हुआ, तुमको बारंबार ।
मंद हँसी अरु लाज से, बोली तुम तकरार ।।

हे छलिये! तुम स्वप्न में, थे सौतन के साथ ।
प्रणय रमण में जो लगी, जकड़ी तुमरे हाथ ।।

50.

एतस्मान्मां कुशलिनमभिज्ञानदानाद्विदित्वा
मा कौलीनाच्चकितनयने मय्यविश्वासिनी भूः ।
स्नेहानाहुः किमपि विरहे ध्वंसिनस्ते त्वभोगा-
दिष्टे वस्तुन्युपचितरसाः प्रेमराशीभवन्ति ।।

एतस्मा[1]	न्मांकुश	लिनम	भिज्ञान[2]	दानाद्वि	दित्वा[3]
ऽ ऽ ऽ	ऽ । ।	। । ।	ऽ ऽ ।	ऽ ऽ ।	ऽ ऽ
माकौली	नाच्चकि	तनय	नेमय्य[4]	विश्वासि[4]	नीभूः

ऽ ऽ ऽ	ऽ । ।	। । ।	ऽ ऽ ।	ऽ ऽ ।	ऽ ऽ
स्नेहाना	हु:किम	पिविर	हेध्वंसि	नस्तेत्व[5]	भोगात्
ऽ ऽ ऽ	ऽ । ।	। । ।	ऽ ऽ ।	ऽ ऽ ।	ऽ ऽ
इष्टेव[6]	स्तुन्युप[6]	चितर	सा:प्रेम	राशीभ	वन्ति *[7]
ऽ ऽ ऽ	ऽ । ।	। । ।	ऽ ऽ ।	ऽ ऽ ।	ऽ ऽ

* अंतिम 17 वीं लघु (।) मात्रा भी गुरु (ऽ) मानी गयी है.

पाद टिप्पणियाँ :

1. एतस्मान्माम् शब्द समूह में लघु वर्ण त के आगे संयुक्त वर्ण स्म आने से वर्ण त की लघु मात्रा दीर्घ सिद्ध हुई है.
2. अभिज्ञानात् शब्द में लघु वर्ण भि के आगे संयुक्त वर्ण ज्ञ आने से वर्ण भि की लघु मात्रा दीर्घ सिद्ध हुई है.
3. विदित्वा शब्द में लघु वर्ण दि के आगे संयुक्त वर्ण त्व आने से वर्ण दि की लघु मात्रा दीर्घ सिद्ध हुई है.
4. मय्यविश्वासिनी शब्द समूह में लघु वर्ण म के आगे संयुक्त वर्ण य्य आने से और वर्ण वि के आगे संयुक्त वर्ण श्व आने से वर्ण म और वि की लघु मात्राएँ दीर्घ सिद्ध हुई हैं.
5. ध्वंसिनस्ते शब्द समूह में लघु वर्ण न के आगे संयुक्त वर्ण स्त आने से वर्ण न की लघु मात्रा दीर्घ सिद्ध हुई है.
6. इष्टे वस्तुन्युपचितरसा: शब्द समूह में लघु वर्ण इ के आगे संयुक्त वर्ण ष्ट आने से, वर्ण व के आगे संयुक्त वर्ण स्त आने से और वर्ण स्तु के आगे संयुक्त वर्ण न्य आने से वर्ण इ, व और स्तु की लघु मात्राएँ दीर्घ सिद्ध हुई हैं.
7. प्रेमराशीभवन्ति शब्द में लघु वर्ण व के आगे संयुक्त वर्ण न्त आने से वर्ण व की लघु मात्रा दीर्घ सिद्ध हुई है.

(प्रेम रस)

दोहा० **मुझसे सुन कर वाकया, मुझ पर करो यकीन ।**
पति को सकुशल जान लो, तुमरा है लवलीन ।।

और सुनो, हे योगिनी! सुन कर लोकचबाव ।
खो मत देना आस्था, लाकर मन अटकाव ।।

पति से दीर्घ वियोग से, जब हो भोग अभाव ।
संचित पति का प्रेम-रस, करता स्नेह-बचाव ।।

51.

आश्वास्यैवं प्रथमविरहोदग्रशोकां सखीं ते
शैलादाशु त्रिनयनवृषोत्खातकूटान्निवृत: ।
साभिज्ञानप्रहितकुशलैस्तद्वचोभिर्ममापि
प्रात: कुन्दप्रसवशिथिलं जीवितं धारयेथा: ।।

आश्वास्यै	वंप्रथ	मविर	होदग्र [1]	शोकांस	खींते
ऽ ऽ ऽ	ऽ । ।	। । ।	ऽ ऽ ।	ऽ ऽ ।	ऽ ऽ
शैलादा	शुत्रिन [2]	यनवृ	षोत्खात	कूटान्नि	वृत: [3]
ऽ ऽ ऽ	ऽ । ।	। । ।	ऽ ऽ ।	ऽ ऽ ।	ऽ ऽ
साभिज्ञा	नप्रहि [4]	तकुश	लैस्तद्व [4]	चोभिर्म [4]	मापि *
ऽ ऽ ऽ	ऽ । ।	। । ।	ऽ ऽ ।	ऽ ऽ ।	ऽ ऽ
प्रात:कु [5]	न्दप्रस [5]	वशिथि	लंजीवि	तंधार	येथा:
ऽ ऽ ऽ	ऽ । ।	। । ।	ऽ ऽ ।	ऽ ऽ ।	ऽ ऽ

* अंतिम 17 वीं लघु (।) मात्रा भी गुरु (ऽ) मानी गयी है.

पाद टिप्पणियाँ :

1. प्रथमविरहोदग्रशोकां शब्द में लघु वर्ण द के आगे संयुक्त वर्ण ग्र आने से वर्ण द की लघु मात्रा दीर्घ सिद्ध हुई है.
2. शैलादाशु त्रिनयन शब्द समूह में लघु वर्ण शु के आगे संयुक्त वर्ण त्र आने से वर्ण शु की लघु मात्रा दीर्घ सिद्ध हुई है.
3. निवृत्त: शब्द में लघु वर्ण वृ के आगे संयुक्त वर्ण त्त आने से वर्ण वृ की लघु मात्रा दीर्घ सिद्ध हुई है.
4. साभिज्ञानप्रहितकुशलैस्तद्वचोभिर्ममापि पंक्ति में लघु वर्ण न के आगे संयुक्त वर्ण प्र आने से, वर्ण स्त के आगे संयुक्त वर्ण द्व आने से और वर्ण भि के आगे संयुक्त वर्ण र्म आने से वर्ण न, स्त और भि की लघु मात्राएँ दीर्घ सिद्ध हुई हैं.
5. कुन्दप्रसवशिथिलम् शब्द समूह में लघु वर्ण कु के आगे संयुक्त वर्ण न्द आने से और वर्ण न्द के आगे संयुक्त वर्ण प्र आने से वर्ण कु और न्द की लघु मात्राएँ दीर्घ सिद्ध हुई हैं.

(हे बादल!)

दोहा० **हे बादल! दुखगात है, भावज तुमरी आज ।**
उसके मन दो हौसला, रहे न वह नाराज ।।

घोर शोक से पीड़िता, वियुक्त पहली बार ।

सही न थी बिरहा कभी, कुलीन है वह नार ।।

मेरी गलती से उसे, मिला हुआ है दंड ।
एक वर्ष के विरह से, आहत हुई प्रचंड ।।

देकर मेरे प्रेम का, भाभी को संदेश ।
करना उसकी सांत्वना, नहीं रहे अंदेश ।।

लेकर उस की खैर का, खुशहाल समाचार ।
तुरंत आना लौट कर, शिवजी के अवतार! ।।

52.

कच्चित्सौम्य व्यवसितमिदं बन्धुकृत्यं त्वया मे
प्रत्यादेशान्न खलु भवतो धीरतां कल्पयामि ।
निःशब्दोऽपि प्रदिशसि जलं याचितश्चातकेभ्य:
प्रत्युक्तं हि प्रणयिषु सतामीप्सितार्थक्रियैव ।।

कच्चित्सौ [1]	म्यव्यव [1]	सितमि	दंबन्धु [2]	कृत्यंत्व [3]	यामे
ऽ ऽ ऽ	ऽ । ।	। । ।	ऽ ऽ ।	ऽ ऽ ।	ऽ ऽ
प्रत्यादे [4]	शान्नख	लुभव	तोधीर	तांकल्प [5]	यामि *
ऽ ऽ ऽ	ऽ । ।	। । ।	ऽ ऽ ।	ऽ ऽ ।	ऽ ऽ
निःशब्दोऽ [6]	पिप्रदि [6]	शसिज	लंयाचि	तश्चात [7]	केभ्य:
ऽ ऽ ऽ	ऽ । ।	। । ।	ऽ ऽ ।	ऽ ऽ ।	ऽ ऽ
प्रत्युक्तं [8]	हिप्रण [9]	यिषुस	तामीप्सि	तार्थक्रि [10]	यैव *
ऽ ऽ ऽ	ऽ । ।	। । ।	ऽ ऽ ।	ऽ ऽ ।	ऽ ऽ

* अंतिम 17 वीं लघु (।) मात्रा भी गुरु (ऽ) मानी गयी है.

<u>पाद टिप्पणियाँ :</u>

1. कच्चित्सौम्य व्यवसितमिदं शब्द समूह में लघु वर्ण क के आगे संयुक्त वर्ण च्च आने से, वर्ण च्चि के आगे संयुक्त वर्ण त्स आने से और वर्ण म्य के आगे संयुक्त वर्ण व्य आने से वर्ण क, च्चि और म्य की लघु मात्राएँ दीर्घ सिद्ध हुई हैं.

2. बन्धु शब्द में लघु वर्ण ब के आगे संयुक्त वर्ण न्ध आने से वर्ण ब की लघु मात्रा दीर्घ सिद्ध हुई है.
3. कृत्यम् शब्द में लघु वर्ण कृ के आगे संयुक्त वर्ण त्य आने से वर्ण कृ की लघु मात्रा दीर्घ सिद्ध हुई है.
4. प्रत्यादेशान्न शब्द में लघु वर्ण प्र के आगे संयुक्त वर्ण त्य आने से वर्ण प्र की लघु मात्रा दीर्घ सिद्ध हुई है.
5. कल्पयामि शब्द में लघु वर्ण क के आगे संयुक्त वर्ण ल्प आने से वर्ण क की लघु मात्रा दीर्घ सिद्ध हुई है.
6. निःशब्दोऽपि प्रदिशसि शब्द समूह में लघु वर्ण श के आगे संयुक्त वर्ण ब्द आने से और वर्ण पि के आगे संयुक्त वर्ण प्र आने से वर्ण श और पि की लघु मात्राएँ दीर्घ सिद्ध हुई हैं.
7. याचितश्चातकेभ्य: शब्द में लघु वर्ण त के आगे संयुक्त वर्ण श्च आने से वर्ण त की लघु मात्रा दीर्घ सिद्ध हुई है.
8. प्रत्युक्तम् शब्द में लघु वर्ण प्र के आगे संयुक्त वर्ण त्य आने से और वर्ण त्यु के आगे संयुक्त वर्ण क्त आने से वर्ण प्र और त्यु की लघु मात्राएँ दीर्घ सिद्ध हुई हैं.
9. हि प्रणयिषु शब्द समूह में लघु वर्ण हि के आगे संयुक्त वर्ण प्र आने से वर्ण हि की लघु मात्रा दीर्घ सिद्ध हुई है.
10. सतामीप्सितार्थक्रियैव शब्द समूह में लघु वर्ण र्थ के आगे संयुक्त वर्ण क्र आने से वर्ण र्थ की लघु मात्रा दीर्घ सिद्ध हुई है.

(हे बंधु वारिद!)

दोहा॰ **मेरे प्यारे बंधु! तुम, करोगे न यह काम? ।**
वापस फिर कैलास से, आना मेरे धाम ।।

जैसे चातक-विहग को, देते हो तुम नीर ।
देकर उस संदेश को, दूर करो मम पीर ।।

दानी की यह रीत है, करना परोपकार ।
मुझ पर भी किरपा करो, देने मुझे करार ।।

53.

एतत्कृत्वा प्रियमनुचितप्रार्थनावर्तिनो मे
सौहार्दाद्वा विधुर इति वा मय्यनुक्रोशबुद्ध्या ।
इष्टान्देशाञ्जलद विचर प्रावृषां संभृत श्री-
र्मा भूदेवं क्षणमपि च ते विद्युता विप्रयोग: ।।

एतत्कृ[1]	त्वाप्रिय	मनुचि	तप्रार्थ[2]	नावर्ति[2]	नोमे
ऽ ऽ ऽ	ऽ । ।	। । ।	ऽ ऽ ।	ऽ ऽ ।	ऽ ऽ
सौहार्दा	द्वाविधु	रइति	वामय्य[3]	नुक्रोश[3]	बुद्ध्या[3]
ऽ ऽ ऽ	ऽ । ।	। । ।	ऽ ऽ ।	ऽ ऽ ।	ऽ ऽ
इष्टान्दे[4]	शाञ्जल	दविच	रप्रावृ[5]	षांसंभृ	तश्रीः[6]
ऽ ऽ ऽ	ऽ । ।	। । ।	ऽ ऽ ।	ऽ ऽ ।	ऽ ऽ
माभूदे	वंक्षण	मपिच	तेविद्यु[7]	ताविप्र[8]	योग:
ऽ ऽ ऽ	ऽ । ।	। । ।	ऽ ऽ ।	ऽ ऽ ।	ऽ ऽ

पाद टिप्पणियाँ :

1. एतत्कृत्वा शब्द समूह में लघु वर्ण त के आगे संयुक्त वर्ण त्कृ आने से और वर्ण त्कृ के आगे संयुक्त वर्ण त्व आने से वर्ण त और त्कृ की लघु मात्राएँ दीर्घ सिद्ध हुई हैं.
2. प्रियमनुचितप्रार्थनावर्तिनो शब्द समूह में लघु वर्ण त के आगे संयुक्त वर्ण प्र आने से और वर्ण व के आगे संयुक्त वर्ण र्त आने से वर्ण त और व की लघु मात्राएँ दीर्घ सिद्ध हुई हैं.
3. मय्यनुक्रोशबुद्ध्या शब्द समूह में लघु वर्ण म के आगे संयुक्त वर्ण य्य आने से, वर्ण नु के आगे संयुक्त वर्ण क्र आने से और वर्ण बु के आगे संयुक्त वर्ण द्ध्य आने से वर्ण म, नु और बु की लघु मात्राएँ दीर्घ सिद्ध हुई हैं.
4. इष्टान् शब्द में लघु वर्ण इ के आगे संयुक्त वर्ण ष्ट आने से वर्ण इ की लघु मात्रा दीर्घ सिद्ध हुई है.
5. विचर प्रावृषां शब्द समूह में लघु वर्ण र के आगे संयुक्त वर्ण प्र आने से वर्ण र की लघु मात्रा दीर्घ सिद्ध हुई है.
6. संभृत श्री: शब्द समूह में लघु वर्ण त के आगे संयुक्त वर्ण श्र आने से वर्ण त की लघु मात्रा दीर्घ सिद्ध हुई है.
7. विद्युता शब्द में लघु वर्ण वि के आगे संयुक्त वर्ण द्य आने से वर्ण वि की लघु मात्रा दीर्घ सिद्ध हुई है.
8. विप्रयोग: शब्द में लघु वर्ण वि के आगे संयुक्त वर्ण प्र आने से वर्ण वि की लघु मात्रा दीर्घ सिद्ध हुई है.

(अर्धांगिनी विद्युत)

दोहा० वर्षा की शोभा लिए, करना तुम बरसात ।
मन चाहे फिर विचरना, प्रिय विद्युत के साथ ।।

हे जलधर! मेरी यही, इच्छा है दमदार ।
रहे सदा सौदामिनी, अर्धांगिनी तिहार ।।

(मेघदूत, फिर)

दोहा॰ सुन कर कहना यक्ष का, इच्छाधारी मेघ ।
रामगिरी से चल पड़ा, स्नेह–मेह का ओघ ।।

कभी शैल को लाँघता, कभी नदी की छोर ।
नगर–नगर से गुजरता, अलकापुर की ओर ।।

यक्ष के कहे चिह्न को, परखता हुआ मेघ ।
अलकापुर पर आगया, लिए वायु से वेग ।।

खोज लिया घर कौंध का, चमकता हुआ द्वार ।
खिड़की से भीतर गया, मेघ दूत आकार ।।

उसने देखी यक्ष की, दुखिता स्त्री सुकुमार ।
धरती पर लेटी हुई, नैन अश्रु की धार ।।

सुना दिया उसने उसे, पति का मधु संदेश ।
भाभी से उत्तर लिए, मुड़ा यक्ष के देश ।।

54.

श्रुत्वा वार्तां जलदकथितां तां धनेशोऽपि सद्यः
शापस्यान्तं सदयहृदयस्संविधायास्तकोपः ।
संयोज्यैतौ विगलितशुचौ दम्पती हृष्टचित्तौ
भोगानिष्टानविरतसुखं भोजयामास शश्वत् ।।

ऽ ऽ ऽ	ऽ । ।	। । ।	ऽ ऽ ।	ऽ ऽ ।	ऽ ऽ
श्रुत्वावा[1]	तांजल	दकथि	तांतांध	नेशोऽपि	सद्यः[2]
ऽ ऽ ऽ	ऽ । ।	। । ।	ऽ ऽ ।	ऽ ऽ ।	ऽ ऽ
शापस्या[3]	न्तंसद	यहृद	यस्संवि[4]	धायास्त	कोपः
ऽ ऽ ऽ	ऽ । ।	। । ।	ऽ ऽ ।	ऽ ऽ ।	ऽ ऽ
संयोज्यै	तौविग	लितशु	चौदम्प[5]	तीहृष्ट[6]	चित्तौ[7]

ऽ ऽ ऽ	ऽ । ।	। । ।	ऽ ऽ ।	ऽ ऽ ।	ऽ ऽ
भोगानि[8]	ष्टानवि	रतसु	खंभोज	यामास	शश्वत् *[9]

* अंतिम 17 वीं लघु (।) मात्रा भी गुरु (ऽ) मानी गयी है.

पाद टिप्पणियाँ :

1. श्रुत्वा शब्द में लघु वर्ण श्रु के आगे संयुक्त वर्ण त्व आने से वर्ण श्रु की लघु मात्रा दीर्घ सिद्ध हुई है.
2. सद्यः शब्द में लघु वर्ण स के आगे संयुक्त वर्ण द्य आने से वर्ण स की लघु मात्रा दीर्घ सिद्ध हुई है.
3. शापस्यान्तम् शब्द समूह में लघु वर्ण प के आगे संयुक्त वर्ण स्य आने से वर्ण प की लघु मात्रा दीर्घ सिद्ध हुई है.
4. सदयहृदयस्संविधायास्तकोपः शब्द समूह में लघु वर्ण य के आगे संयुक्त वर्ण स्स आने से वर्ण य की लघु मात्रा दीर्घ सिद्ध हुई है.
5. दम्पती शब्द में लघु वर्ण द के आगे संयुक्त वर्ण म्प आने से वर्ण द की लघु मात्रा दीर्घ सिद्ध हुई है.
6. हृष्ट शब्द में लघु वर्ण हृ के आगे संयुक्त वर्ण ष्ट आने से वर्ण हृ की लघु मात्रा दीर्घ सिद्ध हुई है.
7. चित्तौ शब्द में लघु वर्ण चि के आगे संयुक्त वर्ण त्त आने से वर्ण चि की लघु मात्रा दीर्घ सिद्ध हुई है.
8. भोगानिष्टान् शब्द समूह में लघु वर्ण नि के आगे संयुक्त वर्ण ष्ट आने से वर्ण नि की लघु मात्रा दीर्घ सिद्ध हुई है.
9. शश्वत् शब्द में लघु वर्ण श के आगे संयुक्त वर्ण श्व आने से वर्ण श की लघु मात्रा दीर्घ सिद्ध हुई है.

(शाप मुक्ति)

दोहा॰ सुन कर कहना मेघ का, कुबेर जी को चैन ।
कोप त्याग कर शाँति से, बोले मधुतर बैन ।।

वापस लूँ मैं यक्ष को, दिया हुआ वह शाप ।
मुक्त करूँ मैं दोष से, लगे न उसको पाप ।।

धनकुबेर ने दे दिया, सदय-हृदय वरदान ।
यक्ष-यक्षिणी को मिला, शाश्वत सुख-सम्मान ।।

प्रो. रत्नाकर नराले, संक्षिप्त परिचय

नाम : डॉ. रत्नाकर नराले

प्रो. हिन्दी, रायर्सन विश्वविद्यालय, टोरंटो कनाडा

52 वर्ष से कनाडा में हिंदी का प्रसार

शैक्षणिक :

पीएच.डी. (आई. आई टी. खड़गपुर),

पीएच.डी. कालीदास संस्कृत विश्वविद्यालय, नागपुर.

औद्योगिक :

प्रो. हिन्दी, रायर्सन विश्वविद्यालय, टोरंटो कनाडा

पूर्ववर्ती प्रो. हिन्दी, यार्क विश्वविद्यालय, टोरंटो कनाडा

पूर्ववर्ती प्रो. हिन्दी, टोरंटो विश्वविद्यालय, टोरंटो कनाडा

अध्यापक हिन्दी, टोरंटो स्कूलबोर्ड, टोरंटो, कनाडा
अध्यापक संस्कृत, टोरंटो स्कूलबोर्ड, टोरंटो, कनाडा

अध्यक्ष, संस्कृत हिन्दी रिसर्च इन्स्टिट्यूट, टोरंटो, कनाडा
अध्यक्ष, पुस्तक भारती, टोरंटो, कनाडा

प्रधानानार्य, हिंदु इन्स्टिट्यूट, टोरंटो, कनाडा 1995 से
प्रमुख संपादक, पुस्तक भारती रिसर्च जर्नल, त्रैमासिक, टोरंटो, कनाडा
मुख्य संपादक, साहित्य सौरभ त्रैमासिक, टोरंटो, कनाडा

मुख्य पुरस्कार:

"हिंदी विदेश प्रसार सम्मान" उत्तर प्रदेश हिंदी संस्थान, उत्तर प्रदेश सरकार (2021)

"संगीताचार्य सम्मान" कनेडियन हिंदू मिशन, स्कारबरो (2020)

"विश्व हिंदी सम्मान" विदेश मंत्रालय, भारत सरकार (2018)

"सरस्वती सम्मान" हिंदी राइटर्स गिल्ड, टोरंटो, कनाडा, 2018

"कला वारिधि सम्मान" अखिल विश्व हिंदी समिति, टोरंटो, 2018

"हिन्दू रत्न" पुरस्कार, कनाडा के 150-वी जयंती महोत्सव पर, 2017

"Artist of the Year Award" Panwar Music and Dance Produ. टोरंटो, कनाडा, 2016

"Author, Linguist and Accomplished Scholar Award" HIL, टोरंटो, कनाडा, 2010

रुची : काव्य, प्रकाशन, संगीत, चित्रकला

भाषाएँ :

हिन्दी, संस्कृत, मराठी, बंगाली, पंजाबी, तमिल, उर्दू, अंग्रेज़ी, फ्रेंच

www.ingramcontent.com/pod-product-compliance
Lightning Source LLC
Chambersburg PA
CBHW080956120626
46546CB00010B/2913
9781989416594